코레일 한국철도공사

사무직

시대에듀

2025 최신판 시대에듀 All-New 사이다 모의고사
코레일 한국철도공사 사무직 NCS + 전공 + 법령

Always **with you**

사람의 인연은 길에서 우연하게 만나거나 함께 살아가는 것만을 의미하지는 않습니다.
책을 펴내는 출판사와 그 책을 읽는 독자의 만남도 소중한 인연입니다.
시대에듀는 항상 독자의 마음을 헤아리기 위해 노력하고 있습니다. 늘 독자와 함께하겠습니다.

머리말 PREFACE

국민의 안전과 생명을 지키는 사람 중심의 안전을 만들어 나가기 위해 노력하는 코레일 한국철도공사는 2025년에 사무직 신입사원을 채용할 예정이다. 코레일 한국철도공사의 채용절차는 「입사지원서 접수 → 서류전형 → 필기시험 → 면접시험 및 인성검사 → 최종 합격자 발표」 순서로 이루어진다. 필기시험은 직업기초능력평가와 직무수행능력평가, 철도법령으로 진행된다. 그중 직업기초능력평가는 의사소통능력, 수리능력, 문제해결능력 총 3개의 영역을 평가하고, 직무수행능력평가는 사무직(일반 · 수송)의 경우 경영학을 평가한다. 필기시험 고득점자 순으로 최종선발 인원의 2배수 이내로 합격자가 결정되므로 고득점을 받기 위해 다양한 유형에 대한 폭넓은 학습과 문제풀이능력을 높이는 등 철저한 준비가 필요하다.

코레일 한국철도공사 사무직 필기시험 합격을 위해 시대에듀에서는 기업별 NCS 시리즈 누적 판매량 1위의 출간 경험을 토대로 다음과 같은 특징을 가진 도서를 출간하였다.

도서의 특징

❶ 합격으로 이끌 가이드를 통한 채용 흐름 확인!

- 코레일 한국철도공사 소개와 최신 시험 분석을 수록하여 채용 흐름을 파악하는 데 도움이 될 수 있도록 하였다.

❷ 코레일 기출복원 모의고사를 통한 출제 유형 확인!

- 2024년 코레일 NCS 기출복원 모의고사를 수록하여 코레일 NCS 출제경향을 확인할 수 있도록 하였다.
- 2024년 상반기 ~ 2023년 코레일 전공(경영학) 기출복원 모의고사를 수록하여 코레일 사무직 전공 출제경향까지 확인할 수 있도록 하였다.

❸ 기출응용 모의고사를 통한 완벽한 실전 대비!

- 철저한 분석을 통해 실제 유형과 유사한 기출응용 모의고사를 4회분 수록하여 시험 직전 4일 동안 자신의 실력을 점검할 수 있도록 하였다.

❹ 다양한 콘텐츠로 최종 합격까지!

- 온라인 모의고사를 무료로 제공하여 필기시험에 대비할 수 있도록 하였다.
- 모바일 OMR 답안채점/성적분석 서비스를 통해 자동으로 점수를 채점하고 확인할 수 있도록 하였다.

끝으로 본 도서를 통해 코레일 한국철도공사 사무직 채용을 준비하는 모든 수험생 여러분이 합격의 기쁨을 누리기를 진심으로 기원한다.

SDC(Sidae Data Center) 씀

코레일 한국철도공사 기업분석 INTRODUCE

◇ 미션

사람 · 세상 · 미래를 잇는 대한민국 철도

◇ 비전

새로 여는 미래교통 함께 하는 한국철도

◇ 핵심가치

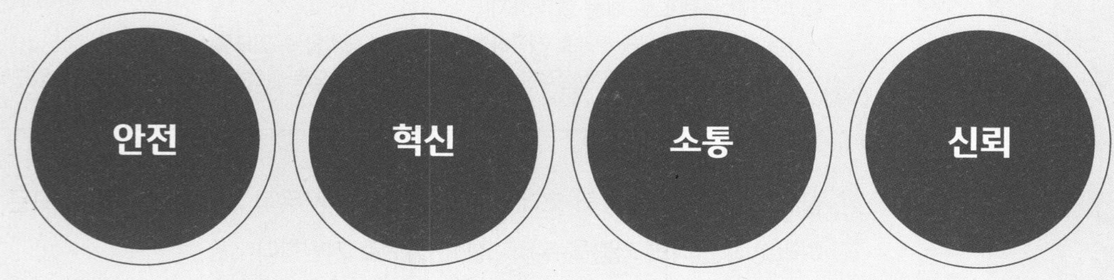

◇ 경영목표 & 전략과제

디지털 기반 안전관리 고도화
- 디지털통합 안전관리
- 중대재해 예방 및 안전 문화 확산
- 유지보수 과학화

자립경영을 위한 재무건전성 제고
- 운송수익 극대화
- 신성장사업 경쟁력 확보
- 자원운용 최적화

국민이 체감하는 모빌리티 혁신
- 디지털 서비스 혁신
- 미래융합교통 플랫폼 구축
- 국민소통 홍보 강화

미래지향 조직문화 구축
- ESG 책임경영 내재화
- 스마트 근무환경 및 상호존중 문화 조성
- 융복합 전문 인재 양성 및 첨단기술 확보

◇ 인재상

사람지향 소통인
사람 중심의 사고와 행동을 하는 인성, 열린 마인드로 주변과 소통하고 협력하는 인재

고객지향 전문인
고객만족을 위해 지속적으로 학습하고 노력하는 인재

미래지향 혁신인
한국철도의 글로벌 경쟁력을 높이고 미래의 발전을 끊임없이 추구하는 인재

신입사원 채용 안내 INFORMATION

◇ 지원자격(공통)

❶ 학력 · 성별 · 어학 · 나이 · 거주지 등 : 제한 없음

※ 단, 18세 미만자 또는 공사 정년(만 60세) 초과자는 지원 불가

❷ 남성의 경우 군필 또는 면제자

※ 단, 전역일이 최종합격자 발표일 이전이며, 전형별 시험일에 참석 가능한 경우 지원 가능

❸ 철도 현장 업무수행이 가능한 자

❹ 한국철도공사 채용 결격사유에 해당하지 않는 자

❺ 최종합격자 발표일 이후부터 근무가 가능한 자

❻ 외국인의 경우 거주(F–2), 재외동포(F–4), 영주권자(F–5)에 한함

◇ 필기시험

구분	직렬	평가내용	문항 수	시험시간
직업기초능력평가	전 직렬	의사소통능력, 수리능력, 문제해결능력	30문항	70분
직무수행능력평가	일반 · 수송	경영학	30문항	
	IT	컴퓨터 일반(정보보호개론 포함)		
철도법령	전 직렬	철도산업발전기본법 · 시행령, 한국철도공사법 · 시행령, 철도사업법 · 시행령	10문항	

◇ 면접시험

구분	평가내용
면접시험 (4대1 면접)	NCS 기반 직무경험 및 상황면접 등을 종합적으로 평가
인성검사	인성, 성격적 특성에 대한 검사로, 적격 · 부적격 판정

❖ 위 채용 안내는 2024년 상반기 및 하반기 채용공고를 기준으로 작성하였으므로 세부사항은 확정된 채용공고를 확인하기 바랍니다.

2024년 하반기 기출분석 ANALYSIS

총평

코레일 한국철도공사 필기시험은 피듈형으로 출제되었으며, 난이도는 평이했다는 후기가 많았다. 수리능력의 경우 다양한 유형의 문제가 출제되었으므로 여러 유형의 문제에 대한 연습이 필요해 보인다. 또한, 의사소통능력과 문제해결능력에서는 모듈이론과 관련된 문제가 출제되었으므로 평소 모듈형 문제에 대한 준비를 해두는 것이 좋겠다. 2024년 하반기 채용부터 도입된 철도법령 문제는 난이도가 무난한 편이었으므로 철도법령 관련 용어나 개념과 같은 기본적인 학습을 충분히 하는 것이 중요해 보인다.

◇ 영역별 출제 비중

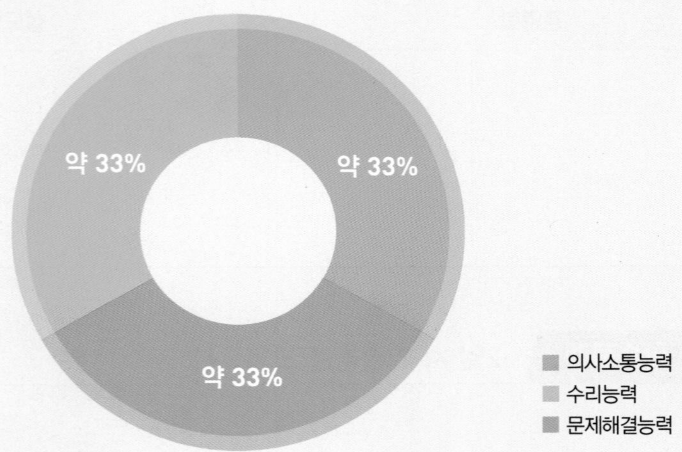

구분	출제 특징	출제 키워드
의사소통능력	• 철도 관련 지문이 출제됨 • 모듈형 문제가 출제됨	• 철도사고, 비언어적 표현, 키슬러 등
수리능력	• 수열 문제가 출제됨 • 그래프 문제가 출제됨	• 농도, 진학률, 매출 그래프 등
문제해결능력	• 모듈형 문제가 출제됨 • 참거짓 문제가 출제됨	• 열차, SWOT 분석, 논리적 오류 등
철도법령	• 면허, 경미한 변경사항, 벌금, 사업용철도, 자본금, 사채, 이익전환, 사업계획 변경명령, 정부 출자 등	

학습플랜 STUDY PLAN

1일 차 학습플랜 1일 차 기출응용 모의고사

_____월 _____일		
의사소통능력	수리능력	문제해결능력

경영학	철도법령

2일 차 학습플랜 2일 차 기출응용 모의고사

_____월 _____일		
의사소통능력	수리능력	문제해결능력

경영학	철도법령

3일 차 학습플랜 3일 차 기출응용 모의고사

_____월 _____일

의사소통능력	수리능력	문제해결능력

경영학	철도법령

4일 차 학습플랜 4일 차 기출응용 모의고사

_____월 _____일

의사소통능력	수리능력	문제해결능력

경영학	철도법령

취약영역 분석 WEAK POINT

1일 차 취약영역 분석

시작 시간	:	종료 시간	:
풀이 개수	개	못 푼 개수	개
맞힌 개수	개	틀린 개수	개
취약영역 / 유형			
2일 차 대비 개선점			

2일 차 취약영역 분석

시작 시간	:	종료 시간	:
풀이 개수	개	못 푼 개수	개
맞힌 개수	개	틀린 개수	개
취약영역 / 유형			
3일 차 대비 개선점			

3일 차 취약영역 분석

시작 시간	:	종료 시간	:
풀이 개수	개	못 푼 개수	개
맞힌 개수	개	틀린 개수	개
취약영역 / 유형			
4일 차 대비 개선점			

4일 차 취약영역 분석

시작 시간	:	종료 시간	:
풀이 개수	개	못 푼 개수	개
맞힌 개수	개	틀린 개수	개
취약영역 / 유형			
시험일 대비 개선점			

2024.10.18.(금)

코레일 한국철도공사,
몽골 울란바토르철도와 상호협력 양해각서 체결

한국철도공사(이하 코레일)가 서울역에서 몽골 울란바토르철도(UBTZ)와 상호협력을 위한 양해각서(MOU)를 체결했다.

이번 협약은 2015년부터 이어온 두 기관의 협력관계를 더욱 공고히 하는 한편, 발전된 철도현황을 반영하고 미래 지향적 사업 발굴에 힘을 모으기 위해 마련되었다.

코레일과 UBTZ는 기존의 교류 위주 협력에서 철도 개량, 운영과 유지보수, 교육훈련 사업 등 한국철도의 몽골진출 확대를 위한 발전적 협력관계로 만들어 가기로 했다. 특히 철도 개량, 운영, 유지보수 사업 추진, 전문가 상호방문, 세미나 개최 등 지식공유, 해외철도시장 공동 진출, 친환경 철도기술, 혁신 분야 등에 협력하기로 했다.

이번 협약으로 두 기관은 최근 몽골에서 추진하고 있는 철도 공적개발원조(ODA) 사업과 함께 몽골철도에서 원하는 철도 인프라 분야의 신규 사업을 발굴, 추진할 계획이다.

코레일 사장은 "한국철도의 기술력과 몽골철도의 인프라가 만나 두 국가의 철도사업을 더욱 발전시키고 세계철도 시장에도 적극 진출할 수 있도록 협력관계를 확대하겠다."라고 말했다.

Keyword

- 양해각서(MOU) : 국가 간의 외교 교섭 결과나 서로 수용하기로 한 내용들을 확인하고 기록하기 위하여 정식 계약 체결에 앞서 작성하는 문서로, 조약과 같은 효력을 가진다.
- 공적개발원조(ODA) : 공공기반원조 또는 정부개발원조라고도 하며, 선진국의 정부 또는 공공기관이 개발도상국의 발전과 복지증진을 주된 목적으로 하여 공여하는 원조를 의미한다. 주로 증여, 차관, 기술 원조 등의 형태로 제공된다.

예상 면접 질문

- 국제사회에서 코레일이 기여할 수 있는 부분에 대해 말해 보시오.
- 코레일의 국제적 협력 활동의 이상적인 추진 방향을 제시해 보시오.

2024.09.30.(월)

코레일 한국철도공사, '업사이클링 작업모' 취약계층에 기부

한국철도공사(이하 코레일)가 폐안전모를 업사이클링한 작업모 1,000개를 폐지와 공병을 줍는 어르신 등 취약계층에 기부했다.

코레일은 사회적기업 '우시산'과 함께 직원들이 사용하던 안전모와 투명 페트병 원사를 활용해 벙거지 모자 형태의 가벼운 안전모로 제작했다.

코레일은 지난달 30일 오후 대전 동구청에 대전 지역의 어르신 등 취약계층을 위한 업사이클링 작업모 200개를 전달했다. 이 기부를 시작으로 전국 19개 코레일 봉사단은 10월 말까지 각 지자체와 협력해 모두 1,000개의 안전모를 전달할 예정이다.

한편 코레일은 지난 2022년부터 작업복, 안전모, 페트병 등을 양말과 이불 등 새로운 제품으로 제작해 기부하는 '업사이클링 캠페인'을 이어오고 있다.

코레일 홍보문화실장은 "사회적기업과의 협력으로 취약계층을 지원하고 지역사회와 환경을 지키는 ESG 경영에 앞장설 수 있도록 최선을 다하겠다."라고 말했다.

Keyword

- 업사이클링 : 기존에 버려지는 제품을 단순히 재활용하는 차원을 넘어서 디자인을 가미하는 등 새로운 가치를 더하여 다른 제품으로 재탄생시키는 것을 의미한다.
- ESG 경영 : 환경(Environment) · 사회(Social) · 지배구조(Governance)를 뜻하는 경영 패러다임으로, 이윤추구라는 기존의 경영 패러다임 대신에 기업이 환경적, 사회적 책임을 다하고, 지배구조의 공정성을 목표로 지속가능경영을 위해 노력하는 경영방식이다.

예상 면접 질문

- 코레일의 ESG 경영을 위한 활동에 대해 아는 대로 말해 보시오.
- 코레일이 사회적 취약계층을 위해 할 수 있는 일에 대해 말해 보시오.

2024.08.28.(수)

코레일 한국철도공사, 모빌리티 혁신의 장 '디지털 허브' 개소

한국철도공사(이하 코레일)는 대전사옥에서 철도 산업의 디지털 전환을 선도하는 전진기지가 될 '디지털 허브'의 문을 열었다고 밝혔다.

'코레일 디지털 허브'는 철도 운영에 IT 신기술을 적극 도입해 전사적 디지털 대전환과 모빌리티 혁신을 이끌어 내기 위한 곳이다.

코레일은 본사 사옥 8층 전체를 모델링해 약 800㎡ 규모로 VR 체험실, 3D프린터실과 8개의 프로젝트 랩 공간을 조성했다. 협업공간으로 사용할 수 있는 미팅 라운지, 디지털 시제품과 추진과제 진행현황을 확인할 수 있는 전시공간, 소통과 교류를 위한 휴식공간 등도 함께 마련했다.

디지털 허브는 데이터 기반의 의사결정 지원과 안전과 서비스, 업무 혁신을 위한 다양한 프로젝트를 수행하기 위한 거점 역할을 하게 된다. 주요 기능은 실시간 빅데이터 통합 및 분석, 인공지능(AI) 기반 열차운행 예측모델 구축, 안전관리 강화 등이다.

코레일 사장은 "디지털 혁신은 단순한 기술적 도입을 넘어 철도 운영의 패러다임을 바꾸는 중요한 도전"이라며 "안전과 서비스, 운영효율화를 위해 전사적 디지털 대전환에 총력을 기울이겠다."라고 말했다.

Keyword

- VR : 컴퓨터로 만든 가상의 세계에서 사람들이 실제와 같은 체험을 할 수 있도록 하는 최첨단 기술로, 의학 · 항공 · 군사 · 철도 등 다양한 분야에 도입되어 활용되고 있다.
- 인공지능(AI) : 인간의 지능이 가지는 학습, 추리, 적응, 논증 등의 기능을 갖춘 컴퓨터 시스템으로, 음성 번역, 로봇 공학, 인지 과학 등 다양한 분야에 도입되어 활용되고 있다.

예상 면접 질문

- 기술의 발전과 코레일의 철도사업을 연관 지어 설명해 보시오.
- 미래의 철도산업은 어떤 모습일지 말해 보시오.

2024.07.25.(목)

코레일 한국철도공사, HMM과 친환경 철도물류 활성화 업무협약

한국철도공사(이하 코레일)는 국내 최대 해운사 HMM과 철도수송량 증대와 탄소배출량 감소를 위한 '친환경 철도물류 활성화 업무협약'을 체결했다.

이번 협약으로 두 기관은 코레일에서 추진하는 '냉동컨테이너 철도수송 서비스'의 안정적인 운영을 위해 협력하고 올해 개통 예정인 서해선 송산역 CY(컨테이너 야적장)를 서북부 내륙운송 허브기지로 활성화하는 데 힘을 모으기로 했다.

코레일은 냉동컨테이너 철도수송 인프라 구축, 환경성적표지 인증을 통한 친환경 운송서비스 제공, 송산 CY의 철도운송 허브기지 조성, '철도-해운 결합' 국제복합운송체계 구축 등에 나선다.

특히 이번 협약으로 철도와 선박 간 화물수송을 바로 연결하는 '인터모달(Inter-Modal) 원스톱 운송체계'를 활용해 철도수송 분담률을 늘리고 저탄소 물류시스템을 확대할 것으로 기대하고 있다.

코레일 물류사업본부장은 "두 기관의 인프라를 활용한 국제복합운송체계 구축, 냉동화물 수송 등 물류혁신으로 수출화물의 안정적인 수송 루트 확보와 철도수송 분담률 확대를 위해 힘쓰겠다."라고 말했다.

Keyword

▸ 인터모달(Inter-Modal) : 두 개 이상의 다른 수송수단으로 컨테이너, 트레일러, 팔레트 등의 적재 화물을 건물의 출입구에서 출입구까지 일관수송하는 방식을 의미한다.

예상 면접 질문

▸ 코레일이 환경 보호를 위해 할 수 있는 노력에 대해 말해 보시오.
▸ 코레일의 환경 관련 사업 중 인상적인 것이 있다면 말해 보시오.

이 책의 차례 CONTENTS

Add+ 특별부록

문제편 코레일 한국철도공사 사무직 NCS + 전공 + 법령

해설편 정답 및 해설

특별부록

CHAPTER 01
2024년 코레일 NCS 기출복원 모의고사

CHAPTER 02
2024년 상반기 ~ 2023년 코레일 전공(경영학) 기출복원 모의고사

2024년 코레일 NCS 기출복원 모의고사

문항 수 : 30문항
시험시간 : 30분

| 의사소통능력

01 다음 중 비언어적 요소인 쉼을 사용하는 경우로 적절하지 않은 것은?

① 양해나 동조를 구할 경우
② 상대방에게 반문을 할 경우
③ 이야기의 흐름을 바꿀 경우
④ 연단공포증을 극복하려는 경우
⑤ 이야기를 생략하거나 암시할 경우

| 의사소통능력

02 다음 밑줄 친 부분에 해당하는 키슬러의 대인관계 의사소통 유형은?

> 의사소통 시 이 유형의 사람은 따뜻하고 인정이 많으며 자기희생적이나 타인의 요구를 거절하지 못하므로 타인과의 정서적인 거리를 유지하는 노력이 필요하다.

① 지배형
② 사교형
③ 친화형
④ 고립형
⑤ 순박형

03 다음 글을 읽고 알 수 있는 철도사고 발생 시 행동요령으로 적절하지 않은 것은?

> 철도사고는 지하철, 고속철도 등 철도에서 발생하는 사고를 뜻한다. 많은 사람이 한꺼번에 이용하며 무거운 전동차가 고속으로 움직이는 특성상 철도사고가 발생할 경우 인명과 재산에 큰 피해가 발생한다.
> 철도사고는 다양한 원인에 의해 발생하며 사고 유형 또한 다양하게 나타나는데, 대표적으로는 충돌사고, 탈선사고, 열차화재사고가 있다. 이 사고들은 철도안전법에서 철도교통사고로 규정되어 있으며, 많은 인명피해를 야기하므로 철도사업자는 반드시 이를 예방하기 위한 조치를 취해야 한다. 또한 승객들은 위험으로부터 빠르게 벗어나기 위해 사고 시 대피요령을 파악하고 있어야 한다.
> 국토교통부는 철도사고 발생 시 인명과 재산을 보호하기 위한 국민행동요령을 제시하고 있다. 이 행동요령에 따르면 지하철에서 사고가 발생할 경우 가장 먼저 객실 양 끝에 있는 인터폰으로 승무원에게 사고를 알려야 한다. 만약 화재가 발생했다면 곧바로 119에 신고하고, 여유가 있다면 객실 양 끝에 비치된 소화기로 불을 꺼야 한다. 반면 화재의 진화가 어려울 경우 입과 코를 젖은 천으로 막고 화재가 발생하지 않은 다른 객실로 이동해야 한다. 전동차에서 대피할 때는 안내방송과 승무원의 안내에 따라 질서 있게 대피해야 하며 이때 부상자, 노약자, 임산부가 먼저 대피할 수 있도록 배려하고 도와주어야 한다. 만약 전동차의 문이 열리지 않으면 반드시 열차가 멈춘 후에 안내방송에 따라 비상핸들이나 비상콕크를 돌려 문을 열고 탈출해야 한다. 전동차가 플랫폼에 멈췄을 경우 스크린도어를 열고 탈출해야 하는데, 손잡이를 양쪽으로 밀거나 빨간색 비상바를 밀고 탈출해야 한다. 반대로 역이 아닌 곳에서 멈췄을 경우 감전의 위험이 있으므로 반드시 승무원의 안내에 따라 반대편 선로의 열차 진입에 유의하며 대피 유도등을 따라 침착하게 비상구로 대피해야 한다.
> 이와 같이 승객들은 철도사고 발생 시 신고, 질서 유지, 빠른 대피를 중점적으로 유념하여 행동해야 한다.
> 철도사고는 사고 자체가 일어나지 않도록 철저한 안전관리와 예방이 필요하지만, 다양한 원인으로 예상치 못하게 발생한다. 따라서 철도교통을 이용하는 승객 또한 평소에 안전 수칙을 준수하고 비상 상황에서 침착하게 대처하는 훈련이 필요하다.

① 침착함을 잃지 않고 승무원의 안내에 따라 대피해야 한다.
② 화재사고 발생 시 규모가 크지 않다면 빠르게 진화 작업을 해야 한다.
③ 선로에서 대피할 경우 승무원의 안내와 대피 유도등을 따라 대피해야 한다.
④ 열차에서 대피할 때는 탈출이 어려운 사람부터 대피할 수 있도록 도와야 한다.
⑤ 열차사고 발생 시 탈출을 위해 우선 비상핸들을 돌려 열차의 문을 개방해야 한다.

04 다음 글을 읽고 알 수 있는 하향식 읽기 모형의 사례로 적절하지 않은 것은?

> 글을 읽는 것은 단순히 책에 쓰인 문자를 해독하는 것이 아니라 그 안에 담긴 의미를 파악하는 과정이다. 그렇다면 사람들은 어떤 방식으로 글의 의미를 파악할까? 세상의 모든 어휘를 알고 있는 사람은 없을 것이다. 그러나 대부분의 사람들, 특히 고등교육을 받은 성인들은 자신이 잘 모르는 어휘가 있더라도 글의 전체적인 맥락과 의미를 파악할 수 있다. 이를 설명해 주는 것이 바로 하향식 읽기 모형이다.
>
> 하향식 읽기 모형은 독자가 이미 알고 있는 배경지식과 경험을 바탕으로 글의 전체적인 맥락을 먼저 파악하는 방식이다. 하향식 읽기 모형은 독자의 능동적인 참여를 활용하는 읽기로, 여기서 독자는 단순히 글을 받아들이는 수동적인 존재가 아니라 자신의 지식과 경험을 활용하여 글의 의미를 구성해 나가는 주체적인 역할을 한다. 이때 독자는 글의 내용을 예측하고 추론하며, 심지어 자신의 생각을 더하여 글에 대한 이해를 넓혀갈 수 있다.
>
> 하향식 읽기 모형의 장점은 빠르고 효율적인 독서가 가능하다는 것이다. 글의 전체적인 맥락을 먼저 파악하기 때문에 글의 핵심 내용을 빠르게 파악할 수 있고, 배경지식을 활용하여 더 깊이 있는 이해를 얻을 수 있다. 또한 예측과 추론을 통한 능동적인 독서는 독서에 대한 흥미를 높여 주는 효과도 있다.
>
> 그러나 하향식 읽기 모형은 독자의 배경지식에 의존하여 읽는 방법이므로 배경지식이 부족한 경우 글의 의미를 정확하게 파악하기 어려울 수 있으며, 배경지식에 의존하여 오해를 할 가능성도 크다. 또한 글의 내용이 복잡하다면 많은 배경지식을 가지고 있더라도 글의 맥락을 적극적으로 가정하거나 추측하기 어려운 것 또한 하향식 읽기 모형의 단점이 된다.
>
> 하향식 읽기 모형은 글의 내용을 빠르게 이해하고 독자 스스로 내면화할 수 있으므로 독서 능력 향상에 유용한 방법이다. 그러나 모든 글에 동일하게 적용할 수 있는 읽기 전략은 아니므로 글의 종류와 독자의 배경지식에 따라 적절한 읽기 전략을 사용해야 한다. 따라서 하향식 읽기 모형과 함께 상향식 읽기(문자의 정확한 해독), 주석 달기, 소리 내어 읽기 등 다양한 읽기 전략을 활용하여야 한다.

① 기사의 헤드라인을 먼저 읽어 기사의 내용을 유추한 뒤 상세 내용을 읽었다.
② 회의 자료를 읽기 전 회의 주제를 먼저 파악하여 회의 안건을 예상하였다.
③ 제품 설명서를 읽어 제품의 기능과 각 버튼의 용도를 파악하고 기계를 작동시켰다.
④ 요리법의 전체적인 조리 과정을 파악하고 단계별로 필요한 재료와 순서를 확인하였다.
⑤ 서문이나 목차를 통해 책의 전체적인 흐름을 파악하고 관심 있는 부분을 집중적으로 읽었다.

05 다음 글에서 화자의 태도로 가장 적절한 것은?

> 거친 밭 언덕 쓸쓸한 곳에
> 탐스러운 꽃송이 가지 눌렀네.
> 매화비 그쳐 향기 날리고
> 보리 바람에 그림자 흔들리네.
> 수레와 말 탄 사람 그 누가 보아 주리
> 벌 나비만 부질없이 엿보네.
> 천한 땅에 태어난 것 스스로 부끄러워
> 사람들에게 버림받아도 참고 견디네.
>
> – 최치원, 「촉규화」

① 임금에 대한 자신의 충성을 드러내고 있다.
② 사랑하는 사람에 대한 그리움을 나타내고 있다.
③ 현실에 가로막힌 자신의 처지를 한탄하고 있다.
④ 사람들과의 단절로 인한 외로움을 표현하고 있다.
⑤ 역경을 이겨내기 위한 자신의 노력을 피력하고 있다.

06 다음 중 한자성어의 뜻이 바르게 연결되지 않은 것은?

① 水魚之交 : 아주 친밀하여 떨어질 수 없는 사이
② 結草報恩 : 죽은 뒤에라도 은혜를 잊지 않고 갚음
③ 靑出於藍 : 제자나 후배가 스승이나 선배보다 나음
④ 指鹿爲馬 : 윗사람을 농락하여 권세를 마음대로 함
⑤ 刻舟求劍 : 말로는 친한 듯 하나 속으로는 해칠 생각이 있음

07 다음 글에 대한 설명으로 적절하지 않은 것은?

중국 연경(燕京)의 아홉 개 성문 안팎으로 뻗은 수십 리 거리에는 관청과 아주 작은 골목을 제외하고는 대체로 길 양옆으로 모두 상점이 늘어서 휘황찬란하게 빛난다.
우리나라 사람들은 중국 시장의 번성한 모습을 처음 보고서는 "오로지 말단의 이익만을 숭상하고 있군."이라고 말하였다. 이것은 하나만 알고 둘은 모르는 소리이다. 대저 상인은 사농공상(士農工商) 사민(四民)의 하나에 속하지만, 이 하나가 나머지 세 부류의 백성을 소통시키기 때문에 열에 셋의 비중을 차지하지 않으면 안 된다.
사람들은 쌀밥을 먹고 비단옷을 입고 있으면 그 나머지 물건은 모두 쓸모없는 줄 안다. 그러나 무용지물을 사용하여 유용한 물건을 유통하고 거래하지 않는다면, 이른바 유용하다는 물건은 거의 대부분이 한 곳에 묶여서 유통되지 않거나 그것만이 홀로 돌아다니다 쉽게 고갈될 것이다. 따라서 옛날의 성인과 제왕께서는 이를 위하여 주옥(珠玉)과 화폐 등의 물건을 조성하여 가벼운 물건으로 무거운 물건을 교환할 수 있도록 하셨고, 무용한 물건으로 유용한 물건을 살 수 있도록 하셨다.
지금 우리나라는 지방이 수천 리이므로 백성들이 적지 않고, 토산품이 구비되어 있다. 그럼에도 산이나 물에서 생산되는 이로운 물건이 전부 세상에 나오지 않고, 경제를 윤택하게 하는 방법도 잘 모르며, 날마다 쓰는 것을 팽개친 채 그것에 대해 연구하지 않고 있다. 그러면서 중국의 거마, 주택, 단청, 비단이 화려한 것을 보고서는 대뜸 "사치가 너무 심하다."라고 말해 버린다.
그렇지만 중국이 사치로 망한다고 할 것 같으면, 우리나라는 반드시 검소함으로 인해 쇠퇴할 것이다. 왜 그러한가? 검소함이란 물건이 있음에도 불구하고 쓰지 않는 것이지, 자기에게 없는 물건을 스스로 끊어 버리는 것을 일컫지는 않는다. 현재 우리나라에는 진주를 캐는 집이 없고 시장에는 산호 같은 물건의 값이 정해져 있지 않다. 금이나 은을 가지고 점포에 들어가서는 떡과 엿을 사 먹을 수가 없다. 이런 현실이 정말 우리의 검소한 풍속 때문이겠는가? 이것은 그 재물을 사용할 줄 모르기 때문이다. 재물을 사용할 방법을 알지 못하므로 재물을 만들어 낼 방법을 알지 못하고, 재물을 만들어 낼 방법을 알지 못하므로 백성들의 생활은 날이 갈수록 궁핍해진다.
재물이란 우물에 비유할 수가 있다. 물을 퍼내면 우물에는 늘 물이 가득하지만, 물을 길어내지 않으면 우물은 말라 버린다. 이와 같은 이치로 화려한 비단옷을 입지 않으므로 나라에는 비단을 짜는 사람이 없고, 그로 인해 여인이 베를 짜는 모습을 볼 수 없게 되었다. 그릇이 찌그러져도 이를 개의치 않으며, 기교를 부려 물건을 만들려고 하지도 않아 나라에는 공장(工匠)과 목축과 도공이 없어져 기술이 전해지지 않는다. 더 나아가 농업도 황폐해져 농사짓는 방법이 형편없고, 상업을 박대하므로 상업 자체가 실종되었다. 사농공상 네 부류의 백성이 누구나 할 것 없이 다 가난하게 살기 때문에 서로를 구제할 길이 없다.
지금 종각이 있는 종로 네거리에는 시장 점포가 연이어 있다고 하지만 그것은 1리도 채 안 된다. 중국에서 내가 지나갔던 시골 마을은 거의 몇 리에 걸쳐 점포로 뒤덮여 있었다. 그곳으로 운반되는 물건의 양이 우리나라 곳곳에서 유통되는 것보다 많았는데, 이는 그곳 가게가 우리나라보다 더 부유해서 그러한 것이 아니고 재물이 유통되느냐 유통되지 못하느냐에 따른 결과인 것이다.

– 박제가, 『시장과 우물』

① 재물이 적절하게 유통되지 않는 현실을 비판하고 있다.
② 재물을 유통하기 위한 성현들의 노력을 근거로 제시하고 있다.
③ 경제의 규모를 늘리기 위한 소비의 중요성을 강조하고 있다.
④ 조선의 경제가 윤택하지 못한 이유를 생산량의 부족으로 보고 있다.
⑤ 산업의 발전을 위해 적당한 사치가 있어야 함을 제시하고 있다.

08 **다음 중 밑줄 친 부분의 띄어쓰기가 옳지 않은 것은?**

① 운전을 어떻게 해야 하는지 알려 주었다.
② 오랫동안 애쓴 만큼 좋은 결과가 나왔다.
③ 모두가 떠나가고 남은 사람은 고작 셋 뿐이다.
④ 참가한 사람들은 누구의 키가 큰지 작은지 비교해 보았다.
⑤ 민족의 큰 명절에는 온 나라 방방곡곡에서 씨름판이 열렸다.

09 **다음 중 밑줄 친 부분의 표기가 옳지 않은 것은?**

① 늦게 온다던 친구가 금세 도착했다.
② 변명할 틈도 없이 그에게 일방적으로 채였다.
③ 못 본 사이에 그의 얼굴은 핼쑥하게 변했다.
④ 빠르게 변해버린 고향이 낯설게 느껴졌다.
⑤ 문제의 정답을 찾기 위해 곰곰이 생각해 보았다.

10 **다음 중 단어와 그 발음법이 바르게 연결되지 않은 것은?**

① 결단력 – [결딴녁]
② 옷맵시 – [온맵씨]
③ 몰상식 – [몰상씩]
④ 물난리 – [물랄리]
⑤ 땀받이 – [땀바지]

| 수리능력

11 농도가 15%인 소금물 200g과 농도가 20%인 소금물 300g을 섞었을 때, 섞인 소금물의 농도는?

① 17%
② 17.5%
③ 18%
④ 18.5%
⑤ 19%

| 수리능력

12 남직원 A ~ C, 여직원 D ~ F 6명이 일렬로 앉고자 한다. 여직원끼리 인접하지 않고, 여직원 D와 남직원 B가 서로 인접하여 앉는 경우의 수는?

① 12가지
② 20가지
③ 40가지
④ 60가지
⑤ 120가지

| 수리능력

13 다음과 같이 일정한 규칙으로 수를 나열할 때 빈칸에 들어갈 수로 옳은 것은?

−23 −15 −11 5 13 25 ( ) 45 157 65

① 49
② 53
③ 57
④ 61
⑤ 65

14 다음은 K시의 유치원, 초 · 중 · 고등학교, 고등교육기관의 취학률 및 초 · 중 · 고등학교의 상급학교 진학률에 대한 자료이다. 이에 대한 설명으로 옳지 않은 것은?

〈유치원, 초 · 중 · 고등학교, 고등교육기관 취학률〉

(단위 : %)

구분	2014년	2015년	2016년	2017년	2018년	2019년	2020년	2021년	2022년	2023년
유치원	45.8	45.2	48.3	50.6	51.6	48.1	44.3	45.8	49.7	52.8
초등학교	98.7	99	98.6	98.9	99.3	99.6	98.1	98.1	99.5	99.9
중학교	98.5	98.6	98.1	98	98.9	98.5	97.1	97.6	97.5	98.2
고등학교	95.3	96.9	96.2	95.4	96.2	94.7	92.1	93.7	95.2	95.6
고등교육기관	65.6	68.9	64.9	66.2	67.5	69.2	70.8	71.7	74.3	73.5

〈초 · 중 · 고등학교 상급학교 진학률〉

(단위 : %)

구분	2014년	2015년	2016년	2017년	2018년	2019년	2020년	2021년	2022년	2023년
초등학교	100	100	100	100	100	100	100	100	100	100
중학교	99.7	99.7	99.7	99.7	99.7	99.7	99.7	99.7	99.7	99.6
고등학교	93.5	91.8	90.2	93.2	91.7	90.5	91.4	92.6	93.9	92.8

① 중학교의 취학률은 매년 97% 이상이다.

② 매년 취학률이 가장 높은 기관은 초등학교이다.

③ 고등교육기관의 취학률이 70%를 넘긴 해는 2020년부터이다.

④ 2023년에 중학교에서 고등학교로 진학하지 않은 학생의 비율은 전년 대비 감소하였다.

⑤ 고등교육기관의 취학률이 가장 낮은 해와 고등학교의 상급학교 진학률이 가장 낮은 해는 같다.

15 다음은 A기업과 B기업의 2024년 1 ~ 6월 매출액에 대한 자료이다. 이를 그래프로 옮겼을 때의 개형으로 옳은 것은?

〈2024년 1 ~ 6월 A, B기업 매출액〉

(단위 : 억 원)

구분	2024년 1월	2024년 2월	2024년 3월	2024년 4월	2024년 5월	2024년 6월
A기업	307.06	316.38	315.97	294.75	317.25	329.15
B기업	256.72	300.56	335.73	313.71	296.49	309.85

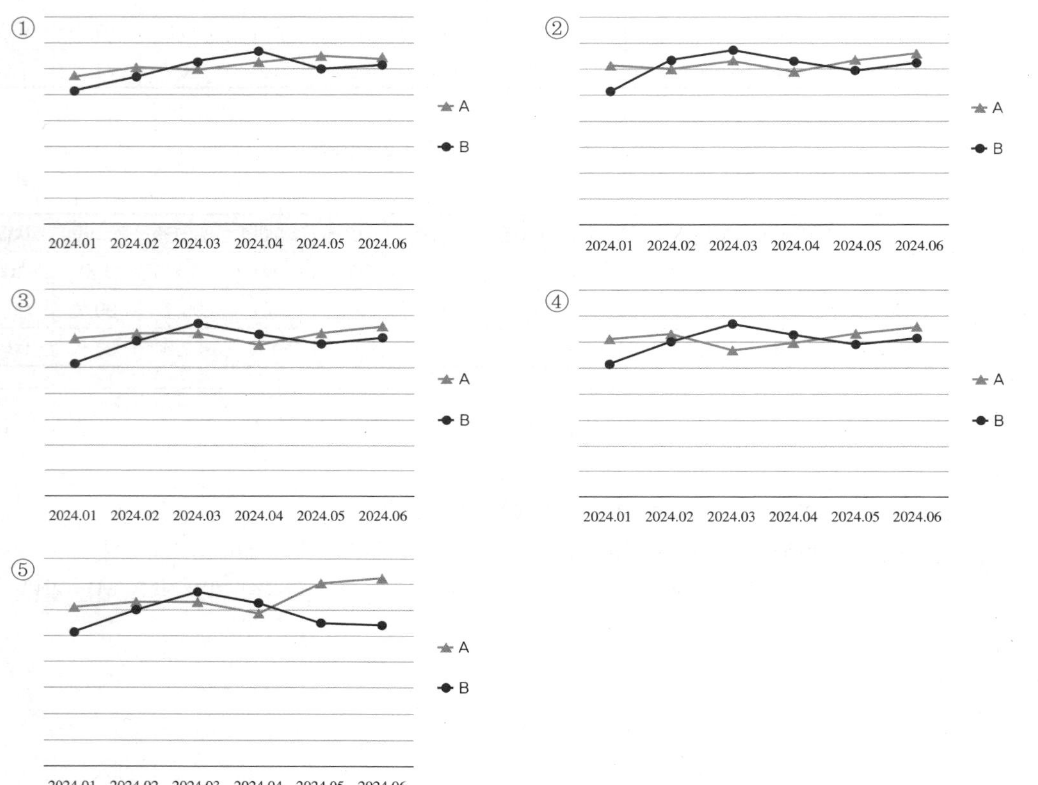

16 다음 식을 계산하여 나온 수의 백의 자리, 십의 자리, 일의 자리를 순서대로 바르게 나열한 것은?

$865\times865+865\times270+135\times138-405$

① 0, 0, 0
② 0, 2, 0
③ 2, 5, 0
④ 5, 5, 0
⑤ 8, 8, 0

17 길이가 200m인 A열차가 어떤 터널을 60km/h의 속력으로 통과하였다. 잠시 후 길이가 300m인 B열차가 같은 터널을 90km/h의 속력으로 통과하였다. A열차와 B열차가 이 터널을 완전히 통과할 때 걸린 시간의 비가 10 : 7일 때, 이 터널의 길이는?

① 1,200m
② 1,500m
③ 1,800m
④ 2,100m
⑤ 2,400m

18 다음과 같이 일정한 규칙으로 수를 나열할 때 빈칸에 들어갈 수로 옳은 것은?

-2 1 6 13 22 33 46 61 78 97 ( )

① 102
② 106
③ 110
④ 114
⑤ 118

19 다음은 2023년 K톨게이트를 통과한 차량에 대한 자료이다. 이에 대한 설명으로 옳지 않은 것은?

〈2023년 K톨게이트 통과 차량〉

(단위 : 천 대)

구분	승용차			승합차			대형차		
	영업용	비영업용	합계	영업용	비영업용	합계	영업용	비영업용	합계
1월	152	3,655	3,807	244	2,881	3,125	95	574	669
2월	174	3,381	3,555	222	2,486	2,708	101	657	758
3월	154	3,909	4,063	229	2,744	2,973	139	837	976
4월	165	3,852	4,017	265	3,043	3,308	113	705	818
5월	135	4,093	4,228	211	2,459	2,670	113	709	822
6월	142	3,911	4,053	231	2,662	2,893	107	731	838
7월	164	3,744	3,908	237	2,721	2,958	117	745	862
8월	218	3,975	4,193	256	2,867	3,123	115	741	856
9월	140	4,105	4,245	257	2,913	3,170	106	703	809
10월	135	3,842	3,977	261	2,812	3,073	107	695	802
11월	170	3,783	3,953	227	2,766	2,993	117	761	878
12월	147	3,730	3,877	243	2,797	3,040	114	697	811

① 전체 승용차 수와 전체 승합차 수의 합이 가장 많은 달은 9월이고, 가장 적은 달은 2월이다.
② 4월을 제외하고 K톨게이트를 통과한 비영업용 승합차 수는 월별 300만 대 미만이었다.
③ 전체 대형차 수 중 영업용 대형차 수의 비율은 모든 달에서 10% 이상이다.
④ 영업용 승합차 수는 모든 달에서 영업용 대형차 수의 2배 이상이다.
⑤ 승용차가 가장 많이 통과한 달의 전체 승용차 수에 대한 영업용 승용차 수의 비율은 3% 이상이다.

20 K중학교 2학년 A～F 6개의 학급이 체육대회에서 줄다리기 경기를 다음과 같은 토너먼트로 진행하려고 한다. 이때, A반과 B반이 모두 2번의 경기를 거쳐 결승에서 만나게 되는 경우의 수는?

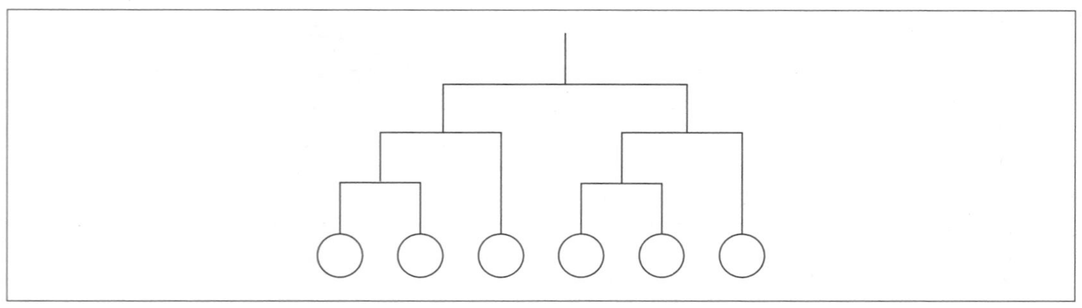

① 6가지
② 24가지
③ 120가지
④ 180가지
⑤ 720가지

21 다음은 연령대별로 도시와 농촌에서의 여가생활 만족도 평가 점수를 조사한 자료이다. 〈조건〉에 따라 빈칸 ㄱ～ㄹ에 들어갈 수를 순서대로 바르게 나열한 것은?

〈연령대별 도시·농촌 여가생활 만족도 평가〉

(단위 : 점)

구분	10대 미만	10대	20대	30대	40대	50대	60대	70대 이상
도시	1.6	ㄱ	3.5	ㄴ	3.9	3.8	3.3	1.7
농촌	1.3	1.8	2.2	2.1	2.1	ㄷ	2.1	ㄹ

※ 매우 만족 : 5점, 만족 : 4점, 보통 : 3점, 불만 : 2점, 매우 불만 : 1점

〈조건〉

- 도시에서 여가생활 만족도는 모든 연령대에서 같은 연령대의 농촌보다 높았다.
- 도시에서 10대의 여가생활 만족도는 농촌에서 10대의 2배보다 높았다.
- 도시에서 여가생활 만족도가 가장 높은 연령대는 40대였다.
- 농촌에서 여가생활 만족도가 가장 높은 연령대는 50대지만, 3점을 넘기지 못했다.

	ㄱ	ㄴ	ㄷ	ㄹ
①	3.8	3.3	2.8	3.5
②	3.5	3.3	3.2	3.5
③	3.8	3.3	2.8	1.5
④	3.5	4.0	3.2	1.5
⑤	3.8	4.0	2.8	1.5

22 A ~ E열차를 운행거리가 가장 긴 순서대로 나열하려고 한다. 운행시간 및 평균 속력이 다음과 같을 때, C열차는 몇 번째로 운행거리가 긴 열차인가?(단, 열차 대기시간은 고려하지 않는다)

〈A ~ E열차 운행시간 및 평균 속력〉

구분	운행시간	평균 속력
A열차	900분	50m/s
B열차	10시간 30분	150km/h
C열차	8시간	55m/s
D열차	720분	2.5km/min
E열차	10시간	2.7km/min

① 첫 번째
② 두 번째
③ 세 번째
④ 네 번째
⑤ 다섯 번째

23 다음 대화에서 공통적으로 나타나는 논리적 오류로 가장 적절한 것은?

A : 반려견 출입 금지라고 쓰여 있는 카페에 갔는데 거절당했어. 반려견 출입 금지면 고양이는 괜찮은 거 아니야?
B : 어제 직장동료가 "조심히 들어가세요."라고 했는데 집에 들어갈 때만 조심하라는 건가?
C : 친구가 비가 와서 우울하다고 했는데, 비가 안 오면 행복해지겠지?
D : 이웃을 사랑하라는 선생님의 가르침을 실천하기 위해 사기를 저지른 이웃을 숨겨 주었어.
E : 의사가 건강을 위해 채소를 많이 먹으라고 하던데 앞으로는 채소만 먹으면 되겠어.
F : 긍정적인 생각을 하면 좋은 일이 생기니까 아무리 나쁜 일이 있어도 긍정적으로만 생각하면 될 거야.

① 무지의 오류
② 연역법의 오류
③ 과대해석의 오류
④ 허수아비 공격의 오류
⑤ 권위나 인신공격에 의존한 논증

24 다음은 스마트팜을 운영하는 K사에 대한 SWOT 분석 결과이다. 이에 따른 전략이 나머지와 다른 것은?

〈K사 스마트팜 SWOT 분석 결과〉

구분		분석 결과
내부환경요인	강점 (Strength)	• 차별화된 기술력 : 기존 스마트팜 솔루션과 차별화된 센서 기술, AI 기반 데이터 분석 기술 보유 • 젊고 유연한 조직 : 빠른 의사결정과 시장 변화에 대한 적응력 • 정부 사업 참여 경험 : 스마트팜 관련 정부 사업 참여 가능성
	약점 (Weakness)	• 자금 부족 : 연구개발, 마케팅 등에 필요한 자금 확보 어려움 • 인력 부족 : 다양한 분야의 전문 인력 확보 필요 • 개발력 부족 : 신규 기술 개발 속도 느림
외부환경요인	기회 (Opportunity)	• 스마트팜 시장 성장 : 스마트팜에 대한 관심 증가와 이에 따른 정부의 적극적인 지원 • 해외 시장 진출 가능성 : 글로벌 스마트팜 시장 진출 기회 확대 • 활발한 관련 연구 : 스마트팜 관련 공동연구 및 포럼, 설명회 등 정보 교류가 활발하게 논의
	위협 (Threat)	• 경쟁 심화 : 후발 주자의 등장과 기존 대기업의 시장 장악 가능성 • 기술 변화 : 빠르게 변화하는 기술 트렌드에 대한 대응 어려움 • 자연재해 : 기후 변화 등 예측 불가능한 자연재해로 인한 피해 가능성

① 정부 지원을 바탕으로 연구개발에 필요한 자금을 확보

② 스마트팜 관련 공동연구에 참가하여 빠르게 신규 기술을 확보

③ 스마트팜에 대한 높은 관심을 바탕으로 온라인 펀딩을 통해 자금을 확보

④ 포럼 등 설명회에 적극적으로 참가하여 전문 인력 확충을 위한 인맥을 확보

⑤ 스마트팜 관련 정부 사업 참여 경험을 바탕으로 정부의 적극적인 지원을 확보

25 다음 글에서 나타난 문제해결 절차의 단계로 가장 적절한 것은?

> K대학교 기숙사는 최근 학생들의 불만이 끊이지 않고 있다. 특히, 식사의 질이 낮고, 시설이 노후화되었으며, 인터넷 연결 상태가 불안정하다는 의견이 많았다. 이에 K대학교 기숙사 운영위원회는 문제해결을 위해 긴급 회의를 소집했다.
> 회의에서 학생 대표들은 식단의 다양성 부족, 식재료의 신선도 문제, 식당 내 위생 상태 불량 등을 지적했다. 또한, 시설 관리 담당자는 건물 외벽의 균열, 낡은 가구, 잦은 누수 현상 등 시설 노후화 문제를 강조했다. IT 담당자는 기숙사 내 와이파이 연결 불안정, 인터넷 속도 저하 등 통신환경 문제를 제기했다.
> 운영위원회는 이러한 다양한 의견을 종합하여 문제를 더욱 구체적으로 분석하기로 결정했다. 먼저, 식사 문제의 경우 학생들의 식습관 변화에 따른 메뉴 구성의 문제점, 식자재 조달 과정의 비효율성, 조리 시설의 부족 등의 문제점을 파악했다. 시설 문제는 건물의 노후화로 인한 안전 문제, 에너지 효율 저하, 학생들의 편의성 저하 등으로 세분화했다. 마지막으로, 통신환경 문제는 기존 네트워크 장비의 노후화, 학생 수 증가에 따른 네트워크 부하 증가 등의 세부 문제가 제시되었다.

① 문제 인식
② 문제 도출
③ 원인 분석
④ 해결안 개발
⑤ 실행 및 평가

26 **면접 참가자 A ~ E 5명은 〈조건〉과 같이 면접장에 도착했다. 동시에 도착한 사람은 없다고 할 때, 다음 중 항상 참인 것은?**

〈조건〉

- B는 A 바로 다음에 도착했다.
- D는 E보다 늦게 도착했다.
- C보다 먼저 도착한 사람이 1명 있다.

① E는 가장 먼저 도착했다.
② B는 가장 늦게 도착했다.
③ A는 네 번째로 도착했다.
④ D는 가장 먼저 도착했다.
⑤ D는 A보다 먼저 도착했다.

27 **다음 논리에서 나타난 형식적 오류로 옳은 것은?**

- 전제 1 : TV를 오래 보면 눈이 나빠진다.
- 전제 2 : 철수는 TV를 오래 보지 않는다.
- 결론 : 그러므로 철수는 눈이 나빠지지 않는다.

① 사개명사의 오류
② 전건 부정의 오류
③ 후건 긍정의 오류
④ 선언지 긍정의 오류
⑤ 매개념 부주연의 오류

※ 서울역 근처 K공사에 근무하는 A과장은 팀원 4명과 함께 열차를 타고 부산으로 출장을 가려고 한다. 다음 자료를 보고 이어지는 질문에 답하시오. **[28~29]**

〈서울역 → 부산역 열차 시간표〉

구분	출발시각	정차역	다음 정차역까지 소요시간	총주행시간	성인 1인당 요금
KTX	8:00	-	-	2시간 30분	59,800원
ITX-청춘	7:20	대전	40분	3시간 30분	48,800원
ITX-마음	6:40	대전, 울산	40분	3시간 50분	42,600원
새마을호	6:30	대전, 울산, 동대구	60분	4시간 30분	40,600원
무궁화호	5:30	대전, 울산, 동대구	80분	5시간 40분	28,600원

※ 위의 열차 시간표는 운행하는 열차 종류별 승차권 구입이 가능한 가장 빠른 시간표이다.
※ 총주행시간은 정차·대기시간을 제외한 열차가 실제로 달리는 시간이다.

〈운행 조건〉

- 정차역에 도착할 때마다 대기시간 15분을 소요한다.
- 정차역에 먼저 도착한 열차가 출발하기 전까지 뒤에 도착한 열차는 정차역에 들어오지 않고 대기한다.
- 정차역에 먼저 도착한 열차가 정차역을 출발한 후, 5분 뒤에 대기 중인 열차가 정차역에 들어온다.
- 정차역에 2종류 이상의 열차가 동시에 도착하였다면, ITX-청춘 → ITX-마음 → 새마을호 → 무궁화호 순으로 정차역에 들어온다.
- 목적지인 부산역은 먼저 도착한 열차로 인한 대기 없이 바로 역에 들어온다.

| 문제해결능력

28 다음 중 자료에 대한 설명으로 옳지 않은 것은?

① ITX-청춘보다 ITX-마음이 목적지에 더 빨리 도착한다.
② 부산역에 가장 늦게 도착하는 열차는 12시에 도착한다.
③ ITX-마음은 먼저 도착한 열차로 인한 대기시간이 없다.
④ 부산역에 가장 빨리 도착하는 열차는 10시 30분에 도착한다.
⑤ 무궁화호는 울산역, 동대구역에서 다른 열차로 인해 대기한다.

29 다음 〈조건〉에 따라 승차권을 구입할 때, A과장과 팀원 4명의 총요금은?

〈조건〉

- A과장과 팀원 1명은 7시 30분까지 K공사에서 사전 회의를 가진 후 출발하며, 출장 인원이 모두 같이 이동할 필요는 없다.
- 목적지인 부산역에는 11시 30분까지 도착해야 한다.
- 열차 요금은 가능한 한 저렴하게 한다.

① 247,400원
② 281,800원
③ 312,800원
④ 326,400원
⑤ 347,200원

30 다음 글에 나타난 논리적 사고의 구성요소로 가장 적절한 것은?

A는 동업자 B와 함께 신규 사업을 시작하기 위해 기획안을 작성하여 논의하였다. 그러나 B는 신규 기획안을 읽고 시기나 적절성에 대해 부정적인 입장을 보였다. A가 B를 설득하기 위해 B의 의견을 정리하여 생각해 보니 B는 신규 사업을 시작하는 데 있어 다른 경쟁사보다 늦게 출발하여 경쟁력이 부족하다는 점 때문에 신규 사업에 부정적이라는 것을 알게 되었다. 이에 A는 경쟁력을 높이기 위한 다양한 아이디어를 추가로 제시하여 B를 다시 설득하였다.

① 설득
② 구체적인 생각
③ 생각하는 습관
④ 타인에 대한 이해
⑤ 상대 논리의 구조화

코레일 한국철도공사 사무직

2024년 상반기 ~ 2023년 코레일 전공(경영학) 기출복원 모의고사

문항 수　: 30문항
시험시간 : 30분

01 다음 중 공정성 이론에서 절차적 공정성에 해당하지 않는 것은?

① 접근성
② 반응속도
③ 형평성
④ 유연성
⑤ 적정성

02 다음 중 e-비즈니스 기업의 장점으로 옳지 않은 것은?

① 빠른 의사결정을 진행할 수 있다.
② 양질의 고객서비스를 제공할 수 있다.
③ 배송, 물류비 등 각종 비용을 절감할 수 있다.
④ 기업이 더 높은 가격으로 제품을 판매할 수 있다.
⑤ 소비자에게 더 많은 선택권을 부여할 수 있다.

03 다음 중 조직시민행동에 대한 설명으로 옳지 않은 것은?

① 조직 구성원이 수행하는 행동에 대해 의무나 보상이 존재하지 않는다.
② 조직 구성원의 자발적인 참여가 바탕이 되며, 대부분 강제적이지 않다.
③ 조직 구성원의 처우가 좋지 않을수록 조직시민행동은 자발적으로 일어난다.
④ 조직 내 바람직한 행동을 유도하고, 구성원의 조직 참여도를 제고한다.
⑤ 조직의 리더가 구성원으로부터 신뢰를 받을 때 구성원의 조직시민행동이 크게 증가한다.

04 **다음 동기부여이론 중 과정이론에 해당하는 것은?**

① ERG 이론　　② XY이론
③ 성취동기 이론　　④ 욕구이론
⑤ 공정성 이론

05 **다음 중 분배적 협상의 특징으로 옳지 않은 것은?**

① 상호 목표 배치 시 자신의 입장을 명확히 주장한다.
② 협상을 통해 공동의 이익을 확대(Win – Win)한다.
③ 정보를 숨겨 필요한 정보만 선택적으로 활용한다.
④ 협상에 따른 이익을 정해진 비율로 분배한다.
⑤ 간부회의, 밀실회의 등을 통한 의사결정을 주로 진행한다.

06 **다음 글에서 설명하는 직무분석방법은?**

- 여러 직무활동을 동시에 기록할 수 있다.
- 직무활동 전체의 모습을 파악할 수 있다.
- 직무성과가 외형적일 때 적용이 가능하다.

① 관찰법　　② 면접법
③ 워크샘플링법　　④ 질문지법
⑤ 연구법

07 **다음 중 전문품에 대한 설명으로 옳지 않은 것은?**

① 가구, 가전제품 등이 해당된다.
② 제품의 가격이 상대적으로 비싼 편이다.
③ 특정 브랜드에 대한 높은 충성심이 나타난다.
④ 충분한 정보 제공 및 차별화가 중요한 요소로 작용한다.
⑤ 소비자가 해당 브랜드에 대한 충분한 지식이 없는 경우가 많다.

08 **다음 중 연속생산에 대한 설명으로 옳은 것은?**

① 단위당 생산원가가 낮다.
② 운반비용이 많이 소요된다.
③ 제품의 수명이 짧은 경우 적합한 방식이다.
④ 제품의 수요가 다양한 경우 적합한 방식이다.
⑤ 작업자의 숙련도가 떨어질 경우 작업에 참여시키지 않는다.

09 **다음 중 테일러의 과학적 관리법과 관련이 없는 것은?**

① 시간연구
② 동작연구
③ 동등성과급제
④ 과업관리
⑤ 표준 작업조건

10 **다음 중 근로자가 직무능력 평가를 위해 개인능력평가표를 활용하는 제도는?**

① 자기신고제도
② 직능자격제도
③ 평가센터제도
④ 직무순환제도
⑤ 기능목록제도

11 **다음 중 데이터베이스 마케팅에 대한 설명으로 옳지 않은 것은?**

① 기업 규모와 관계없이 모든 기업에서 활용이 가능하다.
② 기존 고객의 재구매를 유도하며, 장기적인 마케팅 전략 수립이 가능하다.
③ 인구통계, 심리적 특성, 지리적 특성 등을 파악하여 고객별 맞춤 서비스가 가능하다.
④ 고객자료를 바탕으로 고객 및 매출 증대에 대한 마케팅 전략을 실행하는 데 목적이 있다.
⑤ 단방향 의사소통으로 고객과 1 : 1 관계를 구축하여 즉각적으로 반응을 확인할 수 있다.

12 다음 중 공정성 이론에 따른 불공정의 해결방법으로 옳지 않은 것은?

① 비교대상의 변화
② 투입의 변화
③ 사례의 변화
④ 산출의 변화
⑤ 태도의 변화

13 다음 중 조직시민행동에서 예의성에 대한 설명으로 옳은 것은?

① 직무수행과 관련하여 갈등이 발생할 수 있는 가능성을 미리 막으려고 노력하는 행동이다.
② 도움이 필요한 구성원을 아무런 대가 없이 자발적으로 도와주는 행동이다.
③ 조직 구성원이 양심에 따라 조직의 규칙 등을 성실히 지키는 행동이다.
④ 조직 또는 구성원에 대해 불만이 있더라도 긍정적으로 이해하고자 노력하는 행동이다.
⑤ 조직의 공식적 또는 비공식적 행사에 적극적으로 참여하고자 하는 행동이다.

14 다음 중 직무평가에 있어서 책임성과 관련이 없는 것은?

① 직무개선
② 관리감독
③ 기계설비
④ 도전성
⑤ 원재료책임

15 다음 중 분배적 협상 진행 시 고려해야 하는 사항으로 옳지 않은 것은?

① 상대방의 이해관계나 제약사항 등에 대한 사전조사가 필요하다.
② 상대방에 대한 최초 제안목표는 높게 설정하는 것이 유리하다.
③ 풍부한 자원을 대상으로 창의적인 가치창출 전략을 제시한다.
④ 상대방이 주어진 조건에서 크게 벗어나지 않는 결정을 하도록 유도한다.
⑤ 협상이 실패했을 때를 대비하여 최선의 대안을 확보한다.

16 다음 중 집단의 응집성이 증가되는 요소로 옳은 것은?

① 많은 구성원의 수
② 쉬운 가입 난이도
③ 집단 간 많은 경쟁
④ 집단 내 실패 경험
⑤ 구성원 간 적은 교류

17 다음 임금 분배방식 중 위원회가 있고, 판매가치를 기준으로 성과급을 분배하는 방식은?

① 임프로쉐어 플랜
② 러커 플랜
③ 스캔런 플랜
④ 링컨 플랜
⑤ 카이저 플랜

18 다음 중 추상적인 편익을 소구하는 포지셔닝 전략은?

① 경쟁자 포지셔닝
② 이미지 포지셔닝
③ 제품속성 포지셔닝
④ 사용자 기반 포지셔닝
⑤ 니치시장 소구 포지셔닝

19 다음 중 구매 행동과 관련하여 소비자의 심리적 요인이 아닌 것은?

① 직업
② 동기
③ 지각
④ 학습
⑤ 신념

20 다음 중 수요가 줄어든 상태에서 그 수요를 재현하는 마케팅 전략은?

① 전환마케팅
② 자극마케팅
③ 재마케팅
④ 개발마케팅
⑤ 에이지마케팅

21 다음 중 유기적 조직에 대한 설명으로 옳지 않은 것은?

① 상사와 부하 간의 활발한 의사소통을 통한 분권화가 이루어진다.
② 규칙이나 절차 등에 대해 융통성을 발휘할 수 있다.
③ 부서 간의 업무가 상호 의존적이라 할 수 있다.
④ 구성원 관리의 폭이 좁아 적극적인 관리가 가능하다.
⑤ 의사결정과정을 간소화하여 조직의 효율성을 높일 수 있다.

22 다음 중 예상되는 수요가 있을 때 비축하는 재고는?

① 안전재고
② 예비재고
③ 주기재고
④ 운송 중 재고
⑤ 이동재고

23 다음 중 지각 정보처리 모형의 조직화 형태로 옳지 않은 것은?

① 폐쇄성
② 단순성
③ 근접성
④ 유사성
⑤ 개별성

24 다음 중 인바운드 마케팅에서 Pull 전략에 대한 설명으로 옳지 않은 것은?

① 고객의 니즈와 선호도를 충족시키는 제품 및 서비스를 개발하는 데 초점을 맞춘다.
② 기업 및 제품을 소개하는 매력적인 콘텐츠를 제작하여 브랜드 인지도를 높인다.
③ 주로 디지털 마케팅 채널을 활용하여 마케팅을 진행한다.
④ 직접적이고 적극적이며, 대개 1 : 1 형태로 진행한다.
⑤ 고객과의 장기적인 관계를 구축하고 유지하고자 한다.

25 다음 글에서 설명하는 인력공급 예측기법은?

- 시간의 흐름에 따라 직원의 직무이동확률을 파악하는 방법이다.
- 장기적인 인력공급의 미래예측에 용이하다.
- 조직 및 경영환경이 매우 안정적일 때 측정이 가능하다.

① 자격요건 분석
② 기능목록 분석
③ 마르코프 체인
④ 대체도
⑤ 외부공급 예측

26 다음 중 정가가 10,000원인 제품을 9,900원으로 판매하는 가격전략은?

① 명성가격
② 준거가격
③ 단수가격
④ 관습가격
⑤ 유인가격

27 다음 중 고전적 경영이론에 대한 설명으로 옳지 않은 것은?

① 고전적 경영이론은 인간의 행동이 합리적이고 경제적인 동기에 의해 이루어진다고 가정한다.
② 차별성과급제, 기능식 직장제도는 테일러의 과학적 관리법을 기본이론으로 한다.
③ 포드의 컨베이어 벨트 시스템은 표준화를 통한 대량생산방식을 설명한다.
④ 베버는 조직을 합리적이고 법적인 권한으로 운영하는 관료제 조직이 가장 합리적이라고 주장한다.
⑤ 페이욜은 기업활동을 기술활동, 영업활동, 재무활동, 회계활동 4가지 분야로 구분하였다.

28 **다음 중 주식회사의 특징으로 옳지 않은 것은?**

① 구성원인 주주와 별개의 법인격이 부여된다.
② 주주는 회사에 대한 주식의 인수가액을 한도로 출자의무를 부담한다.
③ 주주는 자신이 보유한 지분을 자유롭게 양도할 수 있다.
④ 설립 시 발기인은 최소 2인 이상을 필요로 한다.
⑤ 소유와 경영을 분리하여 이사회로 경영권을 위임한다.

29 **다음 수요예측기법 중 성격이 다른 것은?**

① 델파이 기법
② 역사적 유추법
③ 시계열 분석법
④ 시장조사법
⑤ 라이프 사이클 유추법

30 **다음 중 저압적 마케팅에 대한 설명으로 옳은 것은?**

① 판촉활동을 통한 제품판매 전략을 추진한다.
② 기업 내부관점에서 생산 가능한 제품을 선정하여 대량생산한다.
③ 선행적 마케팅을 통해 생산 전 마케팅 조사 및 계획 활동을 추진한다.
④ 생산 이후 가격, 유통경로, 판매촉진 마케팅에 주력한다.
⑤ 고객의 피드백을 고려하지 않는 선형 마케팅으로 볼 수 있다.

합격의공식
시대
에듀

1일 차
기출응용 모의고사

〈문항 및 시험시간〉

평가영역	문항 수	시험시간	모바일 OMR 답안채점 / 성적분석 서비스
[NCS] 의사소통능력＋수리능력＋ 문제해결능력 [전공] 경영학 [철도법령] 철도 관련 법령	70문항	70분	

※ 수록 기준

철도산업발전기본법 : 법률 제18693호(시행 22.7.5.), 철도산업발전기본법 시행령 : 대통령령 제32759호(시행 22.7.5.)

한국철도공사법 : 법률 제15460호(시행 19.3.14.), 한국철도공사법 시행령 : 대통령령 제31899호(시행 21.7.20.)

철도사업법 : 법률 제19391호(시행 23.10.19.), 철도사업법 시행령 : 대통령령 제33795호(시행 24.1.1.)

코레일 한국철도공사 사무직 NCS + 전공 + 법령

1일 차 기출응용 모의고사

문항 수 : 70문항
시험시간 : 70분

제1영역 직업기초능력평가

01 다음 글의 제목으로 가장 적절한 것은?

일반적으로 소비자들은 합리적인 경제 행위를 추구하기 때문에 최소 비용으로 최대 효과를 얻으려 한다는 것이 소비의 기본 원칙이다. 그들은 '보이지 않는 손'이라고 일컬어지는 시장 원리 아래에서 생산자와 만난다. 그러나 이러한 일차적 의미의 합리적 소비가 언제나 유효한 것은 아니다. 생산보다는 소비가 화두가 된 소비 자본주의 시대에서 소비는 단순히 필요한 재화, 그리고 경제학적으로 유리한 재화를 구매하는 행위에 머물지 않는다. 최대 효과 자체에 정서적이고 사회 심리학적인 요인이 개입하면서, 이제 소비는 개인이 세계와 만나는 다분히 심리적인 방법이 되어버린 것이다. 즉, 인간의 기본적인 생존 욕구를 충족시켜 주는 합리적 소비 수준에 머물지 않고, 자신을 표현하는 상징적 행위가 된 것이다. 이처럼 오늘날의 소비문화는 물질적 소비 차원이 아닌 심리적 소비 형태를 띠게 된다.

소비 자본주의의 화두는 과소비가 아니라 '과시 소비'로 넘어간 것이다. 과시 소비의 중심에는 신분의 논리가 있다. 신분의 논리는 유용성의 논리, 나아가 시장의 논리로 설명되지 않는 것들을 설명해 준다. 혈통으로 이어지던 폐쇄적 계층 사회는 소비 행위에 대해 계급에 근거한 제한을 부여했다. 먼 옛날 부족 사회에서 수장들만이 걸칠 수 있었던 장신구에서부터 권문세가의 정승이라도 아흔아홉 칸을 넘을 수 없던 집이 좋은 예이다. 권력을 가진 자는 힘을 통해 자기의 취향을 주위 사람들과 분리시킴으로써 경외감을 강요하고, 그렇게 자기 취향을 과시함으로써 잠재적 경쟁자들을 통제한 것이다.

가시적 신분 제도가 사라진 현대 사회에서도 이러한 신분의 논리는 여전히 유효하다. 이제 개인은 소비를 통해 자신의 물질적 부를 표현함으로써 신분을 과시하려 한다.

① '보이지 않는 손'에 의한 합리적 소비의 필요성
② 소득을 고려하지 않은 무분별한 과소비의 폐해
③ 계층별 소비 규제의 필요성
④ 신분사회에서 의복 소비와 계층의 관계
⑤ 소비가 곧 신분이 되는 과시 소비의 원리

02 다음 글에서 乙의 주장 방식으로 가장 적절한 것은?

甲 : 정의는 지배자의 이익이다. 법률을 제정함에 있어서 독재 정치는 독재 체제의 법률을, 민주 정치는 민주 체제의 법률을 제정한다. 이때 법률은 지배자들이 결정하는 것이므로 지배자들의 입맛에 맞게 제정된다. 법률이 제정되면 지배자들은 법에 해당하는 행위를 정의로운 것으로 간주하고 이에 어긋나는 행동을 하는 사람을 정의롭지 못한 사람으로 판단하고 처벌한다. 따라서 정의는 수립된 정권의 이익 이외에 다른 것이 아니다.

乙 : 지배자가 제정하는 법률이 반드시 지배자의 이익에 맞도록 제정된다고 할 수 없다. 의술은 환자의 이익을 위해 존재하는 것이나 의사가 의술을 올바르게 사용함으로써 부산물로 돈을 얻는 것처럼, 지배자 또한 자신이 다스리는 사람들의 이익을 위해 일함으로써 자신이 명예와 재산을 얻게 되는 것이다. 따라서 정의는 강자의 이익이 아니라 피지배자의 이익이다.

① 甲의 주장을 현실적 사례를 통해 비판하고 있다.
② 甲의 주장이 감정에 호소하는 오류를 저지르고 있다고 비판하고 있다.
③ 비슷한 관계의 다른 사례를 통해 자신의 주장을 정당화하고 있다.
④ '정의'라는 단어를 새롭게 해석하여 자신의 주장의 근거로 사용하고 있다.
⑤ 비유를 통해 지배자들을 비판하고 있다.

03 다음 빈칸에 들어갈 내용으로 가장 적절한 것은?

질병(疾病)이란 유기체의 신체적, 정신적 기능이 비정상으로 된 상태를 일컫는다. 인간에게 있어 질병이란 넓은 의미에서는 극도의 고통을 비롯하여 스트레스, 사회적인 문제, 신체기관의 기능 장애와 죽음까지를 포괄하며, 넓게는 개인에서 벗어나 사회적으로 큰 맥락에서 이해되기도 한다.
하지만 다분히 진화 생물학적 관점에서 질병은 인간의 몸 안에서 일어나는 정교하고도 합리적인 자기조절 과정이다. 질병은 정상적인 기능을 할 수 없는 상태임과 동시에, 진화의 역사 속에서 획득한 자기 치료 과정이 ________________이기도 하다. 가령, 기침을 하고, 열이 나고, 통증을 느끼고, 염증이 생기는 것 따위는 자기 조절과 방어 시스템이 작동하는 과정인 것이다.

① 문제를 일으킨 상태
② 비일상적인 특이 상태
③ 정상적으로 가동하고 있는 상태
④ 인구의 개체 변이를 도모하는 상태
⑤ 보다 새로운 정보를 습득하려는 상태

※ 다음 기사를 읽고 이어지는 질문에 답하시오. [4~5]

(가) 개별 서비스를 살펴보면, 112센터 긴급영상 지원은 납치・강도・폭행 등 112센터에 신고 접수 시 도시통합운영센터에서 해당 위치의 CCTV영상을 현장 경찰관에게 실시간 제공하여 현장 대응을 지원하는 서비스이다. 112센터 긴급출동 지원은 도시통합운영센터에서 경찰관에게 현장 사진 및 범인 도주경로 등에 대한 정보를 제공하여 현장 도착 전 사전 정보 취득 및 신속한 현장 조치를 가능케 하는 서비스이며, 119센터 긴급출동 지원은 화재・구조・구급 등 상황발생 시 소방관들이 현장에 대한 실시간 영상, 소방차량 진입 관련 교통정보 등을 제공받아 골든타임 확보를 가능케 하는 서비스이다.

(나) 특히 오산시는 안전 마을 가꾸기, 안전한 어린이 등하굣길 조성 등 시민안전 제고를 위한 다양한 정책을 추진 중이며, 이번 '5대 안전서비스 제공을 통한 스마트도시 시민안전망 구축'으로 시민이 마음 놓고 살 수 있는 안전한 도시 조성에 앞장서고 있다. K공사가 오산시에 구축 예정인 시민안전망 서비스는 112센터 긴급영상 지원, 112센터 긴급출동 지원, 119센터 긴급출동 지원, 사회적 약자 지원 및 재난안전상황 긴급대응 지원 총 5가지 서비스로 구성된다.

(다) K공사는 지난해 7월 20일 국토부 주관으로 국토부 및 지자체 등 6개 기관과 사회적 약자의 긴급 구호를 위해 필요한 정보시스템 구축에 대해 상호 협력을 위한 업무협약을 체결했다. 업무협약의 후속조치로 작년 11월 오산시, 화성동부경찰서, 오산소방서 및 SK텔레콤(주)과 별도의 업무협약을 체결하여 시민안전망 도입을 추진해 왔다.

(라) K공사는 오산세교2지구 스마트도시 정보통신 인프라 구축 설계용역을 통해 5대 안전서비스 시민안전망 구축을 위한 설계를 완료하고 스마트시티 통합플랫폼 입찰을 시행하고 있다. 시민 안전망 구축을 통해 도시통합운영센터 및 유관기관에 스마트도시 통합플랫폼 등 관련 인프라를 설치하고, 오산시, 112, 119 등 유관기관과의 연계를 통해 시민안전망 서비스 인프라 기반을 마련할 예정이다. K공사 스마트도시개발처장은 "이번 시행하는 5대 안전서비스는 개별적으로 운영되던 기존 안전 체계의 문제점을 ________한 체계적인 시민안전망 구축으로 국민의 생명과 재산보호를 위한 골든타임 확보가 가능하다."며, "시범사업 결과분석 및 피드백을 통한 제도 개선, 지자체와의 상호협의를 통해 향후 K공사가 추진하는 스마트도시를 대상으로 5대 안전서비스 시민안전망 구축을 계속 확대하겠다."라고 말했다.

(마) 사회적 약자 지원은 아동・여성・치매환자 등 위급상황 발생 시, 도시통합운영센터에서 통신사로부터 위치정보 등을 제공받아 해당 현장 주변 CCTV영상을 경찰서・소방서에 제공하여 대응케 하는 서비스이며, 재난안전상황 긴급대응 지원은 국가 대형 재난・재해 발생 시 도시통합운영센터에서 재난상황실에 실시간 현장 CCTV 영상 등을 제공하여 신속한 상황파악, 상황 전파 및 피해복구에 대응하는 서비스이다.

04 다음 중 윗글의 문단을 논리적 순서대로 바르게 나열한 것은?

① (나) – (다) – (마) – (라) – (가)
② (다) – (나) – (가) – (마) – (라)
③ (다) – (나) – (마) – (라) – (가)
④ (라) – (나) – (가) – (다) – (마)
⑤ (라) – (마) – (가) – (다) – (나)

05 다음 중 윗글의 빈칸에 들어갈 단어로 가장 적절한 것은?

① 보안
② 보존
③ 보완
④ 보전
⑤ 보충

06 다음은 대화 과정에서 지켜야 할 협력의 원리에 대한 설명이다. 〈보기〉의 사례에 대한 설명으로 가장 적절한 것은?

협력의 원리란 대화 참여자가 대화의 목적에 최대한 기여할 수 있도록 서로 협력해야 한다는 것이다. 따라서 듣는 사람이 요구하지 않은 정보를 불필요하게 많이 제공하거나 대화의 목적이나 주제에 맞지 않는 내용을 말하는 것은 바람직하지 않다. 협력의 원리를 지키기 위해서는 다음과 같은 사항을 고려해야 한다.
- 양의 격률 : 필요한 만큼만 정보를 제공해야 한다.
- 질의 격률 : 타당한 근거를 들어 진실한 정보를 제공해야 한다.
- 관련성의 격률 : 대화의 목적이나 주제와 관련된 것을 말해야 한다.
- 태도의 격률 : 모호하거나 중의적인 표현을 피하고, 간결하고 조리 있게 말해야 한다.

〈보기〉

A사원 : 오늘 점심은 어디로 갈까요?
B대리 : 아무거나 먹읍시다. 오전에 간식을 먹었더니 배가 별로 고프진 않은데, 아무 데나 괜찮습니다.

① B대리는 불필요한 정보를 제공하고 있으므로 양의 격률을 지키지 않았다.
② B대리는 거짓된 정보를 제공하고 있으므로 질의 격률을 지키지 않았다.
③ B대리는 질문에 적합하지 않은 대답을 하고 있으므로 관련성의 격률을 지키지 않았다.
④ B대리는 대답을 명료하게 하지 않고 있으므로 태도의 격률을 지키지 않았다.
⑤ A대리와 B대리는 서로 협력하여 의미 전달을 하고 있으므로 협력의 원리를 따르고 있다.

07 다음 글의 내용으로 가장 적절한 것은?

한국, 중국 등 동아시아 사회에서 오랫동안 유지되었던 과거제는 세습적 권리와 무관하게 능력주의적인 시험을 통해 관료를 선발하는 제도라는 점에서 합리성을 갖추고 있었다. 정부의 관직을 두고 정기적으로 시행되는 공개 시험인 과거제를 통해 높은 지위를 얻기 위해서는 신분이나 추천보다 시험 성적이 더욱 중요해졌다. 과거제는 명확하고 합리적인 기준에 따른 관료 선발 제도라는 공정성을 바탕으로 보다 많은 사람들에게 사회적 지위 획득의 기회를 줌으로써 개방성을 제고하여 사회적 유동성 역시 증대시켰다. 응시 자격에 일부 제한이 있었다 하더라도, 비교적 공정한 제도였음은 부정하기 어렵다. 시험 과정에서 익명성의 확보를 위한 여러 가지 장치를 도입한 것도 공정성 강화를 위한 노력을 보여 준다.
과거제는 여러 가지 사회적 효과를 가져왔는데, 특히 학습에 강력한 동기를 제공함으로써 교육의 확대와 지식의 보급에 크게 기여했다. 그 결과 통치에 참여할 능력을 갖춘 지식인 집단이 폭넓게 형성되었다. 시험에 필요한 고전과 유교 경전이 주가 되는 학습의 내용은 도덕적인 가치 기준에 대한 광범위한 공유를 이끌어냈다. 또한 최종 단계까지 통과하지 못한 사람들에게도 국가가 여러 특권을 부여하고, 그들이 지방 사회에 기여하도록 하여 경쟁적 선발 제도가 가져올 수 있는 부작용을 완화하고자 노력했다.
동아시아에서 과거제가 천 년이 넘게 시행된 것은 과거제의 합리성이 사회적 안정에 기여했음을 보여 준다. 과거제는 왕조의 교체와 같은 변화에도 불구하고 동질적인 엘리트층의 연속성을 가져왔다. 그리고 이러한 연속성은 관료 선발 과정뿐 아니라 관료제에 기초한 통치의 안정성에도 기여했다.
과거제를 장기간 유지한 것은 세계적으로 드문 현상이었다. 과거제에 대한 정보는 선교사들을 통해 유럽에 전해져 그들에게 많은 관심을 불러일으켰다. 일군의 유럽 계몽사상가들은 학자의 지식이 귀족의 세습적 지위보다 우위에 있는 체제를 정치적인 합리성을 갖춘 것으로 보았다. 이러한 관심은 사상적 동향뿐 아니라 실질적인 사회 제도에까지 영향을 미쳐서, 관료 선발을 위해서 시험을 바탕으로 한 경쟁이 도입되기도 했다.

① 계몽사상가들은 귀족의 지위가 학자의 지식보다 우위에 있는 체제가 합리적이라고 여겼다.
② 시험을 통한 관료 선발 제도는 동아시아에만 있었던 제도이다.
③ 과거제는 몇몇 상위 지식인 집단을 만들어 통치에 기여하도록 했다.
④ 과거 시험의 최종 단계까지 통과하지 못하면 국가로부터 어떤 특권도 받을 수 없었다.
⑤ 국가는 경쟁을 바탕으로 한 과거제의 부작용을 완화하고자 노력하였다.

※ 다음 글을 읽고 이어지는 질문에 답하시오. [8~9]

계약서란 계약의 당사자 간의 의사표시에 따른 법률행위인 계약 내용을 문서화한 것으로 권리와 의무 등 법률관계를 규율하고 의사표시 내용을 항목별로 구분한 후, 구체적으로 명시하여 어떠한 법률 행위를 어떻게 ㉠ 하려고 하는지 등의 내용을 특정한 문서이다. 계약서의 작성은 미래에 계약에 관한 분쟁 발생 시 중요한 증빙자료가 된다.
계약서의 종류를 살펴보면, 먼저 임대차계약서는 임대인 소유의 부동산을 임차인에게 임대하고, 임차인은 이에 대한 약정을 합의하는 내용을 담고 있다. 임대차는 당사자의 한쪽이 상대방에게 목적물을 사용·수익하게 할 수 있도록 약정하고, 상대방이 이에 대하여 차임을 지급할 것을 ㉡ 약정함으로써 그 효력이 생긴다. 부동산 임대차의 경우 목적 부동산의 전세, 월세에 대한 임차보증금 및 월세를 지급할 것을 내용으로 하는 계약이 여기에 해당하며, 임대차계약서는 주택 등 집합건물의 임대차계약을 작성하는 경우에 사용되는 계약서이다. 주택 또는 상가의 임대차계약은 민법에 대한 특례를 규정한 주택임대차보호법 및 상가건물 임대차보호법의 적용을 받으며, 이 법의 적용을 받지 않은 임대차에 관하여는 민법상의 임대차 규정을 적용하고 있다.
다음으로 근로계약서는 근로자가 회사(근로기준법에서는 '사용자'라고 함)의 지시 또는 관리에 따라 일을 하고 이에 대한 ㉢ 댓가로 회사가 임금을 지급하기로 한 내용의 계약서로 유상·쌍무계약을 말한다. 근로자와 사용자의 근로관계는 서로 동등한 지위에서 자유의사에 의하여 결정한 계약에 의하여 성립한다. 이러한 근로관계의 성립은 구술에 의하여 약정되기도 하지만 통상적으로 근로계약서 작성에 의하여 행해지고 있다.
마지막으로 부동산 매매계약서는 당사자가 계약 목적물을 매매할 것을 합의하고, 매수인이 매도인에게 매매 대금을 지급할 것을 약정함으로 인해 그 효력이 발생한다. 부동산 매매계약서는 부동산을 사고, 팔기 위하여 매도인과 매수인이 약정하는 계약서로 매매대금 및 지급시기, 소유권 이전, 제한권 소멸, 제세공과금, 부동산의 인도, 계약의 해제에 관한 사항 등을 약정하여 교환하는 문서이다. 부동산 거래는 상황에 따라 다양한 매매조건이 ㉣ 수반되기 때문에 획일적인 계약 내용 외에 별도 사항을 기재하는 수가 많으므로 계약서에 서명하기 전에 계약 내용을 잘 확인하여야 한다.
이처럼 계약서는 계약의 권리와 의무의 발생, 변경, 소멸 등을 도모하는 중요한 문서로 계약서를 작성할 때에는 신중하고 냉철하게 판단한 후, 권리자와 의무자의 관계, 목적물이나 권리의 행사방법 등을 명확하게 전달할 수 있도록 육하원칙에 따라 간결하고 명료하게 그리고 정확하고 ㉤ 평이하게 작성해야 한다.

08 다음 중 윗글의 내용으로 적절하지 않은 것은?

① 계약 체결 이후 관련 분쟁이 발생할 경우 계약서가 중요한 증빙자료가 될 수 있다.
② 주택 또는 상가의 임대차계약은 민법상의 임대차규정의 적용을 받는다.
③ 근로계약을 통해 근로자와 사용자가 동등한 지위의 근로관계를 성립한다.
④ 부동산 매매계약서는 획일적인 계약 내용 외에 별도 사항을 기재하기도 한다.
⑤ 계약서를 작성할 때는 간결·명료하고 정확한 표현을 사용하여야 한다.

09 다음 밑줄 친 ㉠~㉤ 중 맞춤법이 옳지 않은 것은?

① ㉠
② ㉡
③ ㉢
④ ㉣
⑤ ㉤

10 다음 글에 대한 비판으로 가장 적절한 것은?

"향후 은행 서비스(Banking)는 필요하지만 은행(Bank)은 필요 없을 것이다." 최근 4차 산업혁명으로 대변되는 빅데이터, 사물인터넷, AI, 블록체인 등 신기술이 금융업을 강타하면서 빌 게이츠의 20년 전 예언이 화두로 부상했다. 모든 분야에서 초연결화, 초지능화가 진행되고 있는 4차 산업혁명이 데이터 주도 경제를 열어가면서 데이터에 기반을 둔 금융업에도 변화의 물결이 밀려들고 있다. 이미 전통적인 은행, 증권, 보험, 카드업 등 전 분야에서 금융기술기업인 소위 '핀테크(Fintech)'가 출현하면서 금융서비스의 가치 사슬이 해체되기 시작한 것이다. 이전에는 상상조차 하지 못했던 IT 등 이종 업종의 금융업 진출도 활발하게 이루어지면서 현재의 전통 금융회사들을 위협하고 있다.

빅데이터, 사물인터넷, 인공지능, 블록체인 등 새로운 기술로 무장한 4차 산업혁명으로 인해 온라인 플랫폼을 통한 크라우드 펀딩 등 P2P 금융의 출현, 로보 어드바이저에 의한 저렴한 자산관리서비스의 등장, 블록체인 기술기반의 송금 등 다양한 가치 거래의 탈중계화가 진행되면서 금융 중계, 재산 관리, 위험 관리, 지급 결제 등 금융의 본질적인 요소들이 변화하고 있는 것은 아닌지 의구심이 일어나고 있는 것이다. 혹자는 이들 변화의 종점에 금융의 정체성(Identity) 상실이 기다리고 있다며 금융업 종사자의 입장에서 보면 우울한 전망마저 내놓고 있다. 금융도 디지털카메라의 등장으로 사라진 필름회사 코닥과 같은 비운을 피하기 어렵다며 미디어의 전면에서는 금융의 종말(The Demise of Banking), 은행의 해체 (Unbundling the Banks), 탈중계화, 플랫폼 혁명(Platform Revolution) 등 다양한 화두가 등장하고 있다.

① 가치 거래의 탈중계화는 금융 거래의 보안성에 심각한 위협 요인으로 작용할 것이다.
② 금융 발전의 미래를 위해 금융업에 있어 인공지능의 도입을 막아야 한다.
③ 기술 발전은 금융업에 있어 효율성 향상이라는 제한적인 틀에서 크게 벗어나지 못했다.
④ 로보어드바이저에 의한 자산관리서비스는 범죄에 악용될 위험이 크다.
⑤ 금융의 종말을 방지하기 위해서라도 핀테크 도입의 법적인 제도 마련이 필요하다.

11 P사원은 지하철을 타고 출근하는데, 속력이 60km/h인 지하철에 갑자기 이상이 생겨 평소 속력의 0.4배로 운행하게 되었다. 지하철이 평소보다 45분 늦게 도착하였다면, P사원이 출발하는 역부터 도착하는 역까지 지하철의 이동거리는 얼마인가?

① 20km
② 25km
③ 30km
④ 35km
⑤ 40km

12 다음은 고령취업자 현황을 나타낸 자료이다. 이에 대한 설명으로 옳지 않은 것은?

〈고령취업자 현황〉

(단위 : 천 명, %)

구분	고령취업자 수	고령취업자 비율				
		전체	성별		직종	
			남	여	농가	비농가
2017년	1,688	11.3	10.8	12.0	24.3	6.8
2018년	2,455	13.6	13.1	14.3	35.9	8.3
2019년	3,069	15.0	14.4	16.0	46.5	10.1
2020년	3,229	15.5	15.0	16.2	48.2	10.7
2021년	3,465	16.3	15.9	17.1	50.2	11.6
2022년	3,273	16.4	15.9	17.0	52.0	10.9
2023년	3,251	16.5	15.8	17.5	53.0	11.4
전년 대비 (22/23)	−22	0.1%p	−0.1%p	0.5%p	1.0%p	0.5%p

※ [고령취업자 비율(%)]=[(고령취업자 수)÷(전체 취업자 수)]×100

※ [항목별 고령취업자 비율(%)]=[(해당 항목의 고령취업자 수)÷(해당 항목의 전체 취업자 수)]×100

① 2023년 고령취업자 중 농가취업자의 비율은 53%로, 농가에서 취업자 두 사람 중 한 명은 고령자이다.

② 2023년 고령취업자의 비율은 비농가보다 농가가 높다.

③ 2017년 이후 남녀 고령취업자 비율을 비교하면 여성이 남성보다 높다.

④ 2023년 고령취업자 중 농가취업자 수가 전체의 약 82%를 차지한다.

⑤ 2019～2023년 고령취업자 중 농가취업자의 비율은 매년 증가한다.

13 다음은 지역별 초·중·고등학교 개수에 대한 자료이다. 이를 나타낸 그래프로 옳지 않은 것은?(단, 모든 그래프의 단위는 '개'이다)

〈지역별 초·중·고등학교 현황〉

(단위 : 개)

구분	초등학교	중학교	고등학교
서울	680	660	590
인천	880	820	850
경기	580	520	490
강원	220	180	190
대전	180	150	140
충청	320	290	250
경상	380	250	280
전라	420	390	350
광주	190	130	120
대구	210	160	140
울산	150	120	110
부산	260	220	230
제주	110	100	100
합계	4,580	3,990	3,840

※ 수도권은 서울, 인천, 경기 지역이다.

① 수도권 지역 초·중·고등학교 수

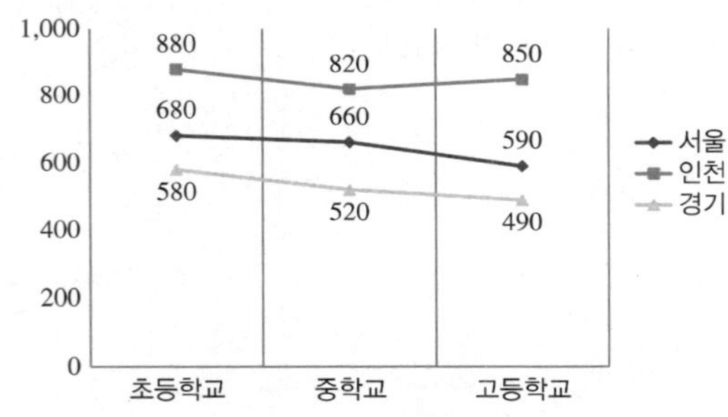

② 광주, 울산, 제주 지역별 초·중·고등학교 수

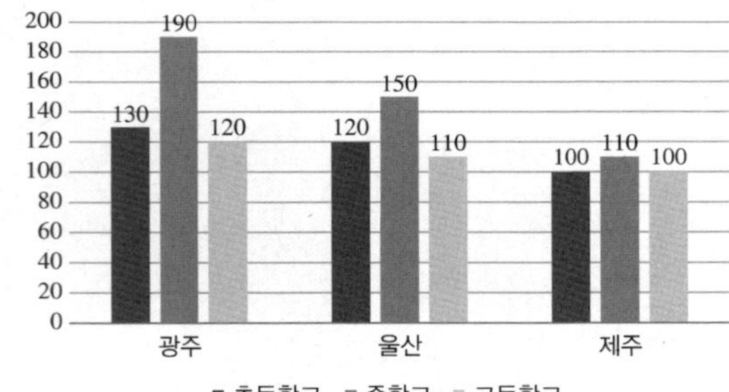

③ 수도권 외 지역 초·중·고등학교 수

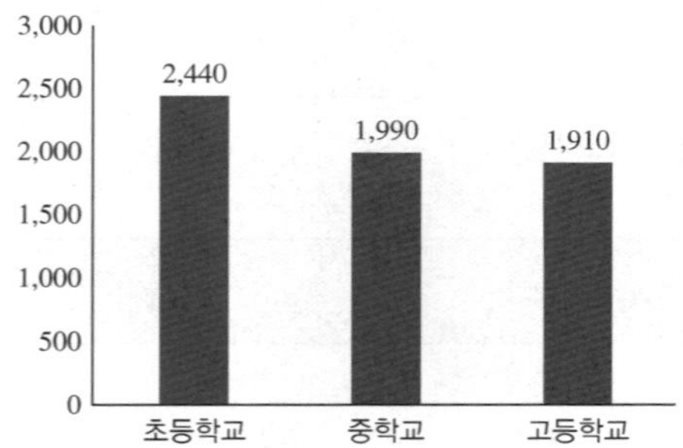

④ 국내 초·중·고등학교 수

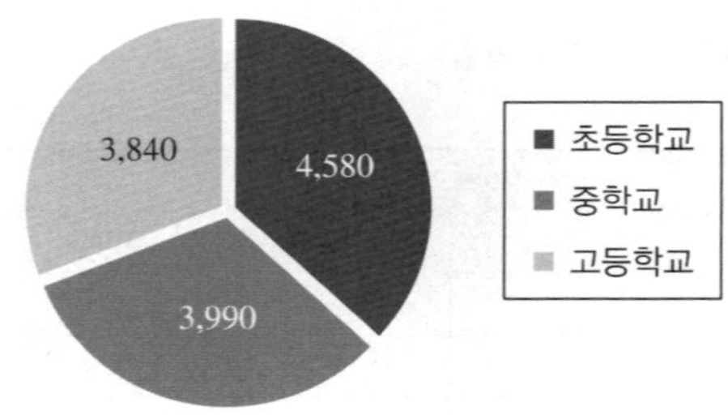

⑤ 인천 지역의 초·중·고등학교 수

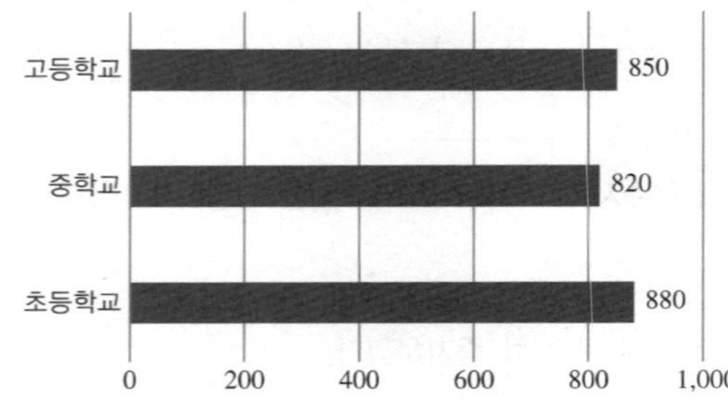

14 다음은 A ~ E지역으로만 이루어진 어떤 나라의 어린이 사망률에 대한 자료이다. 이에 대한 〈보기〉의 설명 중 옳은 것을 모두 고르면?

〈연도별 어린이 사망률〉

(단위 : 명)

구분 \ 연도	2019년	2020년	2021년	2022년	2023년
총 사망률	85.8	37.5	18.9	17.9	16.7
사고 사망률	30.3	19.7	8.7	7.5	6.7

※ 어린이 사망률은 전체 인구 10만 명당 어린이 사망자 수를 의미한다.

〈2023년 지역별 어린이 사고 사망률〉

(단위 : 명)

<table>
<tr><th rowspan="2">지역</th><th colspan="2">사고 사망률</th></tr>
<tr><th></th><th>운수사고 사망률</th></tr>
<tr><td>A</td><td>4.5</td><td>2.0</td></tr>
<tr><td>B</td><td>5.0</td><td>2.5</td></tr>
<tr><td>C</td><td>12.0</td><td>6.0</td></tr>
<tr><td>D</td><td>15.0</td><td>8.0</td></tr>
<tr><td>E</td><td>12.0</td><td>8.0</td></tr>
</table>

〈보기〉

ㄱ. 2023년의 경우 사고로 인한 어린이 사망자 중 운수사고 이외의 사고로 인한 사망자의 비율은 A지역이 가장 높고 E지역이 가장 낮다.

ㄴ. 2023년 A, B지역의 인구의 합계는 C, D, E지역 인구의 합계보다 많다.

ㄷ. 2020년 이후 사고 이외의 이유로 사망한 어린이 수는 점차 증가하였다.

ㄹ. 총 어린이 사망자 수는 2020년 이후 지속적으로 감소하였다.

① ㄱ, ㄴ
② ㄱ, ㄷ
③ ㄷ, ㄹ
④ ㄱ, ㄴ, ㄹ
⑤ ㄴ, ㄷ, ㄹ

15 다음은 2019 ~ 2023년 4종목의 스포츠 경기에 대한 경기 수를 나타낸 자료이다. 이에 대한 설명으로 옳지 않은 것은?

〈국내 연도별 스포츠 경기 수〉

(단위 : 회)

구분	2019년	2020년	2021년	2022년	2023년
농구	413	403	403	403	410
야구	432	442	425	433	432
배구	226	226	227	230	230
축구	228	230	231	233	233

① 농구의 경기 수는 2020년의 전년 대비 감소율이 2023년 전년의 대비 증가율보다 높다.
② 2019년 농구와 배구 경기 수 차이는 야구와 축구 경기 수 차이의 90% 이상이다.
③ 2019년부터 2023년까지 야구 평균 경기 수는 축구 평균 경기 수의 2배 이하이다.
④ 2020년부터 2022년까지 경기 수가 증가하는 스포츠는 1종목이다.
⑤ 2023년 경기 수가 5년 동안의 종목별 평균 경기 수보다 적은 스포츠는 1종목이다.

16 다음은 우편매출액에 대한 자료이다. 이에 대한 설명으로 옳지 않은 것은?

〈우편매출액〉

(단위 : 만 원)

구분	2019년	2020년	2021년	2022년	2023년				
					소계	1분기	2분기	3분기	4분기
일반통상	11,373	11,152	10,793	11,107	10,899	2,665	2,581	2,641	3,012
특수통상	5,418	5,766	6,081	6,023	5,946	1,406	1,556	1,461	1,523
소포우편	3,390	3,869	4,254	4,592	5,017	1,283	1,070	1,292	1,372
합계	20,181	20,787	21,128	21,722	21,862	5,354	5,207	5,394	5,907

① 매년 매출액이 가장 높은 분야는 일반통상 분야이다.
② 1년 집계를 기준으로 매년 매출액이 꾸준히 증가하고 있는 분야는 소포우편 분야뿐이다.
③ 2023년 1분기 특수통상 분야의 매출액이 차지하고 있는 비율은 20% 이상이다.
④ 2019년 대비 2023년 소포우편 분야의 매출액 증가율은 50% 이상이다.
⑤ 2022년에는 일반통상 분야의 매출액이 전체의 50% 이상을 차지하고 있다.

※ 다음은 2019 ~ 2023년 우리나라의 예산분야별 재정지출 추이에 대한 자료이다. 이어지는 질문에 답하시오. [17~18]

〈우리나라의 예산분야별 재정지출 추이〉

(단위 : 조 원, %)

구분	2019년	2020년	2021년	2022년	2023년	연평균 증가율
예산	137.3	147.5	153.7	165.5	182.8	7.4
기금	59.0	61.2	70.4	72.9	74.5	6.0
교육	24.5	27.6	28.8	31.4	35.7	9.9
사회복지・보건	32.4	49.6	56.0	61.4	67.5	20.1
R&D	7.1	7.8	8.9	9.8	10.9	11.3
SOC	27.1	18.3	18.4	18.4	18.9	−8.6
농림・해양・수산	12.3	14.1	15.5	15.9	16.5	7.6
산업・중소기업	11.4	11.9	12.4	12.6	12.6	2.5
환경	3.5	3.6	3.8	4.0	4.4	5.9
국방비	18.1	21.1	22.5	24.5	26.7	10.2
통일・외교	1.4	2.0	2.6	2.4	2.6	16.7
문화・관광	2.3	2.6	2.8	2.9	3.1	7.7
공공질서・안전	7.6	9.4	11.0	10.9	11.6	11.2
균형발전	5.1	5.5	6.3	7.2	8.1	12.8
기타	43.5	35.2	35.1	37.0	38.7	−2.9
총 지출	196.3	208.7	224.1	238.4	257.3	7.0

※ (총 지출)=(예산)+(기금)

17 다음 중 자료에 대한 설명으로 옳은 것은?(단, 비율은 소수점 둘째 자리에서 반올림한다)

① 교육 분야의 전년 대비 재정지출 증가율이 가장 높은 해는 2020년이다.
② 전년 대비 재정지출액이 증가하지 않은 해가 있는 분야는 5개이다.
③ 사회복지・보건 분야가 예산에서 차지하고 있는 비율은 항상 가장 높다.
④ 기금의 연평균 증가율보다 낮은 연평균 증가율을 보이는 분야는 3개이다.
⑤ 통일・외교 분야와 기타 분야의 2019 ~ 2023년 재정지출 증감추이는 동일하다.

18 다음 중 2021년 대비 2022년 사회복지·보건 분야의 재정지출 증감률과 공공질서·안전 분야의 재정지출 증감률 차이는 얼마인가?(단, 소수점 둘째 자리에서 반올림한다)

① 9.4%p
② 10.5%p
③ 11.2%p
④ 12.6%p
⑤ 13.2%p

19 다음은 2023년도 연령별 인구수 현황을 나타낸 그래프이다. 이를 통해 각 연령대를 기준으로 남성 인구가 40% 이하인 연령대 ㉠과 여성 인구가 50% 초과 60% 이하인 연령대 ㉡을 순서대로 바르게 나열한 것은?

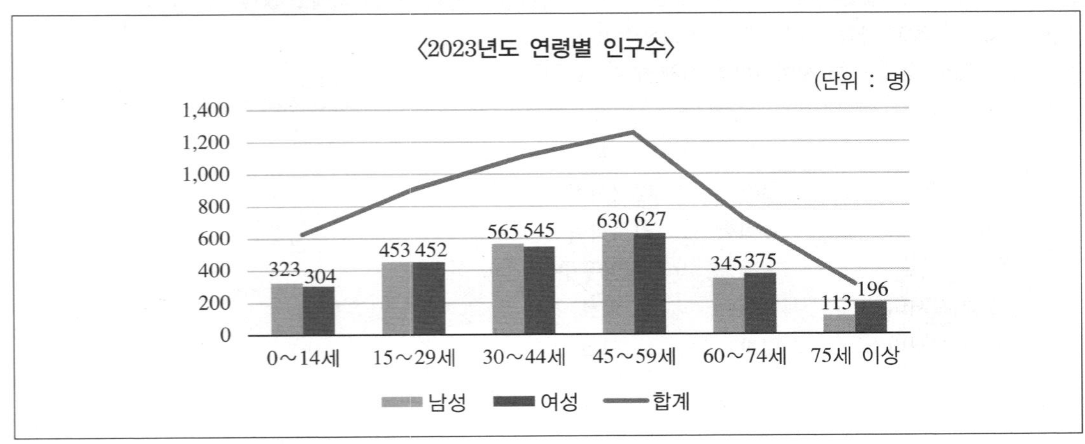

	㉠	㉡
①	0~14세	15~29세
②	30~44세	15~29세
③	45~59세	60~74세
④	75세 이상	60~74세
⑤	75세 이상	45~59세

20 다음은 갑국의 10대 미래산업 현황에 대한 자료이다. 〈조건〉을 토대로 B, C, E에 해당하는 산업을 바르게 나열한 것은?

〈갑국의 10대 미래산업 현황〉

(단위 : 개, 명, 억 원, %)

산업	업체 수	종사자 수	부가가치액	부가가치율
A	403	7,500	788	33.4
기계	345	3,600	2,487	48.3
B	302	22,500	8,949	41.4
조선	103	1,100	282	37.0
에너지	51	2,300	887	27.7
C	48	2,900	4,002	42.4
안전	15	2,100	1,801	35.2
D	4	2,800	4,268	40.5
E	2	300	113	36.3
F	2	100	61	39.1
전체	1,275	45,200	23,638	40.3

※ $[\text{부가가치율}(\%)] = \frac{(\text{부가가치액})}{(\text{매출액})} \times 100$

〈조건〉

- 의료 종사자 수는 IT 종사자 수의 3배이다.
- 의료와 석유화학의 부가가치액 합은 10대 미래산업 전체 부가가치액의 50% 이상이다.
- 매출액이 가장 낮은 산업은 항공우주이다.
- 철강 업체 수는 지식서비스 업체 수의 2배이다.

	B	C	E
①	의료	철강	지식서비스
②	의료	석유화학	지식서비스
③	의료	철강	항공우주
④	지식서비스	석유화학	의료
⑤	지식서비스	철강	의료

21 다음은 중국에 진출한 프렌차이즈 커피전문점에 대한 SWOT 분석 결과이다. (가) ~ (라)에 들어갈 전략을 순서대로 바르게 나열한 것은?

〈프렌차이즈 커피전문점의 SWOT 분석 결과〉

강점(Strength)	약점(Weakness)
• 풍부한 원두커피의 맛 • 독특한 인테리어 • 브랜드 파워 • 높은 고객 충성도	• 낮은 중국 내 인지도 • 높은 시설비 • 비싼 임대료
기회(Opportunity)	**위협(Threat)**
• 중국 경제 급성장 • 서구문화에 대한 관심 • 외국인 집중 • 경쟁업체 진출 미비	• 중국의 차 문화 • 유명 상표 위조 • 커피 구매 인구의 감소

(가)	(나)
• 브랜드가 가진 미국 고유문화 고수 • 독특하고 차별화된 인테리어 유지 • 공격적 점포 확장	• 외국인 많은 곳에 점포 개설 • 본사 직영으로 인테리어
(다)	**(라)**
• 고품질 커피로 상위 소수고객에 집중	• 녹차 향 커피 • 개발 상표 도용 감시

	(가)	(나)	(다)	(라)
①	SO전략	ST전략	WO전략	WT전략
②	WT전략	ST전략	WO전략	SO전략
③	SO전략	WO전략	ST전략	WT전략
④	ST전략	WO전략	SO전략	WT전략
⑤	WT전략	WO전략	ST전략	SO전략

22 다음은 K레스토랑의 신메뉴인 콥샐러드를 만들기 위해 필요한 재료의 단가와 B지점의 재료 주문 수량에 대한 자료이다. 이를 참고할 때 B지점의 재료 구입 비용의 총합은 얼마인가?

〈K레스토랑의 콥샐러드 재료 단가〉

재료명	단위	단위당 단가	구입처
올리브 통조림	1캔(3kg)	5,200원	A유통
메추리알	1봉지(1kg)	4,400원	B상사
방울토마토	1Box(5kg)	21,800원	C농산
옥수수 통조림	1캔(3kg)	6,300원	A유통
베이비 채소	1Box(500g)	8,000원	C농산

〈B지점의 재료 주문 수량〉

재료명	올리브 통조림	메추리알	방울토마토	옥수수 통조림	베이비 채소
주문량	15kg	7kg	25kg	18kg	4kg

① 264,600원
② 265,600원
③ 266,600원
④ 267,600원
⑤ 268,600원

23 12명의 사람이 모두 모자, 상의, 하의를 착용하였다. 모자, 상의, 하의는 빨간색 또는 파란색이고, 다음 〈조건〉과 같이 착용하였다고 할 때 하의만 빨간색인 사람은 몇 명인가?

〈조건〉

- 어떤 사람을 보아도 모자와 하의는 서로 다른 색이다.
- 같은 색의 상의와 하의를 착용한 사람의 수는 6명이다.
- 빨간색 모자를 착용한 사람의 수는 5명이다.
- 모자, 상의, 하의 중 1가지만 빨간색인 사람은 7명이다.

① 1명
② 2명
③ 3명
④ 4명
⑤ 5명

24 다음 대화에서 김대리가 제안할 수 있는 보완 방법으로 가장 적절한 것은?

최팀장 : 오늘 발표 내용 정말 좋았어. 준비를 열심히 한 것 같더군.
김대리 : 감사합니다.
최팀장 : 그런데 고객 맞춤형 서비스 실행방안이 조금 약한 것 같아. 보완할 수 있는 방안을 찾아서 추가해 주게.
김대리 : 네, 팀장님. 보완 방법을 찾아본 후 다시 보고 드리도록 하겠습니다.

① 고객 접점에 있는 직원에게 고객상담 전용 휴대폰 지급
② 모바일용 고객지원센터 운영 서비스 제공
③ 고객지원센터 24시간 운영 확대
④ 빅데이터를 활용한 고객유형별 전문 상담사 사전 배정 서비스
⑤ 서비스 완료 후 고객지원센터 만족도 조사 실시

25 김과장은 건강상의 이유로 간헐적 단식을 시작하기로 하였는데, 이는 월요일부터 일요일까지 일주일 중에 2일을 선택하여 아침 혹은 저녁 한 끼 식사만 하는 것이다. 다음 〈조건〉을 토대로 할 때, 김과장이 단식을 시작한 1주 차 월요일부터 일요일 중 한 끼만 먹은 요일과 식사를 한 때를 바르게 나열한 것은?

〈조건〉

- 단식을 하는 날 전후로 각각 최소 2일간은 세 끼 식사를 한다.
- 단식을 하는 날 이외에는 항상 세 끼 식사를 한다.
- 2주 차 월요일에는 단식을 했다.
- 1주 차에 먹은 아침식사 횟수와 저녁식사 횟수가 같다.
- 1주 차 월요일, 수요일, 금요일은 조찬회의에 참석하여 아침식사를 했다.
- 1주 차 목요일은 업무약속이 있어서 점심식사를 했다.

① 월요일(아침), 목요일(저녁)
② 월요일(저녁), 목요일(아침)
③ 화요일(아침), 금요일(아침)
④ 화요일(저녁), 금요일(아침)
⑤ 화요일(저녁), 토요일(아침)

※ 다음은 K사의 냉장고에 사용되는 기호와 주문된 상품이다. 이어지는 질문에 답하시오. **[26~28]**

〈상품 기호〉

기능		설치형태		용량(L)		도어	
김치보관	RC	프리 스탠딩	F	840	84	4도어	TE
독립냉각	EF	키친 핏	C	605	60	2도어	DA
가변형	RQ	빌트인	B	584	58	1도어	DE
메탈쿨링	AX	–	–	486	48	–	–
다용도	ED	–	–	313	31	–	–

AXRQB58DA	
AX, RQ	기능(복수선택 가능) → 메탈쿨링, 가변형 기능
B	설치형태 → 빌트인
58	용량 → 584L
DA	도어 → 2도어

〈주문된 상품〉

RCF84TE	EDC60DE	RQB31DA	AXEFC48TE
AXF31DE	EFB60DE	RQEDF84TE	EDC58DA
EFRQB60TE	AXF31DA	EFC48DA	RCEDB84TE

26 다음 고객이 주문한 상품은 무엇인가?

> 안녕하세요? 냉장고를 주문하려고 합니다. 커버는 온도의 변화가 적은 메탈쿨링이 유행하던데 저도 그거 사용하려고요. 기존 냉장고를 교체할 예정이라 프리 스탠딩 형태가 맞을 것 같아요. 또 저 혼자 사니까 가장 작은 용량으로 문도 1개면 될 것 같은데 혹시 이번 주 안에 배달이 가능할까요?

① EDC60DE ② AXF31DE
③ AXEFC48TE ④ AXF31DA
⑤ RCEDB84TE

27 배달이 밀려서 주문된 상품 중 가변형 기능과 키친 핏 형태의 상품은 배송이 늦어진다고 할 때, 배송이 늦어지는 상품은 몇 개인가?

① 5개
② 6개
③ 7개
④ 8개
⑤ 9개

28 K사는 독립냉각 기능에 문제가 발견되어 주문된 상품 중 해당상품을 대상으로 무상수리를 진행하려 한다. 무상수리 대상이 되는 상품은 몇 개인가?

① 3개
② 4개
③ 5개
④ 6개
⑤ 7개

29 K공사에서는 매주 수요일 오전에 주간 회의가 열린다. 주거복지기획부, 공유재산관리부, 공유재산개발부, 인재관리부, 노사협력부, 산업경제사업부 중 이번 주 주간 회의에 참여할 부서에 대한 〈조건〉이 다음과 같을 때, 이번 주 주간 회의에 참석할 부서의 최대 수는?

〈조건〉

- 주거복지기획부는 반드시 참석해야 한다.
- 공유재산관리부가 참석하면 공유재산개발부도 참석한다.
- 인재관리부가 참석하면 노사협력부는 참석하지 않는다.
- 산업경제사업부가 참석하면 주거복지기획부는 참석하지 않는다.
- 노사협력부와 공유재산관리부 중 한 부서만 참석한다.

① 2개
② 3개
③ 4개
④ 5개
⑤ 6개

30 어느 기업에서 A ~ E 다섯 명의 면접위원이 3명의 지원자(종현, 유호, 은진)에게 평가점수와 순위를 부여하였다. 비율점수법과 순위점수법을 적용한 결과가 다음과 같을 때, 이에 대한 설명으로 옳은 것은?

〈비율점수법 적용 결과〉

(단위 : 점)

면접위원 지원자	A	B	C	D	E	전체합	중앙 3합
종현	7	8	6	6	1	28	19
유호	9	7	6	3	8	( )	( )
은진	5	8	7	2	6	( )	( )

※ 중앙 3합은 5명의 면접위원이 부여한 점수 중 최댓값과 최솟값을 제외한 3명의 점수를 합한 값이다.

〈순위점수법 적용 결과〉

(단위 : 순위, 점)

면접위원 지원자	A	B	C	D	E	순위점수합
종현	2	1	2	1	3	11
유호	1	3	3	2	1	( )
은진	3	2	1	3	2	( )

※ 순위점수는 1순위에 3점, 2순위에 2점, 3순위에 1점을 부여한다.

① 순위점수합이 가장 큰 지원자는 '종현'이다.
② 비율점수법 중 중앙 3합이 가장 큰 지원자는 순위점수합도 가장 크다.
③ 비율점수법 적용 결과에서 중앙 3합이 높은 값부터 등수를 정하면 2등은 '유호'이다.
④ 비율점수법 적용 결과에서 평가점수의 전체합이 가장 큰 지원자는 '은진'이다.
⑤ 비율점수법 적용 결과에서 평가점수의 전체합과 중앙 3합이 큰 값부터 등수를 정하면 지원자의 등수는 각각 같다.

31 다음 중 재고유형에 대한 설명으로 옳지 않은 것은?

① 안전재고 : 생산이나 부품 조달 등의 불확실성에 대비하는 재고이다.
② 완충재고 : 품질불량, 미납주문 등에 대비하는 재고이다.
③ 예비재고 : 계절적 수요나 일시적인 공장 가동 중지 등에 대비하는 재고이다.
④ 로트사이즈재고 : 경제적 생산량을 확보하기 위한 재고이다.
⑤ 운송재고 : 수송 중에 있어 상당한 조달기간을 요하며, 대금을 지급하기 전 재고이다.

32 다음 중 직무평가의 직접적 요소에 해당하지 않는 것은?

① 지식
② 경험
③ 육체적 노력
④ 정신적 노력
⑤ 대인적 책임

33 다음 설명에 해당하는 5가지 성격 특성 요소(Big Five Personality Traits)는?

> 과제 및 목적 지향성을 촉진하는 속성과 관련된 것으로, 심사숙고, 규준이나 규칙의 준수, 계획 세우기, 조직화, 과제의 준비 등과 같은 특질을 포함한다.

① 개방성(Openness to Experience)
② 성실성(Conscientiousness)
③ 외향성(Extraversion)
④ 수용성(Agreeableness)
⑤ 안정성(Emotional Stability)

34 **다음 중 평가센터법의 특징에 대한 설명으로 옳지 않은 것은?**

① 다수의 평가자가 다수의 피평가자를 평가하는 방법이다.
② 피평가자에게 주어지는 조건은 동등하며, 주로 피평가자의 행동을 평가한다.
③ 평가 기준을 사전에 정하여 평가자의 주관적인 판단의 영향을 최소화한다.
④ 직무와 관련이 없는 행동들도 평가하기 때문에 예측타당성은 높지 않은 편이다.
⑤ 평가의 실용성을 높이기 위해 사전에 평가자와 피평가자 모두 훈련을 받는다.

35 **다음 중 고관여 소비자 의사결정에 대한 설명으로 옳지 않은 것은?**

① 다수의 상표, 제품 속성에 대해 적극적인 탐색이 이루어진다.
② 소비자는 모순되는 정보를 배제하고, 자기주장을 합리화하고자 한다.
③ 제품 상표에 대한 충성도가 높다.
④ 광고 내용보다 광고 횟수가 더 중요하다.
⑤ 제품 구매 후 인지부조화 현상이 종종 나타난다.

36 **다음 중 기업합병에 대한 설명으로 옳지 않은 것은?**

① 기업합병이란 두 독립된 기업이 법률적, 실질적으로 하나의 기업실체로 통합되는 것이다.
② 기업인수는 한 기업이 다른 기업의 지배권을 획득하기 위하여 주식이나 자산을 취득하는 것이다.
④ 기업매각은 사업부문 중의 일부를 분할한 후 매각하는 것으로, 기업의 구조를 재편성하는 것이다.
④ 기업합병에는 흡수합병과 신설합병이 있으며, 흡수합병의 경우 한 회사는 존속하고 다른 회사의 주식은 소멸한다.
⑤ 수평적 합병은 기업의 생산이나 판매과정 전후에 있는 기업 간의 합병으로, 주로 원자재 공급의 안정성 등을 목적으로 한다.

37 다음 〈보기〉 중 맥그리거의 XY이론에서 X이론적 인간관과 동기부여 전략에 해당하는 것을 모두 고르면?

〈보기〉

ㄱ. 천성적 나태	ㄴ. 변화지향적
ㄷ. 자율적 활동	ㄹ. 민주적 관리
ㅁ. 어리석은 존재	ㅂ. 타율적 관리
ㅅ. 변화에 저항적	ㅇ. 높은 책임감

① ㄱ, ㄴ, ㄷ, ㄹ
② ㄱ, ㄴ, ㄹ, ㅁ
③ ㄱ, ㅁ, ㅂ, ㅅ
④ ㄴ, ㄷ, ㄹ, ㅇ
⑤ ㄴ, ㅁ, ㅂ, ㅅ

38 터크만(Tuckman)의 집단 발달의 5단계 모형에서 집단구성원들 간에 집단의 목표와 수단에 대한 합의가 이루어지고 응집력이 높아지며 구성원들의 역할과 권한 관계가 정해지는 단계는?

① 형성기(Forming)
② 격동기(Storming)
③ 규범기(Norming)
④ 성과 달성기(Performing)
⑤ 해체기(Adjourning)

39 다음 중 행동기준고과법(BARS)에 대한 설명으로 옳지 않은 것은?

① 전통적인 인사평가 방법에 비해 평가의 공정성이 증가하는 장점이 있다.
② 어떤 행동이 목표달성과 관련이 있는지 인식하여 목표관리의 일환으로 사용이 가능하다.
③ 다양하고 구체적인 직무에 적용이 가능하다는 장점이 있다.
④ 평정척도법과 중요사건기록법을 혼용하여 평가직무에 직접 적용되는 행동패턴을 척도화하여 평가하는 방법이다.
⑤ 점수를 통해 등급화하기보다는 개별행위를 빈도를 나눠서 측정하기 때문에 풍부한 정보를 얻을 수 있지만 종업원의 행동 변화를 유도하기 어렵다는 단점이 있다.

40 **다음 중 인적자원관리(HRM)에 대한 설명으로 옳지 않은 것은?**

① 직무분석이란 적재적소에 인적자원을 배치하기 위하여 직무 관련 정보를 수집하는 절차이다.
② 직무분석 방법으로는 면접법, 관찰법, 중요사건법 등이 있다.
③ 직무분석의 결과로 직무기술서와 직무명세서가 만들어진다.
④ '동일노동 동일임금'의 원칙을 실현하는 직무급을 도입하기 위한 기초 작업으로 직무평가가 실시된다.
⑤ 직무평가 방법으로는 서열법, 요소비교법, 질문지법 등이 있다.

41 **다음 중 인간의 감각이 느끼지 못할 정도의 자극을 주어 잠재의식에 호소하는 광고는?**

① 애드버커시 광고
② 서브리미널 광고
③ 리스폰스 광고
④ 키치 광고
⑤ 티저 광고

42 **다음 상황에서 나타난 프랑스 맥도날드사의 마케팅 기법은?**

> 프랑스 맥도날드에서는 "어린이들은 일주일에 한 번만 오세요!"라는 어린이들의 방문을 줄이기 위한 광고 카피를 선보였다. 맥도날드는 시민들에게 '맥도날드는 소비자의 건강을 생각하는 회사'라는 긍정적인 이미지를 심어주기 위해 이러한 광고를 내보낸 것으로 밝혔다. 결과는 어땠을까. 놀랍게도 성공적이었다. 광고 카피와는 반대로 소비자들의 맥도날드 방문 횟수가 더욱 늘어났고, 광고가 반영된 그해 유럽지사 중 가장 높은 실적을 이루는 놀라운 결과를 얻었다.

① PPL 마케팅
② 노이즈 마케팅
③ 퍼포먼스 마케팅
④ 집중적 마케팅
⑤ 디마케팅

43 **다음 중 전사적 자원관리(ERP)의 주요 기능으로 옳지 않은 것은?**

① 다양한 구성요소 및 소프트웨어 간 원활한 작동을 지원한다.
② 실시간으로 데이터를 모니터링하고 처리할 수 있게 한다.
③ 다른 모델과의 호환성을 통해 다양한 옵션을 사용할 수 있게 한다.
④ 반복적인 수동업무를 자동화할 수 있게 한다.
⑤ 사용자 인터페이스의 디자인, 기능 등을 세분화·다양화하여 진입장벽을 높인다.

44 **다음 중 원가우위 전략에 대한 설명으로 옳지 않은 것은?**

① 원가우위에 영향을 미치는 여러 가지 요소를 활용하여 경쟁우위를 획득한다.
② 경쟁사보다 더 낮은 가격으로 제품이나 서비스를 생산하는 전략이다.
③ 가격, 디자인, 브랜드 충성도, 성능 등으로 우위를 점하는 전략이다.
④ 시장에 더 저렴한 제품이 출시되면 기존 고객의 충성도를 기대할 수 없다.
⑤ 시장점유율 확보에 유리하다.

45 **다음 설명에 해당하는 집단의사결정 방법은?**

• 익명성을 보장하고, 반복적인 피드백을 통계화하여 의사결정을 한다. • 단계별로 의사결정을 진행하므로 의사결정 진행의 상황 추적이 용이하다. • 대면하거나 한 자리에 모일 필요 없이 비교적 자유롭게 의견평가를 할 수 있다.

① 지명 반론자 기법
② 명목 집단 기법
③ 델파이 기법
④ 브레인스토밍 기법
⑤ 변증법적 질의법

46 다음 〈보기〉 중 서비스의 특성에 해당되는 것을 모두 고르면?

〈보기〉

ㄱ. 무형성 : 서비스는 보거나 만질 수 없다.
ㄴ. 비분리성 : 서비스는 생산과 소비가 동시에 발생한다.
ㄷ. 소멸성 : 서비스는 재고로 보관될 수 없다.
ㄹ. 변동성 : 서비스의 품질은 표준화가 어렵다.

① ㄱ, ㄴ, ㄷ
② ㄱ, ㄴ, ㄹ
③ ㄱ, ㄷ, ㄹ
④ ㄴ, ㄷ, ㄹ
⑤ ㄱ, ㄴ, ㄷ, ㄹ

47 다음 중 직무명세서에 기록되는 항목으로 옳지 않은 것은?

① 소속
② 직무 명칭
③ 직무 내용
④ 교육 수준
⑤ 업무 경험

48 다음 중 연속생산과 단속생산을 비교한 내용으로 옳은 것은?

구분	연속생산	단속생산
생산시기	주문생산	계획생산
생산량	대량생산	소량생산
생산속도	느림	빠름
생산원가	높음	낮음
생산설비	범용설비	전용설비

① 생산시기
② 생산량
③ 생산속도
④ 생산원가
⑤ 생산설비

49 다음 중 샤인(Schein)이 제시한 경력 닻의 내용으로 옳지 않은 것은?

① 전문역량 닻 : 일의 실제 내용에 주된 관심이 있으며, 전문분야에 종사하기를 원한다.
② 관리역량 닻 : 특정 전문 영역보다 관리직에 주된 관심이 있다.
③ 자율지향 닻 : 조직의 규칙과 제약조건에서 벗어나 스스로 결정할 수 있는 경력을 선호한다.
④ 안전지향 닻 : 직업 및 고용의 안정성에 관심이 있으며 보수를 중요하게 여긴다.
⑤ 사업가적 창의성 지향 닻 : 타인의 삶을 향상시키고 사회를 위해 봉사하는 데 주된 관심이 있다.

50 다음 중 수직적 통합의 이유로 옳은 것은?

① 대기업이 시장점유율을 높여 가격선도자 역할을 하기 위해
② 중소기업이 생산규모를 확대하고, 판매망을 강화하기 위해
③ 원료부터 제품까지의 기술적 일관성을 위해
④ 대규모 구조조정을 통한 경영혁신을 위해
⑤ 규모의 경제 확보를 위해

51 다음 중 마케팅믹스 4P와 로터본(Lauterborn)의 4C의 대응 관계가 옳지 않은 것은?

	4P	4C
①	기업 관점	소비자 관점
②	제품	고객 솔루션
③	가격	고객 부담 비용
④	유통	편의성
⑤	촉진	제품 접근성

52 다음 중 소비자 행동을 분석할 때 행동적 요인에 해당하는 것은?

① 지각 ② 기억
③ 학습 ④ 태도
⑤ 가족

53 다음 〈보기〉 중 가격책정 방법에 대한 설명으로 옳은 것을 모두 고르면?

〈보기〉

㉠ 준거가격이란 구매자가 어떤 상품에 대해 지불할 용의가 있는 최고가격을 의미한다.
㉡ 명성가격이란 가격 – 품질 연상관계를 이용한 가격책정 방법이다.
㉢ 단수가격이란 판매가격을 단수로 표시하여 가격이 저렴한 인상을 소비자에게 심어주어 판매를 증대시키는 방법이다.
㉣ 최저수용가격이란 심리적으로 적당하다고 생각하는 가격 수준을 의미한다.

① ㉠, ㉡
② ㉠, ㉢
③ ㉡, ㉢
④ ㉡, ㉣
⑤ ㉢, ㉣

54 다음 중 GE / 맥킨지 매트릭스에서 시장 지위를 유지하며 집중 투자를 고려해야 하는 위치는?

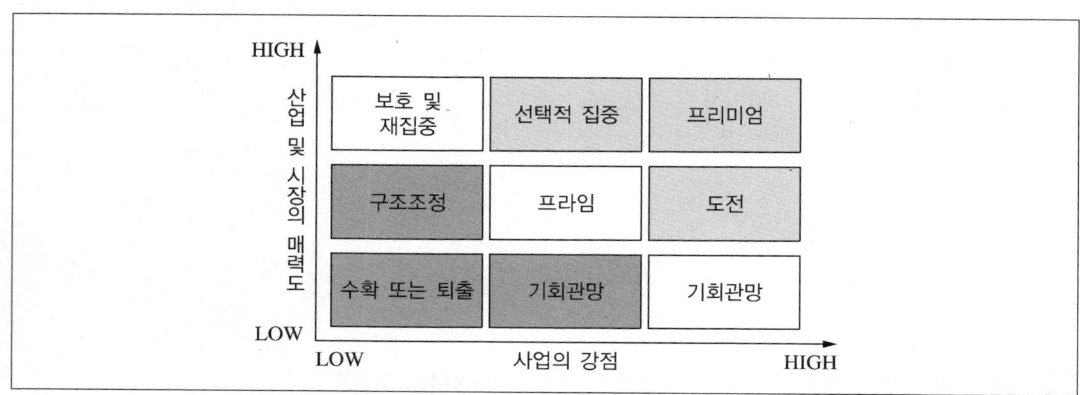

① 보호 및 재집중
② 구조조정
③ 선택적 집중
④ 수확 또는 퇴출
⑤ 프리미엄

55 **다음 중 기업의 경쟁력 강화와 비전달성을 목표로 미래 사업구조를 근본적으로 구체화하는 기업혁신방안은?**

① 벤치마킹(Benchmarking)
② 학습조직(Learning Organization)
③ 리엔지니어링(Re – Engineering)
④ 리스트럭처링(Restructuring)
⑤ 기업 아이덴티티(企業 Identity)

56 **다음 중 기능별 조직에 대한 설명으로 옳지 않은 것은?**

① 조직의 목표를 위해 기본적인 기능을 중심으로 나눈 조직을 의미한다.
② 유사한 업무를 수행하는 구성원으로 조직을 구성하여 규모의 경제를 실현할 수 있다.
③ 원가우위 전략을 중요시하는 기업 또는 사업부에 유리한 조직구조이다.
④ 부서 간 경쟁이 치열하고 부서 운영 비용이 많이 든다.
⑤ 부서 간 협업이나 시너지 효과를 기대하기 어렵다.

57 **다음 중 켈리(Kelly)의 공변(입방체)모형에서 내적 귀인에 해당하는 경우는?**

① 특이성이 높은 경우
② 특이성과 합의성이 높은 경우
③ 일관성이 높은 경우
④ 합의성과 일관성이 낮은 경우
⑤ 합의성이 높은 경우

58 **다음 중 조직차원의 공식적 커뮤니케이션에 해당하지 않는 것은?**

① 군집형 커뮤니케이션
② 대각적 커뮤니케이션
③ 수평적 커뮤니케이션
④ 상향식 커뮤니케이션
⑤ 하향식 커뮤니케이션

59 **다음 사례에서 소비자의 구매행동에 영향을 미친 요인은?**

최근 카메라에 관심이 생긴 철수는 얼마 전 같은 동네에 카메라 관련 동호회에 가입할 만큼 열정이 생겼다. 동호회원들과 촬영을 다니고 기술도 배우다 보니 점점 회원들과의 만남도 잦아졌다. 그러던 중 자신의 카메라 장비를 업그레이드해야 할 필요성을 느꼈고, 이곳저곳 비교해 볼 것 없이 주변 동호회원들과 같은 장비로 구매하게 되었다.

① 태도
② 라이프스타일
③ 사회계층
④ 준거집단
⑤ 인구통계적 특성

60 **다음은 민츠버그(Mintzberg)의 5P 전략 중 하나에 대한 설명이다. 이 전략은 무엇인가?**

기존의 패러다임, 사업의 방식을 변형하는 것을 말한다. 예를 들어 환자가 내원하는 것이 병원의 주된 사업 논리라고 한다면, 환자가 원할 때 내원하지 않고 병원의 의사가 직접 방문하여 의료서비스를 제공하는 것이다.

① Ploy
② Plan
③ Pattern
④ Position
⑤ Perspective

61 **다음 중 한국철도공사법의 목적으로 옳은 것은?**

① 한국철도공사의 경쟁력 향상
② 철도시설기반의 전문성 향상
③ 철도공사의 공익성·효율성 추구
④ 여객 및 화물의 유기적인 운송체계
⑤ 철도산업과 국민경제의 발전에 이바지함

62 **다음은 철도산업발전기본법상 벌칙에 대한 설명이다. 빈칸 ㉠, ㉡에 들어갈 숫자의 합은 얼마인가?**

철도산업발전기본법 제34조의 규정을 위반하여 국토교통부장관의 승인을 얻지 아니하고 특정 노선 및 역을 폐지하거나 철도서비스를 제한 또는 중지한 자는 __㉠__년 이하의 징역 또는 __㉡__만 원 이하의 벌금에 처한다.

① 2,002
② 2,003
③ 3,005
④ 5,002
⑤ 5,003

63 **다음 중 철도산업발전기본법상 철도자산에 대한 설명으로 옳은 것은?**

① 철도자산 중 기타자산은 운영자산과 시설자산을 포함한 자산이다.
② 국토교통부장관은 철도자산처리계획을 위원회의 심의를 거쳐 수립해야 한다.
③ 국토교통부장관은 현물출자받은 운영자산과 관련된 권리와 의무를 포괄하여 승계한다.
④ 철도청이 건설 중인 시설자산은 철도자산이 완공된 때에 철도시설관리자에게 귀속된다.
⑤ 철도청은 철도자산처리계획에 의하여 철도공사에 운영자산을 현물출자한다.

64 **다음은 한국철도공사법의 일부이다. 빈칸에 들어갈 내용을 순서대로 바르게 나열한 것은?**

• 공사의 자본금은 22조 원으로 하고, 그 전부를 ________이/가 출자한다. • 자본금의 납입 시기와 방법은 ________이 정하는 바에 따른다.

① 철도청, 국토건설부장관
② 정부, 기획재정부장관
③ 한국철도공사, 대통령령
④ 시설관리자, 행정안정부장관
⑤ 국가철도공사, 산업통상자원부장관

65 **다음 중 철도사업법상 철도운수종사자의 준수사항이 아닌 것은?**

① 부당한 운임 또는 요금을 요구하는 행위
② 정당한 사유 없이 여객 또는 화물의 운송을 거부한 행위
③ 안전운행을 위한 철도운수종사자가 준수사항을 위반한 행위
④ 정당한 사유 없이 여객 또는 화물을 중도에서 내리게 하는 행위
⑤ 타인에게 자기의 성명 또는 상호를 사용하여 철도사업을 경영하게 한 행위

66 **다음 중 한국철도공사법령상 한국철도공사의 하부조직을 설치할 때의 등기 내용으로 옳은 것을 〈보기〉에서 모두 고르면?**

〈보기〉

ㄱ. 새로이 설치된 하부조직의 소재지에 있어서는 2개월 이내에 설립등기의 각 사항 ㄴ. 주된 사무소의 소재지에 있어서는 3주일 이내에 새로이 설치된 하부조직의 명칭 및 소재지 ㄷ. 이미 설치된 하부조직의 소재지에 있어서는 2개월 이내에 새로이 설치된 하부조직의 명칭 및 소재지

① 없음
② ㄱ, ㄴ
③ ㄱ, ㄷ
④ ㄴ, ㄷ
⑤ ㄱ, ㄴ, ㄷ

67 다음 중 철도사업법령상 사업정지처분에 갈음하여 과징금 처분을 통지를 받은 철도사업자가 수납기관에 납부해야 하는 기간은?

① 7일 이내
② 10일 이내
③ 15일 이내
④ 20일 이내
⑤ 30일 이내

68 다음 중 철도산업발전기본법상 철도의 관리청은?

① 국가철도공단
② 한국철도공사
③ 국토교통부장관
④ 철도시설관리자
⑤ 고속철도건설공사

69 다음 중 철도사업법령상 국가가 소유·관리하는 철도시설에 대한 점용허가를 하고자 할 때, 정해진 시설물의 종류와 기간으로 옳은 것은?

① 철골조 건물의 축조를 목적으로 하는 경우 : 30년
② 건물 외 공작물의 축조를 목적으로 하는 경우 : 10년
③ 철근콘크리트조 건물의 축조를 목적으로 하는 경우 : 40년
④ 석조와 유사한 견고한 건물의 축조를 목적으로 하는 경우 : 50년
⑤ 철골조·철근콘크리트조·석조 외의 건물의 축조를 목적으로 하는 경우 : 30년

70 다음 중 철도산업발전기본법령상 선로배분지침의 포함 사항이 아닌 것은?

① 철도차량의 안전운행에 관한 사항
② 여객열차와 화물열차에 대한 선로용량의 배분
③ 선로의 유지보수·개량 및 건설을 위한 작업시간
④ 지역 간 열차와 지역 내 열차에 대한 선로용량의 배분
⑤ 그 밖에 철도차량의 효율적 활용을 위하여 필요한 사항

합격의공식
시대
에듀
www.sdedu.co.kr

2일 차
기출응용 모의고사

〈문항 및 시험시간〉

평가영역	문항 수	시험시간	모바일 OMR 답안채점 / 성적분석 서비스
[NCS] 의사소통능력+수리능력+ 문제해결능력 [전공] 경영학 [철도법령] 철도 관련 법령	70문항	70분	

※ 수록 기준
철도산업발전기본법 : 법률 제18693호(시행 22.7.5.), 철도산업발전기본법 시행령 : 대통령령 제32759호(시행 22.7.5.)
한국철도공사법 : 법률 제15460호(시행 19.3.14.), 한국철도공사법 시행령 : 대통령령 제31899호(시행 21.7.20.)
철도사업법 : 법률 제19391호(시행 23.10.19.), 철도사업법 시행령 : 대통령령 제33795호(시행 24.1.1.)

코레일 한국철도공사 사무직 NCS + 전공 + 법령

2일 차 기출응용 모의고사

문항 수 : 70문항
시험시간 : 70분

제1영역 직업기초능력평가

01 다음 글의 서술방식에 대한 설명으로 가장 적절한 것은?

> 이튿날 옥단춘은 혈룡에게 뜻밖의 말을 하였다. "오늘은 평양 감사가 봄놀이로 연광정에서 잔치를 한다는 명을 내렸습니다. 내 아직 기생의 몸으로서 감사의 명을 거역하고 안 나갈 수 없으니 서방님은 잠시 용서하시고 집에 계시면 속히 돌아오겠습니다." 말을 하고 난 후에 옥단춘은 연광정으로 나갔다. 그 뒤에 이혈룡도 집을 나와서 비밀 수배한 역졸을 단속하고 연광정의 광경을 보려고 내려갔다. 이때 평양 감사 김진희는 도내 각 읍의 수령을 모두 청하여 큰 잔치를 벌였는데, 그 기구가 호화찬란하고 진수성찬의 배반(杯盤)이 낭자하였다. 이때는 춘삼월 호시절이었다. 좌우산천을 둘러보니 꽃이 피어 온통 꽃산이 되었고 나뭇잎은 피어서 온통 청산으로 변해 있었다.
>
> -『옥단춘전』

① 배경을 세밀하게 묘사하여 사건의 분위기를 조성하고 있다.
② 등장인물의 성격 변화를 통해 갈등과 긴장감을 극대화하고 있다.
③ 서술자가 직접 개입하여 인물의 행동과 심리를 드러내고 있다.
④ 과장과 희화화 수법을 활용하여 등장인물의 성격을 부각시키고 있다.
⑤ 과거와 현재를 오가며 이야기가 진행되고 있다.

02 다음 글을 〈보기〉의 입장에서 비판하는 내용으로 가장 적절한 것은?

> 로봇의 발달로 일자리가 줄어들 것이라는 사람들의 불안이 커지면서 최근 로봇세(Robot稅) 도입에 대한 논의가 활발하다. 로봇세는 로봇을 사용해 이익을 얻는 기업이나 개인에 부과하는 세금이다. 로봇으로 인해 일자리를 잃은 사람들을 지원하거나 사회 안전망을 구축하기 위한 예산을 마련하자는 것이 로봇세 도입의 목적이다. 이처럼 로봇의 사용으로 일자리가 감소할 것이라는 이유로 로봇세의 필요성이 제기되었지만, 역사적으로 볼 때 새로운 기술로 인해 전체 일자리는 줄지 않았다. 산업 혁명을 거치면서 새로운 기술에 대한 걱정은 늘 존재했지만, 산업 전반에서 일자리는 오히려 증가해 왔다는 점이 이를 뒷받침한다. 따라서 로봇의 사용으로 일자리가 줄어들 가능성은 낮다.
> 우리는 로봇 덕분에 어렵고 위험한 일이나 반복적인 일로부터 벗어나고 있다. 로봇 사용의 증가 추세에서 알 수 있듯이 로봇 기술이 인간의 삶을 편하게 만들어 주는 것은 틀림없다. 로봇세의 도입으로 이러한 편안한 삶이 지연되지 않기를 바란다.

〈보기〉

> 로봇 기술의 발전에 따라 로봇의 생산 능력이 비약적으로 향상되고 있다. 이는 로봇 하나당 대체할 수 있는 인간 노동자의 수도 지속적으로 증가함을 의미한다. 로봇 사용이 사회 전반에 빠르게 확산되는 현실을 고려할 때, 로봇 사용으로 인한 일자리 대체 규모가 기하급수적으로 커질 것이다.

① 산업 혁명의 경우와 같이 로봇의 생산성 증가는 인간의 새로운 일자리를 만드는 데 기여할 것이다.

② 로봇세를 도입해 기업이 로봇의 생산성 향상에 기여하도록 해야 인간의 일자리 감소를 막을 수 있다.

③ 로봇 사용으로 밀려날 수 있는 인간 노동자의 생산 능력을 향상시킬 수 있는 제도적 지원 방안을 마련해야 한다.

④ 로봇의 생산 능력에 대한 고려 없이 과거 사례만으로 일자리가 감소하지 않을 것이라고 보는 것은 성급한 판단이다.

⑤ 로봇 기술의 발달을 통해 일자리를 늘리려면 지속적으로 일자리가 늘었던 산업 혁명의 경험에서 대안을 찾아야 한다.

03 다음 글의 '나'의 견해로 적절한 것을 〈보기〉에서 모두 고르면?

이제 '나'는 사람들이 동물실험의 모순적 상황을 직시하기를 바랍니다. 생리에 대한 실험이건, 심리에 대한 실험이건, 동물을 대상으로 하는 실험은 동물이 어떤 자극에 대해 반응하고 행동하는 양상이 인간과 유사하다는 것을 전제합니다. 동물실험을 옹호하는 측에서는 인간과 동물이 유사하기 때문에 실험 결과에 실효성이 있다고 주장합니다. 그런데 설령 동물실험을 통해 아무리 큰 성과를 얻을지라도 동물실험 옹호론자들은 중대한 모순을 피할 수 없습니다. 그들은 인간과 동물이 다르다는 것을 실험에서 동물을 이용해도 된다는 이유로 제시하고 있기 때문입니다. 이것은 명백히 모순적인 상황이 아닐 수 없습니다.

이러한 모순적 상황은 영장류의 심리를 연구할 때 확연히 드러납니다. 최근 어느 실험에서 심리 연구를 위해 아기 원숭이를 장기간 어미 원숭이와 떼어놓아 정서적으로 고립시켰습니다. 사람들은 이 실험이 우울증과 같은 인간의 심리적 질환을 이해하기 위한 연구라는 구실을 앞세워 이 잔인한 행위를 합리화하고자 했습니다. 즉, 이 실험은 원숭이가 인간과 유사하게 고통과 우울을 느끼는 존재라는 사실을 가정하고 있습니다. 인간과 동물이 심리적으로 유사하다는 사실을 인정하면서도 사람에게는 차마 하지 못할 잔인한 행동을 동물에게 하고 있는 것입니다.

또한 동물의 피부나 혈액을 이용해서 제품을 실험할 때, 동물실험 옹호론자들은 이 실험이 오로지 인간과 동물 사이의 '생리적 유사성'에만 바탕을 두고 있을 뿐이라고 변명합니다. 이처럼 인간과 동물이 오로지 '생리적'으로만 유사할 뿐이라고 생각한다면, 이는 동물실험의 모순적 상황을 외면하는 것입니다.

〈보기〉

ㄱ. 동물실험은 동물이 인간과 유사하면서도 유사하지 않다고 가정하는 모순적 상황에 놓여 있다.

ㄴ. 인간과 동물 간 생리적 유사성에도 불구하고 심리적 유사성이 불확실하기 때문에 동물실험은 모순적 상황에 있다.

ㄷ. 인간과 원숭이 간에 심리적 유사성이 존재하기 때문에 인간의 우울증 연구를 위해 아기 원숭이를 정서적으로 고립시키는 실험은 윤리적으로 정당화된다.

① ㄱ　　② ㄴ

③ ㄱ, ㄷ　　④ ㄴ, ㄷ

⑤ ㄱ, ㄴ, ㄷ

04 다음 글에서 밑줄 친 ㉠에 대한 반박으로 가장 적절한 것은?

인간은 사회 속에서만 자신을 더 나은 존재로 느낄 수 있기 때문에 자신을 사회화하고자 한다. 인간은 사회 속에서만 자신의 자연적 소질을 실현할 수 있는 것이다. 그러나 인간은 자신을 개별화하거나 고립시키려는 강한 성향도 있다. 이는 자신의 의도에 따라서만 행동하려는 반사회적인 특성을 의미한다. 그리고 저항하려는 성향이 자신뿐만 아니라 다른 사람에게도 있다는 사실을 알기 때문에, 그 자신도 곳곳에서 저항에 부딪히게 되리라 예상한다.

이러한 저항을 통하여 인간은 모든 능력을 일깨우고, 나태해지려는 성향을 극복하며, 명예욕이나 지배욕・소유욕 등에 따라 행동하게 된다. 그리하여 동시대인들 가운데에서 자신의 위치를 확보하게 된다. 이렇게 하여 인간은 야만의 상태에서 벗어나 문화를 이룩하기 위한 진정한 진보의 첫걸음을 내딛게 된다. 이때부터 모든 능력이 점차 계발되고 아름다움을 판정하는 능력도 형성된다. 나아가 자연적 소질에 의해 도덕성을 어렴풋하게 느끼기만 하던 상태에서 벗어나, 지속적인 계몽을 통하여 구체적인 실천 원리를 명료하게 인식할 수 있는 성숙한 단계로 접어든다. 그 결과 자연적인 감정을 기반으로 결합된 사회를 도덕적인 전체로 바꿀 수 있는 사유 방식이 확립된다.

㉠ 인간에게 이러한 반사회성이 없다면, 인간의 모든 재능은 꽃피지 못하고 만족감과 사랑으로 가득 찬 목가적인 삶 속에서 영원히 묻혀 버리고 말 것이다. 그리고 양처럼 선량한 기질의 사람들은 가축 이상의 가치를 자신의 삶에 부여하기 힘들 것이다. 자연 상태에 머물지 않고 스스로의 목적을 성취하기 위해 자연적 소질을 계발하여 창조의 공백을 메울 때, 인간의 가치는 상승되기 때문이다.

불화와 시기와 경쟁을 일삼는 허영심, 막힐 줄 모르는 소유욕과 지배욕을 있게 한 자연에 감사하라! 인간은 조화를 원한다. 그러나 자연은 불화를 원한다. 자연은 무엇이 인간을 위해 좋은 것인지를 더 잘 알고 있기 때문이다. 인간은 안락하고 만족스럽게 살고자 한다. 그러나 자연은 인간이 나태와 수동적인 만족감으로부터 벗어나 노동과 고난 속으로 돌진하기를 원한다. 그렇게 함으로써 자연은 인간이 노동과 고난으로부터 현명하게 벗어날 수 있는 방법을 발견하게 한다.

① 인간의 본성은 변할 수 없다.
② 동물도 사회성을 키울 수 있다.
③ 사회성만으로도 재능이 계발될 수 있다.
④ 반사회성만으로도 재능이 계발될 수 있다.
⑤ 목가적인 삶 속에서도 반사회성이 생겨날 수 있다.

05 다음 글을 읽고 추론할 수 있는 내용으로 가장 적절한 것은?

> 어떤 시점에 당신만이 느끼는 어떤 감각을 지시하여 'W'라는 용어의 의미로 삼는다고 해 보자. 그 이후에 가끔 그 감각을 느끼게 되면, "'W'라고 불리는 그 감각이 나타났다."고 당신은 말할 것이다. 그렇지만 그 경우에 당신이 그 용어를 바르게 사용했는지 그렇지 않은지를 어떻게 결정할 수 있는가? 만에 하나 첫 번째 감각을 잘못 기억할 수도 있는 것이고, 혹은 실제로는 단지 희미하고 어렴풋한 유사성밖에 없는데도 첫 번째 감각과 두 번째 감각 사이에 밀접한 유사성이 있는 것으로 착각할 수도 있다. 더구나 그것이 착각인지 아닌지를 판단할 근거가 없다. 만약 'W'라는 용어의 의미가 당신만이 느끼는 그 감각에만 해당한다면, 'W'라는 용어의 올바른 사용과 잘못된 사용을 구분할 방법은 어디에도 없게 될 것이다. 올바른 적용에 관해 결정을 내릴 수 없는 용어는 아무런 의미도 갖지 않는다.

① 본인만이 느끼는 감각을 지시하는 용어는 아무 의미도 없다.
② 어떤 용어도 구체적 사례를 통해서 의미를 얻게 될 수 없다.
③ 감각을 지시하는 용어는 사용하는 사람에 따라 상대적인 의미를 갖는다.
④ 감각을 지시하는 용어의 의미는 그것이 무엇을 지시하는가와 아무 상관이 없다.
⑤ 감각을 지시하는 용어의 의미는 다른 사람들과 공유하는 의미로 확장될 수 있다.

06 다음은 A사원의 고민을 듣고 동료인 B ~ F사원이 보인 반응이다. B ~ F사원의 대화에서 나타나는 경청의 문제점으로 적절하지 않은 것은?

> A사원 : G부장님이 부임하시고 나서 일하기가 너무 힘들어요. 제가 하는 일 하나하나 지적하시고, 매일 점검하시려고 합니다. 마치 제가 담임선생님께 숙제 검사를 받는 초등학생인 것 같습니다. 일을 맡기셨으면 믿고 기다려 주셨으면 좋겠습니다.

> B사원 : 매일 점검하신다는 건 A사원이 일을 못한 부분이 많아서 그런 것은 아닐까 하는 생각이 듭니다. A사원은 자신의 행동을 뒤돌아보는 게 좋을 것 같습니다.
> C사원 : 제가 생각하기엔 A사원이 평소에도 예민한 편이라 G부장님의 행동을 과민하게 받아들이는 것 같습니다. 부정적으로만 보지 말고 좋게 생각해 보세요.
> D사원 : A사원의 말을 들으니 G부장님이 A사원을 너무 불신하는 것 같습니다. 직접 대면해서 이 문제에 대해 따져 보세요. 계속 듣고만 있을 수는 없지요, 안 그런가요?
> E사원 : G부장님은 왜 그러시는 걸까요? 마음 넓은 A사원이 참으세요.
> F사원 : 기분 풀고 우리 맛있는 거나 먹으러 가죠. 회사 근처에 새로 생긴 파스타 집 가봤어요? 정말 맛있더라고요. 먹고 나면 기분이 한결 풀릴 겁니다.

① B사원 : 짐작하기
② C사원 : 판단하기
③ D사원 : 언쟁하기
④ E사원 : 비위 맞추기
⑤ F사원 : 슬쩍 넘어가기

07 다음 글의 문맥상 빈칸 (가) ~ (라)에 들어갈 말을 〈보기〉에서 골라 바르게 나열한 것은?

심각한 수준의 멸종 위기에 처한 생태계를 보호하기 위해 생물다양성 관련 정책이 시행되고 있다. 먼저 보호지역 지정은 생물다양성을 보존하는 데 반드시 필요한 정책 수단이다. 이 정책 수단은 각국에 의해 빈번히 사용되었다. 그러나 보호지역의 숫자는 생물다양성의 보존과 지속가능한 이용 정책의 성공 여부를 피상적으로 알려주는 지표에 지나지 않으며, ______(가)______ 없이는 생물다양성의 감소를 막을 수 없다. 세계자연보전연맹에 따르면, 보호지역으로 지정되었음에도 실제로는 최소한의 것도 실시되지 않는 곳이 많다. 보호지역 관리에 충분한 인력을 투입하는 것은 보호지역 수를 늘리는 것만큼이나 필요하다.
______(나)______은/는 민간시장에서 '생물다양성 관련 제품과 서비스'가 갖는 가치와 사회 전체 내에서 그것이 갖는 가치 간의 격차를 해소하기 위해 도입된다. 이를 통해 생태계 훼손에 대한 비용 부담은 높이고 생물다양성의 보존, 강화, 복구 노력에 대해서는 보상을 한다. 상품으로서의 가치와 공공재로서의 가치 간의 격차를 좁히는 데에 원칙적으로 이 제도만큼 적합한 것이 없다.
생물다양성을 증가시키는 유인책 중에서 ______(다)______의 효과가 큰 편이다. 시장 형성이 마땅치 않아 이전에는 무료로 이용할 수 있었던 것에 대해 요금을 부과함으로써 생태계의 무분별한 이용을 억제하는 것이 이 제도의 골자이다. 최근 이 제도의 도입 사례가 증가하고 있으며 앞으로도 늘어날 전망이다.
생물다양성 친화적 제품 시장에 대한 전망에는 관련 정보를 지닌 소비자들이 ______(라)______을/를 선택할 것이라는 가정이 전제되어야 한다. 친환경 농산물, 무공해 비누, 생태 관광 등에 대한 인기가 증대되고 있는 현상은 소비자들이 친환경 제품이나 서비스에 더 비싼 값을 지불할 수도 있다는 사실을 보여주는 사례이다.

〈보기〉

ㄱ. 생태계 사용료
ㄴ. 경제적인 유인책
ㄷ. 생물다양성 보호 제품
ㄹ. 보호조치

	(가)	(나)	(다)	(라)
①	ㄱ	ㄴ	ㄹ	ㄷ
②	ㄴ	ㄱ	ㄷ	ㄹ
③	ㄴ	ㄹ	ㄷ	ㄱ
④	ㄹ	ㄱ	ㄷ	ㄴ
⑤	ㄹ	ㄴ	ㄱ	ㄷ

08 다음 문장을 논리적 순서대로 바르게 나열한 것은?

(가) 그렇지만 그러한 위험을 감수하면서 기술 혁신에 도전했던 기업가와 기술자의 노력 덕분에 산업의 생산성은 지속적으로 향상되었고, 지금 우리는 그 혜택을 누리고 있다.
(나) 산업 기술은 적은 비용으로 더 많은 생산이 가능하도록 제조 공정의 효율을 높이는 방향으로 발전해 왔다.
(다) 기술 혁신의 과정은 과다한 비용 지출이나 실패의 위험이 도사리고 있는 험난한 길이기도 하다.
(라) 이러한 기술 발전은 제조 공정의 일부를 서로 결합함으로써 대폭적인 비용 절감을 가능하게 하는 기술 혁신을 통하여 이루어진다.

① (가) – (라) – (나) – (다)
② (나) – (다) – (가) – (라)
③ (나) – (라) – (다) – (가)
④ (다) – (나) – (가) – (라)
⑤ (다) – (라) – (가) – (나)

09 다음 기사에 나타난 직장생활에서의 원만한 의사소통을 저해하는 요인으로 가장 적절한 것은?

〈기사〉

한 취업 포털에서 20 ~ 30대 남녀 직장인 350명에게 설문 조사한 결과 어떤 상사와 대화할 때 가장 답답함을 느끼냐는 질문에 직장 내에서 막내에 해당하는 사원급 직장인들은 '주구장창 자기 할 말만 하는 상사(27.3%)'와 대화하기 가장 어렵다고 호소했다. 또 직장 내에서 부하 직원과 상사 간, 그리고 직원들 간에 대화가 잘 이뤄지지 않는 이유에 대해 '일방적으로 상사만 말을 하는 대화방식 및 문화(34.3%)'가 가장 큰 원인이라고 답했다.

직장 내 상사와 부하 직원 간의 대화가 원활해지려면 지시나 명령하는 말투가 아닌 의견을 묻는 대화법 사용하기(34.9%), 서로를 존대하는 말투와 호칭 사용하기(31.4%) 등의 기본 대화 예절을 지켜야 한다고 답했다.

① 평가적이며 판단적인 태도
② 선입견과 고정관념
③ 잠재적 의도
④ 미숙한 의사소통 기법
⑤ 과거의 경험

10 **다음 글에서 밑줄 친 ㉠~㉤의 수정 방안으로 적절하지 않은 것은?**

> 심폐소생술은 심장과 폐의 활동이 갑자기 멈췄을 때 실시하는 응급조치를 말합니다. 심폐소생술은 크게 '의식 확인 및 119 신고 단계', '가슴 압박 단계', '인공호흡 단계'로 나눌 수 있습니다. 먼저 '의식 확인 및 119 신고 단계'에서는 환자를 바로 ㉠ 누운 후 어깨를 가볍게 치면서 상태를 확인합니다. 만약 의식이나 호흡이 없거나 자발적인 움직임이 없고 헐떡이는 등의 상태가 ㉡ 나타나지 않는다면, 즉시 주변 사람들 중 한 명을 지목해서 119에 신고하도록 하고 주변에 자동제세동기가 있다면 가져올 것을 요청합니다.
> 다음은 '가슴 압박 단계'입니다. 이 단계에서는 환자의 양쪽 젖꼭지 부위를 잇는 선의 정중앙 부분을 깍지 낀 손의 손바닥으로 힘껏 누릅니다. 이때, 팔꿈치는 ㉢ 펴고 팔은 환자의 가슴과 수직이 되어야 합니다. 가슴 압박 깊이는 적어도 5cm 이상으로 하고, 압박 속도는 분당 100회 이상 실시해야 합니다.
> 마지막으로 '인공호흡 단계'에서는 한 손으로는 환자의 이마를 뒤로 젖히고 다른 한 손으로는 턱을 들어 올려 ㉣ 열어줍니다. 그리고 이마를 젖힌 손의 엄지와 검지로 코를 막은 뒤 환자의 입에 숨을 2회 불어 넣습니다. 이때 곁눈질로 환자의 가슴이 상승하는지를 잘 살펴보아야 합니다. ㉤ 119 구급대나 자동제세동기가 도착할 때까지 가슴 압박과 인공호흡을 30 : 2의 비율로 반복합니다. 이후 환자가 스스로 숨을 쉬거나 움직임이 명확하게 나타난다면 심폐소생술을 중단할 수 있습니다.

① ㉠ : 목적어와 서술어의 호응 관계를 고려하여 '눕힌'으로 고친다.

② ㉡ : 문맥의 흐름을 고려하여 '나타나면'으로 고친다.

③ ㉢ : 맞춤법에 어긋나므로 '피고'로 고친다.

④ ㉣ : 필요한 문장 성분이 생략되었으므로 목적어 '기도를'을 앞에 추가한다.

⑤ ㉤ : 문장을 자연스럽게 연결하기 위해 문장 앞에 '그리고'를 추가한다.

11 **농도가 서로 다른 소금물 A, B가 있다. 소금물 A를 200g, 소금물 B를 300g 섞으면 농도가 9%인 소금물이 되고, 소금물 A를 300g, 소금물 B를 200g 섞으면 농도 10%인 소금물이 될 때, 소금물 B의 농도는?**

① 7%
② 10%
③ 13%
④ 20%
⑤ 25%

※ 다음은 연령별 어린이집 이용 영유아 현황에 대한 자료이다. 이어지는 질문에 답하시오. [12~13]

〈연령별 어린이집 이용 영유아 현황〉

(단위 : 명)

구분		국·공립 어린이집	법인 어린이집	민간 어린이집	가정 어린이집	부모협동 어린이집	직장 어린이집	합계
2020년	0 ~ 2세	36,530	35,502	229,414	193,412	463	6,517	501,838
	3 ~ 4세	56,342	50,497	293,086	13,587	705	7,875	422,092
	5세 이상	30,533	27,895	146,965	3,388	323	2,417	211,521
2021년	0 ~ 2세	42,331	38,648	262,728	222,332	540	7,815	574,394
	3 ~ 4세	59,947	49,969	290,620	12,091	755	8,518	421,900
	5세 이상	27,378	23,721	122,415	2,420	360	2,461	178,755
2022년	0 ~ 2세	47,081	42,445	317,489	269,243	639	9,359	686,256
	3 ~ 4세	61,609	48,543	292,599	10,603	881	9,571	423,806
	5세 이상	28,914	23,066	112,929	1,590	378	2,971	169,848
2023년	0 ~ 2세	49,892	41,685	337,573	298,470	817	10,895	739,332
	3 ~ 4세	64,696	49,527	319,903	8,869	1,046	10,992	455,033
	5세 이상	28,447	21,476	99,847	1,071	423	3,100	154,364

12 다음 중 자료에 대한 설명으로 옳지 않은 것은?

① 2020 ~ 2023년 0 ~ 2세와 3 ~ 4세 국·공립 어린이집 이용 영유아 수는 계속 증가하고 있다.
② 매년 3 ~ 4세 영유아가 가장 많이 이용하는 곳을 순서대로 나열하면 상위 3곳의 순서가 같다.
③ 전년 대비 2021 ~ 2023년 가정 어린이집을 이용하는 0 ~ 2세 영유아 수는 2023년에 가장 크게 증가했다.
④ 법인 어린이집을 이용하는 5세 이상 영유아 수는 매년 감소하고 있다.
⑤ 2020 ~ 2023년 부모협동 어린이집과 직장 어린이집을 이용하는 연령별 영유아 수의 증감추이는 동일하다.

13 다음 중 2020년과 2023년 전체 어린이집 이용 영유아 수의 차이는 몇 명인가?

① 146,829명
② 169,386명
③ 195,298명
④ 213,278명
⑤ 237,536명

※ 다음은 인구 고령화 추이를 나타낸 자료이다. 이어지는 질문에 답하시오. **[14~16]**

〈인구 고령화 추이〉

(단위 : %)

구분	2003년	2008년	2013년	2018년	2023년
노인부양비	5.2	7.0	11.3	15.6	22.1
고령화지수	19.7	27.6	43.1	69.9	107.1

※ [노인부양비(%)]$=\frac{\text{(65세 이상 인구)}}{\text{(15 ~ 64세 인구)}}\times 100$

※ [고령화지수(%)]$=\frac{\text{(65세 이상 인구)}}{\text{(0 ~ 14세 인구)}}\times 100$

14 다음 중 2003년 0 ~ 14세 인구가 50,000명이었을 때, 2003년 65세 이상 인구는 몇 명인가?

① 8,650명
② 8,750명
③ 9,850명
④ 9,950명
⑤ 10,650명

15 다음 중 2023년 고령화지수는 2018년 대비 몇 % 증가하였는가?(단, 소수점 첫째 자리에서 반올림한다)

① 31%
② 42%
③ 53%
④ 64%
⑤ 75%

16 다음 〈보기〉 중 자료에 대한 설명으로 옳은 것을 모두 고르면?

〈보기〉

ㄱ 노인부양비 추이는 5년 단위로 계속 증가하고 있다.
ㄴ 고령화지수 추이는 5년 단위로 같은 비율로 증가하고 있다.
ㄷ 2008년 대비 2013년의 노인부양비 증가폭은 4.3%p이다.
ㄹ 5년 단위의 고령화지수 증가폭은 2018년 대비 2023년 증가폭이 가장 크다.

① ㄱ, ㄴ
② ㄱ, ㄷ
③ ㄱ, ㄴ, ㄷ
④ ㄱ, ㄷ, ㄹ
⑤ ㄱ, ㄴ, ㄷ, ㄹ

17 다음은 2018 ~ 2023년의 소유자별 국토 면적을 나타낸 자료이다. 이에 대한 설명으로 옳지 않은 것은?

〈소유자별 국토 면적〉

(단위 : km^2)

구분	2018년	2019년	2020년	2021년	2022년	2023년
전체	99,646	99,679	99,720	99,828	99,897	100,033
민유지	56,457	55,789	54,991	54,217	53,767	53,357
국유지	23,033	23,275	23,460	23,705	23,891	24,087
도유지	2,451	2,479	2,534	2,580	2,618	2,631
군유지	4,741	4,788	4,799	4,838	4,917	4,971
법인	5,207	5,464	5,734	5,926	6,105	6,287
비법인	7,377	7,495	7,828	8,197	8,251	8,283
기타	380	389	374	365	348	417

① 국유지 면적은 매년 증가하였고, 민유지 면적은 매년 감소하였다.

② 전년 대비 2019 ~ 2023년 군유지 면적의 증가량은 2022년에 가장 크다.

③ 2018년과 2023년을 비교했을 때 법인보다 국유지 면적의 차이가 크다.

④ 전체 국토 면적은 매년 조금씩 증가하고 있다.

⑤ 전년 대비 2023년 전체 국토 면적의 증가율은 1% 미만이다.

18 K공사에서 근무 중인 A사원은 거래처에 계약서를 전달해야 한다. K공사에서 거래처까지 갈 때는 국도를 이용하여 속력 80km/h로, K공사로 복귀할 때는 고속도로를 이용하여 속력 120km/h로 복귀하였다. A사원이 K공사에서 거래처까지 1시간 이내로 왕복했다면, 거래처와 K공사의 거리는 최대 몇 km인가?

① 44km

② 46km

③ 48km

④ 50km

⑤ 52km

19 철수는 서로 무게가 다른 5개의 상자 A ~ E의 무게를 비교하려고 한다. 다음 〈조건〉을 만족할 때, 상자를 무게 순서대로 바르게 나열한 것은?

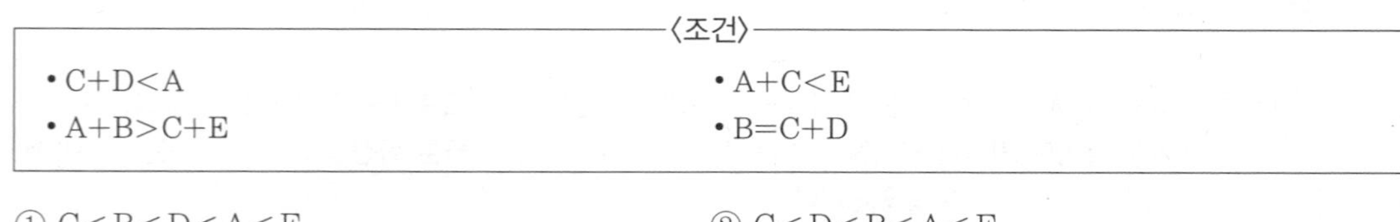

〈조건〉

- C+D<A
- A+C<E
- A+B>C+E
- B=C+D

① C<B<D<A<E
② C<D<B<A<E
③ C<D<E<B<A
④ D<A<B<C<E
⑤ D<C<B<A<E

20 다음은 국가 A ~ H의 GDP와 에너지 사용량에 대한 자료이다. 이에 대한 설명으로 옳지 않은 것은?

〈국가 A ~ H의 GDP와 에너지 사용량〉

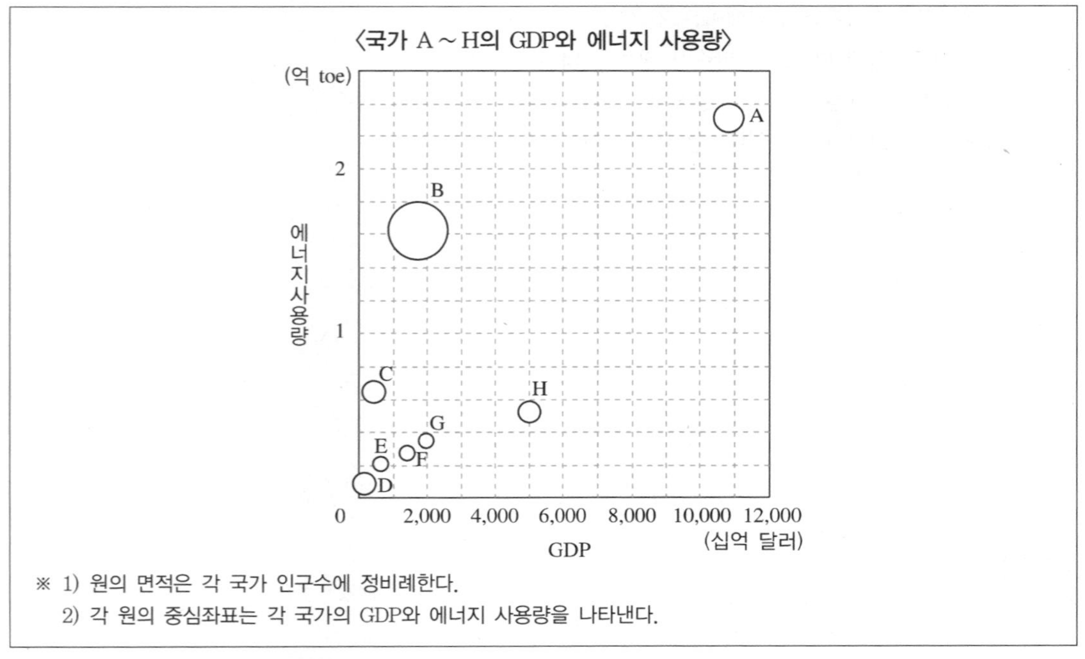

※ 1) 원의 면적은 각 국가 인구수에 정비례한다.
2) 각 원의 중심좌표는 각 국가의 GDP와 에너지 사용량을 나타낸다.

① 에너지 사용량이 가장 많은 국가는 A국이고, 가장 적은 국가는 D국이다.
② 1인당 에너지 사용량은 C국이 D국보다 많다.
③ GDP가 가장 낮은 국가는 D국이고, 가장 높은 국가는 A국이다.
④ 1인당 GDP는 H국이 B국보다 높다.
⑤ 에너지 사용량 대비 GDP는 A국이 B국보다 낮다.

21 **K화장품 회사의 기획팀에 근무 중인 A ~ E직원은 신제품 개발 프로젝트와 관련하여 회의를 진행하였으나, 해결방안을 얻지 못했다. 다음 회의 내용을 바탕으로 할 때, A ~ E직원의 문제해결을 방해하는 요소가 잘못 연결된 것은?**

> A직원 : 요즘 10대들이 선호하는 스타일을 조사해 보았습니다. 스트릿 패션이나 편한 캐주얼룩을 좋아하면서도 유행에 민감한 모습을 보이는 것으로 나타났습니다. 물론 화장품에 대한 관심은 계속해서 높아지고 있음을 알 수 있었습니다.
> B직원 : 10대들의 패션보다는 화장품에 대한 관심이 이번 회의에 중요하지 않을까요? 이번에 고등학교에 올라가는 제 조카는 귀여운 디자인의 화장품을 좋아하던데요. 아무래도 귀여운 디자인으로 승부를 보는 게 좋을 것 같아요.
> C직원 : 아! 제가 지금 좋은 생각이 떠올랐어요! 10대들의 지나친 화장품 사용을 걱정하는 학부모들을 위해 자사의 친환경적인 브랜드 이미지를 강조하는 것은 어떨까요?
> D직원 : 제 생각에는 구매력이 낮은 10대보다는 만족을 중시하는 '욜로' 소비성향을 보이는 20 ~ 30대를 위한 마케팅이 필요할 것 같아요.
> E직원 : 이번 신제품은 10대를 위한 제품이라고 하지 않았나요? 저는 신제품 광고 모델로 톱스타 F씨를 추천합니다! 어린 학생들이 좋아하는 호감형 이미지의 F씨를 광고 모델로 쓴다면 매출은 보장되지 않을까요?

① A직원 – 너무 많은 자료를 수집하려고 노력하는 경우
② B직원 – 고정관념에 얽매이는 경우
③ C직원 – 쉽게 떠오르는 단순한 정보에 의지하는 경우
④ D직원 – 문제를 철저하게 분석하지 않는 경우
⑤ E직원 – 고정관념에 얽매이는 경우

22 다음 중 SWOT 분석에 대한 설명으로 적절하지 않은 것은?

〈SWOT 분석〉

강점, 약점, 기회, 위협요인을 분석·평가하고 이들을 서로 연관 지어 전략을 개발하고 문제해결 방안을 개발하는 방법이다.

	강점 (Strength)	약점 (Weakness)
기회 (Opportunity)	SO	WO
위협 (Threat)	ST	WT

① 강점과 약점은 외부 환경요인에 해당하며, 기회와 위협은 내부 환경요인에 해당한다.
② SO전략은 강점을 살려 기회를 포착하는 전략을 의미한다.
③ ST전략은 강점을 살려 위협을 회피하는 전략을 의미한다.
④ WO전략은 약점을 보완하여 기회를 포착하는 전략을 의미한다.
⑤ WT전략은 약점을 보완하여 위협을 회피하는 전략을 의미한다.

23 다음 상황에서 〈조건〉을 토대로 신입사원이 김과장을 찾기 위해 추측한 내용 중 항상 참인 것은?

김과장은 오늘 아침 조기 축구 시합에 나갔다. 그런데 김과장을 한 번도 본 적이 없는 같은 회사의 어떤 신입사원이 김과장에게 급히 전할 서류가 있어 직접 축구 시합장을 찾았다. 시합은 이미 시작되었고, 김과장이 현재 양 팀의 수비수나 공격수 중 한 사람으로 뛰고 있다는 것은 분명하다.

〈조건〉

㉠ A팀은 검정색 상의를, B팀은 흰색 상의를 입고 있다.
㉡ 양 팀에서 축구화를 신고 있는 사람은 모두 안경을 쓰고 있다.
㉢ 양 팀에서 안경을 쓴 사람은 모두 수비수이다.

① 김과장이 공격수라면 안경을 쓰고 있다.
② 김과장이 A팀의 공격수라면 흰색 상의를 입고 있거나 축구화를 신고 있다.
③ 김과장이 B팀의 공격수라면 축구화를 신고 있지 않다.
④ 김과장이 검정색 상의를 입고 있다면 안경을 쓰고 있다.
⑤ 김과장이 A팀의 수비수라면 검정색 상의를 입고 있으며 안경을 쓰고 있지 않다.

24 다음 글과 상황을 근거로 판단할 때, 갑이 납부해야 하는 송달료의 합계는?

송달이란 소송의 당사자와 그 밖의 이해관계인에게 소송상의 서류의 내용을 알 수 있는 기회를 주기 위해 법에 정한 방식에 따라 하는 통지행위를 말하며, 송달에 드는 비용을 송달료라고 한다. 소 또는 상소를 제기하려는 사람은 소장이나 상소장을 제출할 때 당사자 수에 따른 계산방식으로 산출된 송달료를 수납은행(대부분 법원구내 은행)에 납부하고, 그 은행으로부터 교부받은 송달료납부서를 소장이나 상소장에 첨부하여야 한다. 송달료 납부의 기준은 아래와 같다.

• 소 또는 상소 제기 시 납부해야 할 송달료
  가. 민사 제1심 소액사건 : (당사자 수)×(송달료 10회분)
  나. 민사 제1심 소액사건 이외의 사건 : (당사자 수)×(송달료 15회분)
  다. 민사 항소사건 : (당사자 수)×(송달료 12회분)
  라. 민사 상고사건 : (당사자 수)×(송달료 8회분)
• 송달료 1회분 : 3,200원
• 당사자 : 원고, 피고
• 사건의 구별
  가. 소액사건 : 소가 2,000만 원 이하의 사건
  나. 소액사건 이외의 사건 : 소가 2,000만 원을 초과하는 사건
  ※ 소가(訴價)는 원고가 승소하면 얻게 될 경제적 이익을 화폐단위로 평가한 금액을 말한다.

〈상황〉

갑은 보행로에서 자전거를 타다가 을의 상품진열대에 부딪쳐서 부상을 당하였고, 이 상황을 병이 목격하였다. 갑은 을에게 자신의 병원치료비와 위자료를 요구하였다. 그러나 을은 갑의 잘못으로 부상당했고 자신에게는 책임이 없으며, 오히려 갑 때문에 진열대가 파손되어 손해가 발생했으므로 갑이 손해를 배상해야 한다고 주장하였다. 갑은 자신을 원고로, 을을 피고로 하여 병원치료비와 위자료로 합계 금 2,000만 원을 요구하는 소를 제기하였다. 제1심 법원은 증인 병의 증언을 바탕으로 갑에게 책임이 있다는 을의 주장이 옳다고 인정하여, 갑의 청구를 기각하는 판결을 선고하였다. 이 판결에 대해서 갑은 항소를 제기하였다.

① 76,800원
② 104,800원
③ 124,800원
④ 140,800원
⑤ 172,800원

25 다음 SWOT 분석 결과를 바탕으로 섬유 산업이 발전할 수 있는 방안으로 적절한 것을 〈보기〉에서 모두 고르면?

〈섬유 산업의 SWOT 분석 결과〉

강점(Strength)	약점(Weakness)
• 빠른 제품 개발 시스템	• 기능 인력 부족 심화 • 인건비 상승
기회(Opportunity)	**위협(Threat)**
• 한류의 영향으로 한국 제품 선호 • 국내 기업의 첨단 소재 개발 성공	• 외국산 저가 제품 공세 강화 • 선진국의 기술 보호주의

〈보기〉

ㄱ. 한류 배우를 모델로 브랜드 홍보 전략을 추진한다.
ㄴ. 단순 노동 집약적인 소품종 대량생산 체제를 갖춘다.
ㄷ. 소비자 기호를 빠르게 분석하여 제품 생산에 반영한다.
ㄹ. 선진국의 원천 기술을 이용한 기능성 섬유를 생산한다.

① ㄱ, ㄴ
② ㄱ, ㄷ
③ ㄴ, ㄷ
④ ㄴ, ㄹ
⑤ ㄷ, ㄹ

26 A ~ D 네 사람은 한 아파트에 살고 있고, 이 아파트는 1층과 2층, 층별로 1호, 2호로 구성되어 있다. 다음 〈조건〉을 참고할 때, 〈보기〉 중 옳은 것을 모두 고르면?

〈조건〉

• 각 집에는 한 명씩만 산다.
• D는 2호에 살고, A는 C보다 위층에 산다.
• B와 C는 서로 다른 호수에 산다.
• A와 B는 이웃해 있다.

〈보기〉

㉠ 1층 1호 – C
㉡ 1층 2호 – B
㉢ 2층 1호 – A
㉣ 2층 2호 – D

① ㉠, ㉡
② ㉠, ㉢
③ ㉡, ㉢
④ ㉡, ㉣
⑤ ㉠, ㉡, ㉢, ㉣

27 K공사는 사무실 배치를 새롭게 바꾸기로 하였다. 다음 고려사항을 참고하여 배치하려고 할 때 (가로) 3,000mm×(세로) 3,400mm인 직사각형의 사무실에 가능한 가구 배치는?

〈배치 시 고려사항〉

- 사무실 문을 여닫는 데 1,000mm의 간격이 필요함
- 서랍장의 서랍(• 로 표시하며, 가로면 전체에 위치)을 열려면 400mm의 간격이 필요(회의 탁자, 책상, 캐비닛은 서랍 없음)하며, 반드시 여닫을 수 있어야 함
- 붙박이 수납장 문을 열려면 앞면 전체에 550mm의 간격이 필요하며, 반드시 여닫을 수 있어야 함
- 가구들은 쌓을 수 없음
- 각각의 가구는 사무실에 넣을 수 있는 것으로 가정함
  - 회의 탁자 : (가로) 1,500mm×(세로) 2,110mm
  - 책상 : (가로) 450mm×(세로) 450mm
  - 서랍장 : (가로) 1,100mm×(세로) 500mm
  - 캐비닛 : (가로) 1,000mm×(세로) 300mm
  - 붙박이 수납장은 벽 한 면 전체를 남김없이 차지함(깊이 650mm)

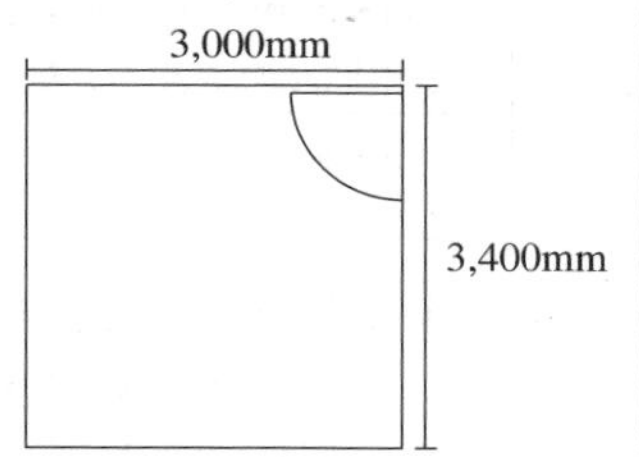

①
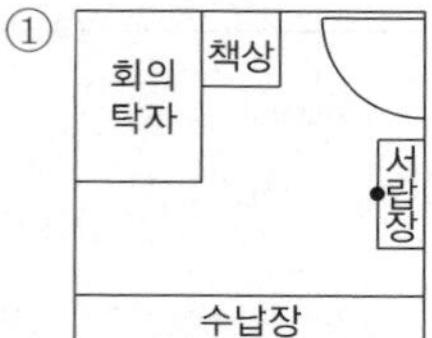

②
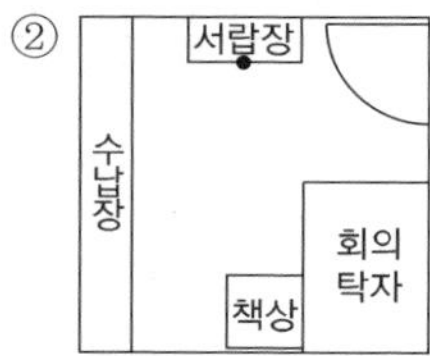

③
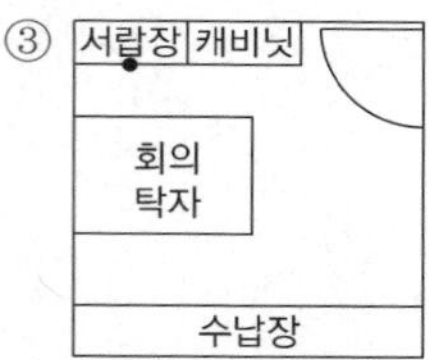

④
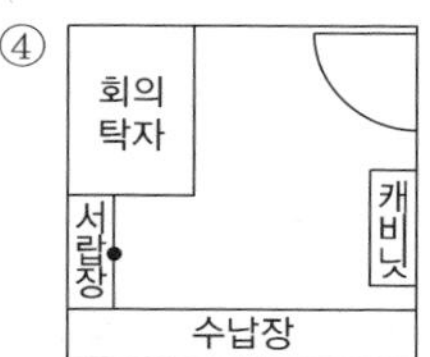

⑤
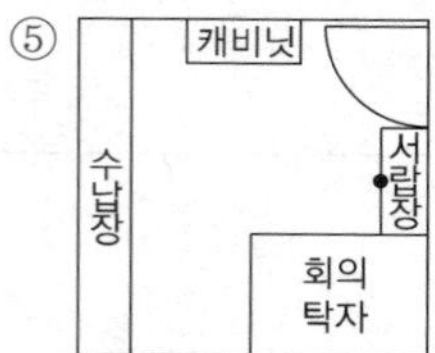

28 다음은 업무 수행 과정에서 발생하는 문제의 유형 3가지를 소개한 자료이다. 〈보기〉의 사례와 문제의 유형을 바르게 연결한 것은?

〈문제의 유형〉

발생형 문제	현재 직면한 문제로, 어떤 기준에 대하여 일탈 또는 미달함으로써 발생하는 문제이다.
탐색형 문제	탐색하지 않으면 나타나지 않는 문제로, 현재 상황을 개선하거나 효율을 더 높이기 위해 발생하는 문제이다.
설정형 문제	미래지향적인 새로운 과제 또는 목표를 설정하면서 발생하는 문제이다.

〈보기〉

(가) A회사는 초콜릿 과자에서 애벌레로 보이는 곤충 사체가 발견되어 과자 제조과정에 대해 고민하고 있다.
(나) B회사는 점차 다가오는 초고령사회에 대비하여 노인들을 위한 애플리케이션을 개발하기로 했다.
(다) C회사는 현재의 충전지보다 더 많은 전압을 회복시킬 수 있는 충전지를 연구하고 있다.
(라) D회사는 발전하고 있는 드론시대를 위해 드론센터를 건립하기로 결정했다.
(마) E회사는 업무 효율을 높이기 위해 근로시간을 단축하기로 결정했다.
(바) F회사는 올해 개발한 침대에 방사능이 검출되어 안전기준에 부적합 판정을 받았다.

	발생형 문제	탐색형 문제	설정형 문제
①	(가), (바)	(다), (마)	(나), (라)
②	(가), (마)	(나), (라)	(다), (바)
③	(가), (나)	(다), (바)	(라), (마)
④	(가), (나)	(마), (바)	(다), (라)
⑤	(가), (바)	(나), (다)	(라), (마)

29 다음 글과 〈조건〉을 토대로 바르게 추론한 것을 〈보기〉에서 모두 고르면?

(가) ~ (마)팀이 현재 수행하고 있는 과제의 수는 다음과 같다.
– (가)팀 : 0
– (나)팀 : 1
– (다)팀 : 2
– (라)팀 : 2
– (마)팀 : 3
이 과제에 추가하여 8개의 새로운 과제 a ~ h를 다음 〈조건〉에 따라 (가) ~ (마)팀에 배정한다.

〈조건〉

- 어느 팀이든 새로운 과제를 적어도 하나는 맡아야 한다.
- 기존에 수행하던 과제를 포함해서 한 팀이 맡을 수 있는 과제는 최대 4개이다.
- 기존에 수행하던 과제를 포함해서 4개 과제를 맡는 팀은 둘이다.
- a, b는 한 팀이 맡아야 한다.
- c, d, e는 한 팀이 맡아야 한다.

〈보기〉

ㄱ. a를 (나)팀이 맡을 수 없다.
ㄴ. f를 (가)팀이 맡을 수 있다.
ㄷ. 기존에 수행하던 과제를 포함해서 2개 과제를 맡는 팀이 반드시 있다.

① ㄱ
② ㄴ
③ ㄱ, ㄷ
④ ㄴ, ㄷ
⑤ ㄱ, ㄴ, ㄷ

30 갑은 효율적인 월급 관리를 위해 펀드에 가입하고자 한다. A ~ D펀드 중에 하나를 골라 가입하려고 하는데, 안정적이고 우수한 펀드에 가입하기 위해 〈조건〉에 따라 비교하여 다음과 같은 결과를 얻었다. 〈보기〉 중 옳은 것을 모두 고르면?

〈조건〉

- 둘을 비교하여 우열을 가릴 수 있으면 우수한 쪽에는 5점, 아닌 쪽에는 2점을 부여한다.
- 둘을 비교하여 어느 한 쪽이 우수하다고 말할 수 없는 경우에는 둘 다 0점을 부여한다.
- 각 펀드는 다른 펀드 중 두 개를 골라 총 4번의 비교를 했다.
- 총합의 점수로는 우열을 가릴 수 없으며, 각 펀드와의 비교를 통해서만 우열을 가릴 수 있다.

〈결과〉

A펀드	B펀드	C펀드	D펀드
7점	7점	4점	10점

〈보기〉

ㄱ. D펀드는 C펀드보다 우수하다.
ㄴ. B펀드가 D펀드보다 우수하다고 말할 수 없다.
ㄷ. A펀드와 B펀드의 우열을 가릴 수 있으면 A ~ D까지의 우열 순위를 매길 수 있다.

① ㄱ
② ㄱ, ㄴ
③ ㄱ, ㄷ
④ ㄴ, ㄷ
⑤ ㄱ, ㄴ, ㄷ

제2영역 직무수행능력평가(경영학)

31 다음 중 지식경영의 구성요소로 볼 수 없는 것은?

① 전략
② 사람
③ 조직 문화
④ 자원 배분
⑤ 기술

32 다음 설명에 해당하는 인사고과의 오류는?

> • 현혹 효과라고도 하며, 평가 항목을 줄이거나 다수의 평가자가 동시에 평가함에 따라 나타난다.
> • 특정 분야에서의 인상이 다른 분야의 평가에 영향을 미친다.
> • 특성에 도덕적 의미가 포함되어 있거나 행동적 표현이 불분명한 경우 많이 나타난다.

① 헤일로 효과
② 상동적 태도
③ 항상 오차
④ 논리 오차
⑤ 대비 오차

33 다음 중 매트릭스 조직의 단점으로 옳지 않은 것은?

① 구성원의 창의력을 저해하고, 문제해결에 필요한 전문지식이 부족할 수 있다.
② 책임, 목표, 평가 등에 대한 갈등이 유발되어 혼란을 줄 수 있다.
③ 관리자 및 구성원 모두에게 역할 등에 대한 스트레스를 유발할 수 있다.
④ 힘의 균형을 유지하기 어려워 경영자의 개입이 빈번하게 일어날 수 있다.
⑤ 갈등 해결 등을 위한 토의, 조정 등에 많은 시간과 노력이 소요될 수 있다.

34 **다음 중 동기부여 이론에 대한 설명으로 옳지 않은 것은?**

① 로크(Locke)의 목표설정 이론은 추후 목표에 의한 관리(MBO)의 이론적인 기반이 되었다.
② 허즈버그(Herzberg)의 2요인 이론에 따르면 임금수준이 높아질수록 직무에 대한 만족도 또한 높아진다.
③ 애덤스(Adams)의 공정성 이론은 다른 사람과의 상대적인 관계에서 동기요인이 작용한다는 것을 강조한다.
④ 조직의 관점에서 동기부여는 목표 달성을 위한 종업원의 지속적 노력을 효과적으로 발생시키는 것을 의미한다.
⑤ 브룸(Vroom)의 기대이론에 따르면 유의성은 결과에 대한 개인의 선호도를 나타내는 것으로 동기를 유발시키는 힘 또는 가치를 뜻한다.

35 **다음 중 보너스 산정 방식에서 스캔런 플랜(Scanlon Plan)에 대한 설명으로 옳은 것은?**

① 보너스 산정 비율은 생산액에 있어서 재료 및 에너지 등을 포함하여 계산한다.
② 노동비용을 판매액에서 재료 및 에너지, 간접비용을 제외한 부가가치로 나누어 계산한다.
③ 종업원의 참여는 거의 고려되지 않고 산업공학기법을 이용한 공식을 활용하여 계산한다.
④ 성과측정의 기준으로서 노동비용이나 생산비용, 생산 이외에도 품질 향상, 소비자 만족 등 각 기업이 중요성을 부여하는 부분에 초점을 둔 새로운 지표를 사용하여 계산한다.
⑤ 생산단위당 표준노동시간을 기준으로 노동생산성 및 비용 등 산정 조직의 효율성을 보다 직접적으로 측정하여 계산한다.

36 **다음 중 교육훈련 방법에 해당하지 않는 것은?**

① OJT(On－the－Job Training)
② 역할연기법(Role Playing)
③ 델파이법(Delphi Method)
④ 집단구축 기법(Team Building)
⑤ 인바스켓 훈련(In－Basket Training)

37 **다음 중 마케팅 전략에 영향을 미치는 거시적 환경으로 옳지 않은 것은?**

① 인구통계적 환경
② 기업내부 환경
③ 경제적 환경
④ 기술적 환경
⑤ 문화적 환경

38 **다음 중 브레인스토밍에서 지켜야 할 규칙으로 옳지 않은 것은?**

① 전문가, 일반인과 관계없이 참여 대상에 제한을 두지 않는다.
② 개인의 아이디어에 대해 비판이나 비난을 하지 않는다.
③ 최대한 많은 아이디어가 나오도록 유도한다.
④ 타인의 의견을 자신의 의견에 차용하여 보완하거나 발전시키도록 한다.
⑤ 참가자들의 익명성을 최대한 보장하여 자유롭게 이야기할 수 있게 한다.

39 **다음 중 집단성과 배분제도 도입 시 예상되는 효과로 옳지 않은 것은?**

① 근로자가 단기적 성과를 만들어내는 데 치중하여 업무 집중력이 떨어질 수 있다.
② 회사와 조직 간 수익 불일치가 발생하여 회사의 자본축적이 어려울 수 있다.
③ 임금의 안정성이 증가하여 근로자들의 파업이 줄어들게 된다.
④ 새로운 기계나 기술이 도입될 경우 보너스가 줄어들 수 있어 근로자들이 신기술 개발에 부정적일 수 있다.
⑤ 집단성과 배분제도 운영을 위한 자원 투입비용이 증가한다.

40 **다음 중 표적 집단면접법(FGI)의 진행과정을 순서대로 바르게 나열한 것은?**

ㄱ. 가이드라인 작성	ㄴ. 조사기획
ㄷ. 리크루팅	ㄹ. 결과분석
ㅁ. FGI 진행	

① ㄱ－ㄴ－ㄷ－ㄹ－ㅁ
② ㄴ－ㄱ－ㄷ－ㅁ－ㄹ
③ ㄷ－ㄴ－ㄱ－ㅁ－ㄹ
④ ㄹ－ㄴ－ㄱ－ㅁ－ㄷ
⑤ ㅁ－ㄹ－ㄷ－ㄴ－ㄱ

41 **다음 중 클라우드 컴퓨팅(Cloud Computing)에 대한 설명으로 옳지 않은 것은?**

① 비즈니스 데이터 및 시스템 보안에 대한 우려를 없애준다.
② 자기 소유의 하드웨어 및 소프트웨어에 많은 투자를 할 필요가 없다.
③ 사용자는 광대역 네트워크 통신망을 통해 클라우드에 접속해 업무를 수행할 수 있다.
④ 필요한 IT자원을 빌려 쓸 때 용량 등에 있어 확장성이 있다.
⑤ 인터넷을 통해 원격으로 제공되는 자원이나 응용프로그램을 사용하는 것이다.

42 **다음 중 포드 시스템(Ford System)에 대한 설명으로 옳지 않은 것은?**

① 동시 관리
② 차별적 성과급제
③ 이동조립법
④ 저가격 고임금
⑤ 연속생산공정

43 **다음 중 조직 구성원이 공식적으로 주어진 임무 이외의 일을 기꺼이 자발적으로 수행하는 것은?**

① 집단사고(Groupthink)
② 직무만족(Job Satisfaction)
③ 직무몰입(Job Involvement)
④ 감정노동(Emotional Labor)
⑤ 조직시민행동(Organizational Citizenship Behavior)

44 **다음 중 논리 오차를 제거할 방법으로 옳지 않은 것은?**

① 객관적으로 관찰이 가능한 사실만 평가한다.
② 평가 요소에 대한 충분한 설명을 실시한다.
③ 주관적 관점을 제거하고, 인사 평가 기준대로 평가한다.
④ 비슷한 유형의 평가 요소에 대해서는 시간 간격을 두고 평가한다.
⑤ 피평가자의 점수를 일정한 비율로 배분하여 평가한다.

45 **다음 중 패널조사와 같이 다시점 조사 방법에 해당하는 용어는?**

① FGI 설문법
② 탐색조사
③ 서베이법
④ 종단조사
⑤ 횡단조사

46 **다음 중 임금 산정 방법의 성격이 비슷한 유형으로 묶인 것은?**

① 시간급, 변동급, 직무급
② 시간급, 고정급, 직무급
③ 성과급, 고정급, 연공급
④ 성과급, 연공급, 직무급
⑤ 성과급, 변동급, 직무급

47 **다음 중 유통업자의 판매촉진에 해당하지 않는 것은?**

① 판매량에 대한 콘테스트 실시
② 구매시점광고(Point – of – Purchase Advertising)의 지원
③ 자사 제품을 소비자에게 잘 보이는 곳에 배치했을 때 제공하는 진열보조금
④ 소비자에게 특정 제품을 소량으로 포장하여 무료로 제공하는 샘플
⑤ 소매업자의 광고비용을 보상해 주는 광고 공제

48 **다음 중 페스팅거(Festinger)의 인지 부조화 이론에 대한 설명으로 옳지 않은 것은?**

① 구매 후 부조화를 줄이기 위해 긍정적인 정보는 검색하고 부정적인 정보는 차단한다.
② 제품을 반품할 수 없을 경우 구매 후 부조화는 더욱 커지게 된다.
③ 가격이 높은 제품일수록 구매 후 부조화는 더욱 작아지게 된다.
④ 구매 후 부조화란 제품을 구매, 소비, 처분한 후에 그러한 의사결정이 올바른 것이었는가에 대하여 확신하지 못하는 경험을 의미한다.
⑤ 안내 책자를 제공하거나 피드백을 통한 구매자의 선택이 훌륭하였음을 확인시키는 활동 등은 구매 후 부조화를 감소시키기 위한 것이다.

49 다음은 통계적 품질관리(SQC)에 대한 대화 내용이다. 옳은 말을 한 사람은 모두 몇 명인가?

> 진영 : 원자재 불량, 공구 마모, 작업자의 부주의 등 특별한 원인으로 발생하는 변동을 우연변동이라고 해.
> 준호 : 우연변동은 통계적 공정관리에서는 제거의 대상으로 여기지 않지만, 이상변동은 반드시 그 원인을 찾아서 제거해야 하는 대상이야.
> 민영 : 관리한계선의 폭을 좁게 할수록 1종 오류가 커지고, 폭을 넓게 할수록 2종 오류가 커져.
> 아현 : 관리도의 독립성에서 데이터들 사이는 서로 부분 집단적이어야 해.

① 없음
② 1명
③ 2명
④ 3명
⑤ 4명

50 다음 중 GT(Group Technology)에 대한 설명으로 옳은 것은?

① 기업 전체의 경영자원을 최적으로 활용하기 위하여 업무 기능의 효율화를 추구한다.
② 설계와 관련된 엔지니어링 지식을 병렬적으로 통합한다.
③ 제품설계, 공정설계, 생산을 완전히 통합한다.
④ 원가절감과 기능개선을 목적으로 가치를 향상시킨다.
⑤ 다품종 소량생산에서 유사한 가공물들을 집약·가공할 수 있도록 부품설계, 작업표준, 가공 등을 계통화시켜 생산효율을 높인다.

51 다음 중 마일즈 & 스노우 전략(Miles & Snow Strategy)에서 방어형에 대한 설명으로 옳은 것은?

① 새로운 시도에 적극적이며 업계의 기술·제품·시장 트렌드를 선도하는 업체들이 주로 사용하는 전략이다.
② Fast Follower 전략으로 리스크가 낮다는 장점이 있다.
③ 시장 상황에 맞추어 반응하고 아무런 전략을 취하지 않는 무전략 상태이다.
④ 새로운 기술에 관심도가 높으며 열린 마인드와 혁신적 마인드가 중요하다.
⑤ 기존 제품을 활용하여 기존 시장을 공략하는 전략이다.

52 **다음 중 CSR(Corporate Social Responsibility)의 법률적 책임에 해당하는 것은?**

① 이윤 극대화 추구
② 고용 창출
③ 녹색 경영
④ 회계의 투명성
⑤ 교육 문화활동 지원

53 **다음 중 직무평가 방법에 대한 설명으로 옳지 않은 것은?**

① 직무평가란 직무별 보상수준을 결정하기 위해 직무의 상대적인 가치를 비교·분석하는 일련의 평가 과정으로, 주로 서열법, 직무분류법, 점수법, 요소비교법을 활용한다.
② 서열법은 전체적이고 포괄적인 관점에서 각 직무를 상호 비교하여 순위를 결정하는 방법이다.
③ 직무분류법은 서로 다른 직무를 함께 묶어서 직무를 분류하고, 그 분류된 직무의 난이도와 책임 정도에 따라 등급을 매긴 후 그 등급에 맞는 급료를 정하는 것이다.
④ 요소비교법은 기준직무 가치를 합리적으로 설정해 놓으면 직무 간 평가를 객관적으로 비교하기 용이하다.
⑤ 점수법은 평가요소 종목의 선택과 각 항목에 점수를 배정하는 방법에서 중요도를 설정하는 데 어려움이 있다.

54 **다음 중 기업 다각화의 목적으로 옳지 않은 것은?**

① 새로운 성장동력 추구
② 사업 부문별 리스크 분산
③ 시장지배력 강화
④ 자본 및 인력 확보
⑤ 규모의 경제 추구

55 **다음 중 소비자들에게 타사 제품과 비교하여 자사 제품에 대한 차별화된 이미지를 심어주기 위한 계획적인 전략접근법은?**

① 포지셔닝 전략
② 시장세분화 전략
③ 가격차별화 전략
④ 제품차별화 전략
⑤ 비가격경쟁 전략

56 **다음 중 직무평가에 있어서 미리 규정된 등급 또는 어떠한 부류에 대해 평가하려는 직무를 배정함으로써 직무를 평가하는 방법은?**

① 서열법
② 분류법
③ 점수법
④ 요소비교법
⑤ 순위법

57 **다음 중 U자형 배치에 대한 설명으로 옳지 않은 것은?**

① 다양한 수요 변화에 대응하기 쉬운 배치 형태이다.
② 작업의 단순화 및 지속적인 개선 사항 반영을 통해 공정별 배치를 개선하였다.
③ 주요 원칙으로 작업량 공평의 원칙, 다공정 담당의 원칙 등이 있다.
④ 공간이 적게 소요되고, 작업의 유연성을 증가시킬 수 있다.
⑤ 재배치에 따른 추가 비용이 소요되고, 생산시설 전용률이 떨어질 수 있다.

58 **다음 중 코즈 마케팅에 대한 설명으로 옳지 않은 것은?**

① 제품 판매와 기부활동을 연결하는 마케팅 전략이다.
② 소비자에게 착한 소비라는 동기를 유발하여 매출을 증대하는 것이 목적이다.
③ 사회적 기여에 대한 내용을 알려야 하는 광고비용이 많이 소요된다.
④ 합리적인 가격으로 소비자의 쉬운 참여를 유도하는 것이 중요하다.
⑤ 주로 대기업보다는 규모가 크지 않은 중소기업에서 활용하는 경우가 많다.

59 다음 중 생산시스템 측면에서 신제품 개발 프로세스를 순서대로 바르게 나열한 것은?

ㄱ. 아이디어 창출	ㄴ. 제품 선정
ㄷ. 최종 설계	ㄹ. 설계의 평가 및 개선
ㅁ. 제품원형 개발 및 시험 마케팅	ㅂ. 예비 설계

① ㄱ → ㄴ → ㅂ → ㄹ → ㅁ → ㄷ
② ㄱ → ㄷ → ㅁ → ㄹ → ㄴ → ㅂ
③ ㄴ → ㄱ → ㄷ → ㅁ → ㄹ → ㅂ
④ ㄴ → ㅁ → ㄹ → ㄱ → ㄷ → ㅂ
⑤ ㄷ → ㄹ → ㄴ → ㅁ → ㄱ → ㅂ

60 다음 대화 내용 중 시스템 이론에 대해 바르지 않게 설명하는 사람은?

창민 : 시스템 이론이란 자연과학에서 보편화되어 온 일반 시스템 이론을 경영학 연구에 응용한 것이야.
철수 : 시스템은 외부환경과 상호작용이 일어나느냐의 여부에 따라 개방시스템과 폐쇄시스템으로 나누어지는데, 일반적으로 시스템 이론은 개방시스템을 의미해.
영희 : 시스템의 기본구조에 의하면 투입은 각종 자원을 뜻하는데, 인적자원과 물적자원, 재무자원, 정보 등 기업이 목적달성을 위해 투입하는 모든 에너지가 여기에 속해.
준수 : 시스템 이론에서 조직이라는 것은 각종 상호의존적인 요인들의 총합체이므로, 관리자는 조직의 목표를 달성하기 위해 조직 내의 모든 요인들이 적절히 상호작용하고 조화로우며 균형을 이룰 수 있게 해야 해.
정인 : 시스템 이론은 모든 상황에 동일하게 적용될 수 있는 이론은 없다고 보면서, 상황과 조직이 어떠한 관계를 맺고 있으며 이들 간에 어떠한 관계가 성립할 때 조직 유효성이 높아지는가를 연구하는 이론이야.

① 창민
② 철수
③ 영희
④ 준수
⑤ 정인

제3영역 철도법령

61 다음 중 한국철도공사법상 한국철도공사가 아닌 자가 한국철도공사와 유사한 명칭을 사용한 경우 부과할 수 있는 과태료는?

① 500만 원
② 1,000만 원
③ 2,000만 원
④ 3,000만 원
⑤ 5,000만 원

62 다음 중 철도사업법령상 민자철도사업자에 대한 과징금을 2분의 1의 범위에서 감액할 수 없는 경우는?

① 과징금을 체납하고 있는 위반자의 경우
② 위반행위가 오류로 인한 것으로 인정된 경우
③ 위반행위가 사소한 부주의에 의한 것으로 인정된 경우
④ 위반행위의 동기와 그 결과를 고려할 때 과징금을 줄일 필요가 인정된 경우
⑤ 위반행위자가 위반행위를 바로 정정하여 철도사업법 위반상태를 해소한 경우

63 다음 중 철도산업발전기본법령에서 철도자산의 관리업무를 민간위탁하고자 할 때 계약에 포함되지 않는 것은?

① 위탁대가의 지급에 관한 사항
② 위탁계약기간의 수정에 관한 사항
③ 위탁대상시설의 재위탁에 관한 사항
④ 위탁대상 철도자산의 관리에 관한 사항
⑤ 위탁업무에 대한 관리 및 감독에 관한 사항

64 다음 중 철도사업법령상 국토교통부장관이 여객운임의 상한을 지정할 때 고려해야 할 내용이 아닌 것은?

① 원가수준
② 물가상승률
③ 철도차량의 유형
④ 철도이용수요
⑤ 다른 교통수단과의 형평성

65 **다음 중 한국철도공사법의 내용으로 옳지 않은 것은?**

① 한국철도공사는 법인으로 한다.
② 국가가 공사에 출자를 할 때에는 국유재산법에 따른다.
③ 국가는 철도산업발전기본법에 따른 운영자산을 공사에 현물로 출자한다.
④ 공사가 아닌 자는 한국철도공사 또는 이와 유사한 명칭을 사용하지 못한다.
⑤ 공사의 임직원은 그 직무상 알게 된 비밀을 누설하거나 도용하여서는 아니 된다.

66 **다음 중 철도산업발전기본법상 공익서비스 제공에 따른 보상계약의 내용이 아닌 것은?**

① 계약기간 및 계약기간의 수정·갱신과 계약의 해지에 관한 사항
② 원인제공자와 철도운영자가 필요하다고 합의하는 사항
③ 철도운영자가 제공하는 철도서비스의 기준과 내용에 관한 사항
④ 철도운영자가 국가의 특수목적사업을 수행함으로써 발생되는 비용
⑤ 공익서비스 제공과 관련하여 원인제공자가 부담하여야 하는 보상내용

67 **다음 중 한국철도공사법령상 한국철도공사의 등기에 대한 설명으로 옳은 것은?**

① 공사가 주된 사무소를 다른 등기소의 관할구역으로 이전한 때에는 구소재지에 있어서는 3주일 이내에 그 이전한 뜻을 각각 등기해야 한다.
② 동일한 등기소의 관할구역 안에서 하부조직을 이전한 때에는 3주일 이내에 그 이전의 뜻만을 등기하여야 한다.
③ 공사는 설립등기 각 호의 사항에 변경이 있는 때에는 주된 사무소의 소재지에서는 3주일 이내에 그 변경된 사항을 등기하여야 한다.
④ 공사가 하부조직을 설치한 때에는 이미 설치된 하부조직의 소재지에 있어서는 3주일 이내에 새로이 설치된 하부조직의 명칭 및 소재지에 따라 각각 등기하여야 한다.
⑤ 공사는 설립등기 각 호의 사항에 변경이 있는 때에는 하부조직의 소재지에서는 2주일 이내에 그 변경된 사항을 등기하여야 한다.

68 **다음 중 철도사업법상 국토교통부장관이 철도사업자의 면허를 취소해야 하는 경우는?**

① 철도사업의 면허기준에 미달하게 된 경우
② 면허받은 사항을 정당한 사유 없이 시행하지 아니한 경우
③ 거짓이나 그 밖의 부정한 방법으로 철도사업의 면허를 받은 경우
④ 고의 또는 중대한 과실에 의해 다수의 사상자(死傷者)가 발생한 경우
⑤ 국토교통부장관이 지정한 날 또는 기간에 운송을 시작하지 아니한 경우

69 **다음 중 한국철도공사법상 국토교통부장관이 한국철도공사의 업무와 관련하여 지도·감독할 사항이 아닌 것은?**

① 철도사업계획의 이행에 관한 사항
② 철도서비스 품질 개선에 관한 사항
③ 연도별 사업계획 및 예산에 관한 사항
④ 역시설의 개발 및 운영사업에 관한 사항
⑤ 철도시설·철도차량·열차운행 등 철도의 안전을 확보하기 위한 사항

70 **다음은 철도사업법령상 사업계획 변경을 제한할 수 있는 철도사고의 기준이다. 빈칸에 들어갈 내용을 순서대로 바르게 나열한 것은?**

사업계획의 변경을 신청한 날이 포함된 연도의 직전 연도의 열차운행거리 ________ km당 철도사고(철도사업자 또는 그 소속 종사자의 고의 또는 과실에 의한 철도사고)로 인한 사망자 수 또는 철도사고의 발생횟수가 최근(직전연도를 제외) 5년간 평균보다 ________ 이상 증가한 경우를 말한다.

① 5만, 10분의 1
② 10만, 10분의 1
③ 10만, 10분의 2
④ 100만, 10분의 1
⑤ 100만, 10분의 2

www.sdedu.co.kr

3일 차
기출응용 모의고사

〈문항 및 시험시간〉

평가영역	문항 수	시험시간	모바일 OMR 답안채점 / 성적분석 서비스
[NCS] 의사소통능력+수리능력+ 문제해결능력 [전공] 경영학 [철도법령] 철도 관련 법령	70문항	70분	

※ 수록 기준
철도산업발전기본법 : 법률 제18693호(시행 22.7.5.), 철도산업발전기본법 시행령 : 대통령령 제32759호(시행 22.7.5.)
한국철도공사법 : 법률 제15460호(시행 19.3.14.), 한국철도공사법 시행령 : 대통령령 제31899호(시행 21.7.20.)
철도사업법 : 법률 제19391호(시행 23.10.19.), 철도사업법 시행령 : 대통령령 제33795호(시행 24.1.1.)

코레일 한국철도공사 사무직 NCS + 전공 + 법령

3일 차 기출응용 모의고사

문항 수 : 70문항
시험시간 : 70분

제 1 영역 직업기초능력평가

01 **다음은 새로 부임한 김과장에 대한 직원들의 대화 내용이다. 키슬러의 대인관계 의사소통에 따를 때, 김과장에게 해줄 조언으로 가장 적절한 것은?**

> 직원 A : 최과장님이 본사로 발령 나시면서 홍보팀에 과장님이 새로 부임하셨다며, 어떠셔? 계속 지방에 출장 중이어서 이번에 처음 뵙는데 궁금하네.
> 직원 B : 김과장님? 음. 되게 능력이 있으시다고 들었어. 회사에서 상당한 연봉을 제시해 직접 스카우트하셨다고 들었거든. 근데 직원들에게 관심이 너무 많으셔.
> 직원 C : 맞아. 최과장님은 업무를 지시하시고 나서는 우리가 보고할 때까지 아무 간섭 안 하시고 보고 후에 피드백을 주셔서 일하는 중에는 부담이 덜했잖아. 근데 새로 온 김과장님은 업무 중간 중간에 어디까지 했냐? 어떻게 처리되었냐? 이렇게 해야 한다. 저렇게 해야 한다. 계속 말씀하셔서 너무 눈치 보여. 물론 바로바로 피드백을 받을 수 있어 수정이 수월하긴 하지만 말이야.
> 직원 B : 맞아. 그것도 그거지만 나는 회식 때마다 이전 회사에서 했던 프로젝트에 대해 계속 자랑하셔서 이젠 그 대사도 외울 지경이야. 물론 김과장님의 능력이 출중하다는 건 우리도 알기는 하지만 ….

① 독단적으로 결정하시면 대인 갈등을 겪으실 수도 있으니 직원들과의 상의가 필요합니다.
② 자신만 생각하지 마시고, 타인에게 관심을 갖고 배려해 주세요.
③ 직원들과 어울리지 않으시고 혼자 있는 것만 선호하시면 대인관계를 유지하기 어려워요.
④ 인정이 많으신 것은 좋으나 직원들의 요구를 적절하게 거절할 필요성이 있어요.
⑤ 타인에 대한 높은 관심과 인정받고자 하는 욕구는 낮출 필요성이 있어요.

02 다음 글을 읽고 추론한 내용으로 가장 적절한 것은?

> 한 연구원이 어떤 실험을 계획하고 참가자들에게 이렇게 설명했다.
> "여러분은 지금부터 둘씩 조를 지어 함께 일을 하게 됩니다. 여러분의 파트너는 다른 작업장에서 여러분과 똑같은 일을, 똑같은 노력을 기울여야 할 것입니다. 이번 실험에 대한 보수는 각 조당 5만 원입니다."
> 실험 참가자들이 작업을 마치자 연구원은 참가자들을 세 부류로 나누어 각각 2만 원, 2만 5천 원, 3만 원의 보수를 차등 지급하면서, 그들이 다른 작업장에서 파트너가 받은 액수를 제외한 나머지 보수를 받은 것으로 믿게 하였다.
> 그 후 연구원은 실험 참가자들에게 몇 가지 설문을 했다. '보수를 받고 난 후에 어떤 기분이 들었는지, 나누어 받은 돈이 공정하다고 생각하는지'를 묻는 것이었다. 연구원은 설문을 하기 전에 3만 원을 받은 참가자가 가장 행복할 것이라고 예상했다. 그런데 결과는 예상과 달랐다. 3만 원을 받은 사람은 2만 5천 원을 받은 사람보다 덜 행복해했다. 자신이 과도하게 보상을 받아 부담을 느꼈기 때문이다. 2만 원을 받은 사람도 덜 행복해한 것은 마찬가지였다. 받아야 할 만큼 충분히 받지 못했다고 생각했기 때문이다.

① 인간은 공평한 대우를 받을 때 더 행복해한다.
② 인간은 남보다 능력을 더 인정받을 때 더 행복해한다.
③ 인간은 타인과 협력할 때 더 행복해한다.
④ 인간은 상대를 위해 자신의 몫을 양보했을 때 더 행복해한다.
⑤ 인간은 자신이 설정한 목표를 달성했을 때 가장 행복해한다.

03 다음 중 밑줄 친 단어의 맞춤법이 옳은 단어끼리 바르게 짝지어진 것은?

> 오늘은 <u>웬지</u> 아침부터 기분이 좋지 않았다. 회사에 가기 싫은 마음을 다독이며 출근 준비를 하였다. 회사에 겨우 도착하여 업무용 컴퓨터를 켰지만, 모니터 화면에는 아무것도 보이지 않았다. 심각한 바이러스에 노출된 컴퓨터를 힘들게 복구했지만, <u>며칠</u> 동안 힘들게 작성했던 문서가 <u>훼손</u>되었다. 당장 오늘까지 제출해야 하는 문서인데, 이 문제를 <u>어떡게</u> 해결해야 할지 걱정이 된다. 문서를 다시 <u>작성하든지</u>, 팀장님께 사정을 <u>말씀드리던지</u> 해결책을 찾아야만 한다. 현재 나의 간절한 <u>바램</u>은 이 문제가 무사히 해결되는 것이다.

① 웬지, 며칠, 훼손
② 며칠, 어떡게, 바램
③ 며칠, 훼손, 작성하든지
④ 며칠, 말씀드리던지, 바램
⑤ 어떡게, 말씀드리던지, 바램

04 다음 글의 문맥상 (가) ~ (마)에 들어갈 내용으로 적절하지 않은 것은?

'방언(方言)'이라는 용어는 표준어와 대립되는 개념으로 사용될 수 있다. 이때 방언이란 '교양 있는 사람들이 두루 쓰는 현대 서울말'로서의 표준어가 아닌 말, 즉 비표준어라는 뜻을 갖는다. 가령 ______(가)______는 생각에는 방언을 비표준어로서 낮잡아 보는 인식이 담겨 있다. 이러한 개념으로서의 방언은 '사투리'라는 용어로 바뀌어 쓰이는 수가 많다. '충청도 사투리', '평안도 사투리'라고 할 때의 사투리는 대개 이러한 개념으로 쓰이는 경우이다. 이때의 방언이나 사투리는, 말하자면 표준어인 서울말이 아닌 어느 지역의 말을 가리키거나, 더 나아가 ______(나)______을 일컫는다. 이러한 용법에는 방언이 표준어보다 열등하다는 오해와 편견이 포함되어 있다. 여기에는 표준어보다 못하다거나 세련되지 못하고 규칙에 엄격하지 않다와 같은 부정적 평가가 담겨 있는 것이다. 그런가 하면 사투리는 한 지역의 언어 체계 전반을 뜻하기보다 그 지역의 말 가운데 표준어에는 없는, 그 지역 특유의 언어 요소만을 일컫기도 한다. ______(다)______고 할 때의 사투리가 그러한 경우에 해당된다.
언어학에서의 방언은 한 언어를 형성하고 있는 하위 단위로서의 언어 체계 전부를 일컫는 말로 사용된다. 가령 한국어를 예로 들면 한국어를 이루고 있는 각 지역의 말 하나하나, 즉 그 지역의 언어 체계 전부를 방언이라 한다. 서울말은 이 경우 표준어이면서 한국어의 한 방언이다. 그리고 나머지 지역의 방언들은 ______(라)______ 이러한 의미에서의 '충청도 방언'은 충청도에서만 쓰이는, 표준어에도 없고 다른 도의 말에도 없는 충청도 특유의 언어 요소만을 가리키는 것이 아니다. '충청도 방언'은 충청도의 토박이들이 전래적으로 써온 한국어 전부를 가리킨다. 이 점에서 한국어는 ______(마)______

① (가) : 바른말을 써야 하는 아나운서가 방언을 써서는 안 된다
② (나) : 표준어가 아닌, 세련되지 못하고 격을 갖추지 못한 말
③ (다) : 사투리를 많이 쓰는 사람과는 의사소통이 어렵다
④ (라) : 한국어라는 한 언어의 하위 단위이기 때문에 방언이다.
⑤ (마) : 표준어와 지역 방언의 공통부분을 지칭하는 개념이다.

05 다음 글의 주제로 가장 적절한 것은?

싱가포르에서는 1982년부터 자동차에 대한 정기검사 제도가 시행되었는데, 그 체계가 우리나라의 검사제도와 매우 유사하다. 단, 국내와는 다르게 재검사에 대해 수수료를 부과하고 있고, 그 금액은 처음 검사 수수료의 절반이다.
자동차 검사에서 특이한 점은 2007년 1월 1일부터 디젤 자동차에 대한 배출가스 정밀검사가 시행되고 있다는 점이다. 안전도 검사의 검사 방법 및 기준은 교통부에서 주관하고, 배출가스 검사의 검사 방법 및 기준은 환경부에서 주관하고 있다.
싱가포르는 사실상 자동차 등록 총량제에 의해 관리되고 있다. 우리나라와는 다르게 자동차를 운행할 수 있는 권리증을 자동차 구매와 별도로 구매하여야 하며 그 가격이 매우 높다. 또한, 일정 구간(혼잡구역)에 대한 도로세를 우리나라의 하이패스 시스템과 유사한 시스템인 ERP 시스템을 통하여 징수하고 있다.
강력한 자동차 안전도 규제, 이륜차에 대한 체계적인 검사와 ERP를 이용한 관리를 통해 검사진로 내에서 사진촬영보다 유용한 시스템을 적용한다. 그리고 분기별 기기 정밀도 검사를 시행하여 국민에게 신뢰받을 수 있는 정기검사 제도를 시행하고 국민의 신고에 의한 수시 검사제도를 통하여 불법자동차 근절에 앞장서고 있다.

① 싱가포르 자동차 관리 시스템
② 싱가포르와 우리나라의 교통규제 시스템
③ 싱가포르의 자동차 정기검사 제도
④ 싱가포르의 불법자동차 근절 방법
⑤ 국민에게 신뢰받는 싱가포르의 교통법규

※ 다음은 K공사의 해외출장 보고서의 일부 내용이다. 이어지는 질문에 답하시오. [6~7]

Ⅰ. 해외출장 개요
1. 목적 : K공사 호주 연구개발 정책 및 기술현황 조사
2. 기간 : 2023년 7월 3일 ~ 2023년 7월 12일(10일간)
3. 국가 : 호주(멜버른, 시드니)
4. 출장자 인적사항

소속		직위	성명	비고
사업실	사업기획부	1급	김영훈	팀장
	사업관리부	2급	김중민	팀원
	품질관리부	4급	최고진	팀원
	자산관리부	4급	이기현	팀원
	수수료관리부	3급	정유민	팀원
인사실	인사관리부	2급	서가람	팀원

Ⅱ. 주요업무 수행 사항
1. 출장의 배경 및 세부 일정
가. 출장 배경
ㄱ. K공사는 호주 기관과 1999년 2월 양자협력 양해각서(MOU)를 체결하여 2년 주기로 양 기관 간 협력 회의 개최
ㄴ. 연구개발 주요 정책 및 중장기 핵심 정책 조사
ㄷ. 지역특화 연구개발 서비스 현황 조사

06 **다음 중 보고서에 반드시 포함되어야 할 내용으로 옳은 것은?**

① 대상이 되는 사람들의 나이와 성별 정보, 시간 단위별로 제시된 자세한 일정 관련 정보
② 출장지에서 특별히 주의해야 할 사항, 과거 협력 회의 시 다루었던 내용 요약
③ 자세한 일정 관련 정보, 과거 협력 회의 시 다루었던 내용 요약
④ 과거 협력 회의 시 다루었던 내용 요약, 대상이 되는 사람들의 나이와 성별 정보
⑤ 대상이 되는 사람들의 나이와 성별 정보, 출장지에서 특별히 주의해야 할 사항

07 **다음 중 전체 보고서의 흐름을 순서대로 바르게 나열한 것은?**

① 해외 출장 개요 – 주요 수행내용 – 첨부 자료 – 결과보고서 – 수행 내용별 세부사항
② 해외 출장 개요 – 주요 수행내용 – 결과보고서 – 수행 내용별 세부사항 – 첨부 자료
③ 해외 출장 개요 – 주요 수행내용 – 결과보고서 – 첨부 자료 – 수행 내용별 세부사항
④ 해외 출장 개요 – 주요 수행내용 – 수행 내용별 세부사항 – 첨부 자료 – 결과보고서
⑤ 해외 출장 개요 – 주요 수행내용 – 수행 내용별 세부사항 – 결과보고서 – 첨부 자료

08 다음 글에서 밑줄 친 ㉠이 높게 나타나는 상황으로 가장 적절한 것은?

사람들은 종종 미래의 행동을 결정할 때 매몰비용, 즉 이미 지출되었기 때문에 회수가 불가능한 비용에 집착하는 경우를 볼 수 있다. 합리적으로 의사결정을 하기 위해서는 오직 추가적인 비용과 이익만 고려해야 한다. 그러나 많은 사람들은 매몰비용을 과대평가하여 결과적으로 이에 대한 투자를 지속하려는 경향을 보인다. 예를 들면, 공짜였다면 가지 않았을 농구 경기를 이미 지불한 티켓 값이 아까워서 경기 당일 눈보라를 무릅쓰고 경기장에 간다는 것이다. 이와 같이 한 번 투자한 시간, 돈, 또는 노력에 대한 시도를 지속적으로 유지하려는 경향을 ㉠ '매몰비용효과'라 한다.

이러한 매몰비용효과는 '심적 회계 이론'으로 설명할 수 있다. 심적 회계 이론에서는 소비자들이 거래를 할 때, 지불한 비용과 얻게 될 이익 사이에서 손해를 보지 않으려는 심리가 있다고 본다. 이 이론에서는 비용과 이익의 심리적 연결인 '커플링'의 개념을 사용하는데, 이때 비용과 이익이 심리적으로 연결되는 경우를 '거래커플링'이라 하고, 반대로 비용과 이익이 심리적으로 분리되는 경우를 '디커플링'이라 한다. 비용과 이익이 심리적으로 명백하게 연결된 거래커플링의 경우, 소비자의 매몰비용에 대한 주의가 높아지게 된다. 따라서 남아 있는 이익을 소비하고자 하는 의지가 강하므로 매몰비용효과는 높게 나타난다. 즉, 위의 농구 경기 사례처럼 하나의 비용에 하나의 이익이 연결될 때는 거래커플링이 야기되어 눈보라를 무릅쓰고 경기를 관람하러 간다는 것이다.

반면 하나의 비용이 여러 이익과 연결될 때, 예를 들어 서로 기능이나 가격이 다른 상품을 묶어 파는 경우에는 총비용을 여러 개의 이익에 어떻게 나눠야 할지 모르는 어려움을 겪게 된다. 이때 소비자들에게는 심리적인 디커플링이 야기되어, 이미 지불한 비용에 대한 주의력이 낮아지게 되므로 매몰비용효과는 낮게 나타나는 것이다. 이외에도 선불이나 정액 요금같이 비용을 지불한 시점과 소비 시점 간의 거리가 먼 경우 디커플링의 수준이 높아질 수 있다.

① 데이터 정액 요금제 가입자 중 데이터 사용량을 다 쓰지 못하는 사람이 90% 이상이지만, 같은 요금제를 계속 이용한다.

② 새로 산 구두는 신을 때마다 발이 아파 걷기가 힘들지만 비싸게 지불한 신발값이 아까워 버리지 못하고 계속 신고 다닌다.

③ 같은 월급을 받는 독신자들은 기혼자들에 비해 남는 돈이 많다고 생각해서 지갑을 여는 것에 과감한 경우가 많고, 충동구매가 잦은 편이다.

④ 10만 원 이상 물건을 구입하면 5천 원에 해당하는 상품권을 지급한다는 A백화점의 추석맞이 이벤트 때문에 지금 당장 필요하지 않은 물건을 구입하게 되었다.

⑤ 5km 떨어져 있는 가게에서 11만 원의 옷을 10만 원에 판매하는 경우에는 굳이 가지 않지만, 2만 원의 계산기를 1만 원에 판매하는 경우에는 많은 사람들이 그 가게를 찾아간다.

※ 다음 글을 읽고 이어지는 질문에 답하시오. [9~10]

민화는 매우 자유분방한 화법을 구사한다. 민화는 본(本)에 따라 그리는 그림이기 때문에 전부가 비슷할 것이라고 생각하기 쉽다. 그러나 실상은 그와 반대로 같은 주제이면서 똑같은 그림은 없다. 왜냐하면 양반처럼 제약받아야 할 사상이나 규범이 현저하게 약한 민중들은 얼마든지 자기 취향대로 생략하고 과장해서 그림을 그릴 수 있었기 때문이다. 민화의 자유분방함은 공간 구성법에서도 발견된다. 많은 경우 민화는 공간을 묘사하는 데 좌우・상하・고저가 분명하고 일관된 작법이 없다. 사실 중국이 중심이 된 동북아시아에서 통용되던 전형적인 화법은 한 시점에서 바라보고 그 원근에 따라 일관되게 그리는 것이 아니라 이른바 삼원법(三遠法)에 따라 다각도에서 그리는 것이다. ___㉠___ 민화에서는 대상을 바라보는 시각이 이보다 더 자유롭다. 그렇다고 민화에 나타난 화법에 전혀 원리가 없다고는 할 수 없다. 민화에서는 종종 그리려는 대상을 한층 더 완전하게 표현하기 위해 그 대상의 여러 면을 화면에 동시에 그려 놓는다. 그런 까닭에 민화의 화법은 서양의 입체파들이 사용하는 화법과 비교되기도 한다. 가령 김홍도의 맹호도를 흉내 내 그린 듯한 민화의 경우처럼 호랑이의 앞면과 옆면을 동시에 그려 놓은 예나, 책거리 그림의 경우처럼 겉과 속, 왼쪽과 오른쪽을 동시에 그려 놓은 것이 그 예에 속한다. 민화의 화가들은 객관적으로 보이는 현실을 무시하고 자신의 의도에 따라 표현하고 싶은 것을 마음대로 표현해 버린 것이다. 그러니까 밖에 주어진 현실에 종속되기보다는 자신의 자유로운 판단을 더 믿은 것이다.

같은 맥락에서 볼 때 민화에서 가장 이해하기 힘든 화법은 아마 역원근법일 것이다. 이 화법은 책거리에 많이 나오는 것으로, 앞면을 작고 좁게 그리고 뒷면을 크고 넓게 그리는 화법인데, 이는 그리려는 대상의 모든 면, 특히 물체의 왼쪽 면과 오른쪽 면을 동시에 표현하려는 욕심에서 나온 화법으로 판단된다. 이런 작법을 통해 우리는 당시의 민중들이 자신들의 천진하고 자유분방한 사고방식을 스스럼없이 표현할 수 있을 정도로 사회적 여건이 성숙되었음을 알 수 있다. ___㉡___ 이것은 19세기에 농상(農商)의 경제 체제의 변화나 신분 질서의 와해 등으로 기존의 기층민들이 자기를 표현할 수 있는 경제적・신분적 근거가 확고하게 되었음을 의미한다.

민중들의 자유분방함이 표현된 민화에는 화법적인 것 말고도 내용 면에서 억압에서 벗어나려는 해방의 염원이 실려 있다. 민화가 농도 짙은 해학을 깔면서도 그러한 웃음을 통해 당시 부조리한 현실을 풍자했다는 것은 잘 알려진 사실이다. 호랑이 그림에서 까치나 토끼는 서민을, 호랑이는 권력자나 양반을 상징한다. 즉, 까치나 토끼가 호랑이에게 면박을 주는 그림을 통해 서민이 양반들에게 면박을 주고 싶은 마음을 표현하고 있다. 이 모두가 민중들의 신장된 힘 혹은 표현력을 나타낸다.

09 다음 중 윗글의 빈칸 ㉠, ㉡에 들어갈 접속어로 가장 적절한 것은?

	㉠	㉡
①	그러므로	따라서
②	그런데	즉
③	따라서	즉
④	그러므로	그런데
⑤	그런데	한편

10 **다음 중 윗글의 내용으로 가장 적절한 것은?**

① 민화는 일정한 화법이나 원리가 존재하지 않는 것이 특징이다.
② 민화와 서양의 입체파 화법이 닮은 것은 둘 다 서민층의 성장을 배경으로 하고 있기 때문이다.
③ 민화는 화법이나 내용 면에서 모두 신분 상승의 염원을 드러내고 있다.
④ 삼원법은 민화와 달리 한 시점에서 원근에 따라 일관되게 그리는 것이 특징이다.
⑤ 민화의 화가들은 객관적인 현실보다 자신의 내면의 목소리에 더 귀를 기울였다.

11 **K마트에서는 아이스크림을 1개당 a원에 들여오는데 20%의 이익을 붙여 판매를 한다. 개점 3주년을 맞아 아이스크림 1개당 500원을 할인하여 팔기로 했다. 이때 아이스크림 1개당 700원의 이익이 생긴다면, 아이스크림 1개당 원가는 얼마인가?**

① 5,000원
② 5,250원
③ 5,500원
④ 6,000원
⑤ 6,250원

12 **다음과 같이 일정한 규칙으로 수를 나열할 때 빈칸에 들어갈 수로 옳은 것은?**

4 5 10 16 27 44 ( )

① 70
② 71
③ 72
④ 73
⑤ 74

13 다음은 25 ~ 54세 기혼 비취업여성 현황과 기혼여성의 경력단절 사유에 대한 자료이다. 이를 토대로 작성한 그래프로 옳지 않은 것은?

〈연령대별 기혼 비취업여성 현황〉

(단위 : 천 명)

연령대	기혼여성	기혼 비취업여성		
			실업자	비경제활동인구
25 ~ 29세	570	306	11	295
30 ~ 34세	1,403	763	20	743
35 ~ 39세	1,818	862	23	839
40 ~ 44세	1,989	687	28	659
45 ~ 49세	2,010	673	25	648
50 ~ 54세	1,983	727	20	707
합계	9,773	4,018	127	3,891

※ 기혼여성은 취업여성과 비취업여성으로 분류된다.

〈기혼 경력단절여성의 경력단절 사유 분포〉

(단위 : 천 명)

연령대	개인·가족 관련 이유					육아	가사	합계
		결혼	임신·출산	자녀교육	기타			
25 ~ 29세	179	85	68	1	25	58	9	246
30 ~ 34세	430	220	137	10	63	189	21	640
35 ~ 39세	457	224	107	29	97	168	55	680
40 ~ 44세	339	149	38	24	128	71	74	484
45 ~ 49세	322	113	14	12	183	32	80	434
50 ~ 54세	323	88	10	7	218	20	78	421
합계	2,050	879	374	83	714	538	317	2,905

※ 1) 기혼 경력단절여성은 기혼 비취업여성 중에서 개인·가족 관련 이유, 육아, 가사 등의 이유로 인해 직장을 그만둔 상태에 있는 여성이다.
2) 경력단절 사유에 복수로 응답한 경우는 없다.

① 연령대별 기혼여성 중 경제활동인구

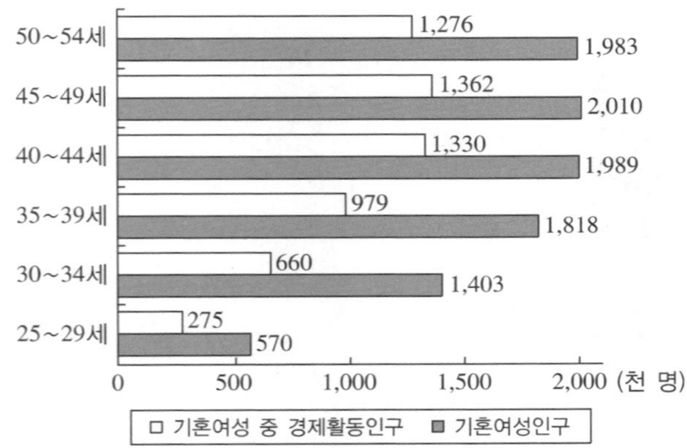

※ (경제활동인구)=(취업자)+(실업자)

② 연령대별 기혼여성 중 비취업여성과 경력단절여성

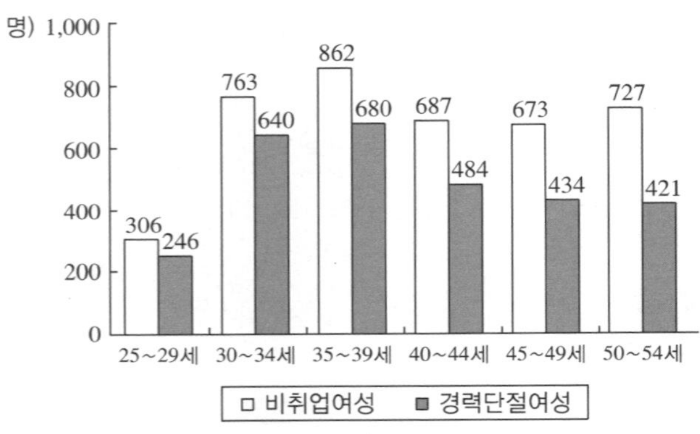

③ 25 ~ 54세 기혼 취업여성의 연령대 구성비

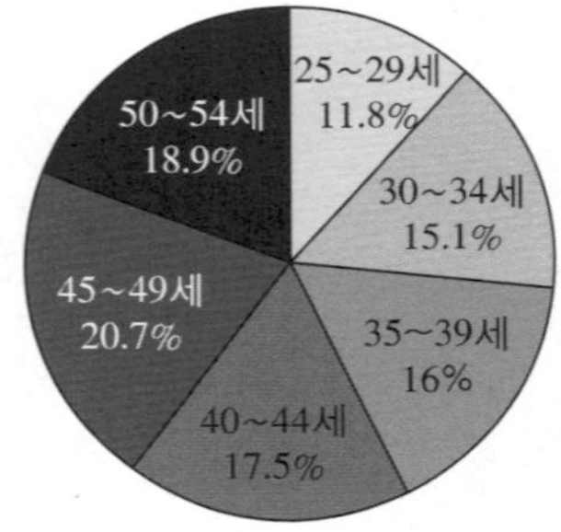

④ 30 ~ 39세 기혼 경력단절여성의 경력단절 사유 분포

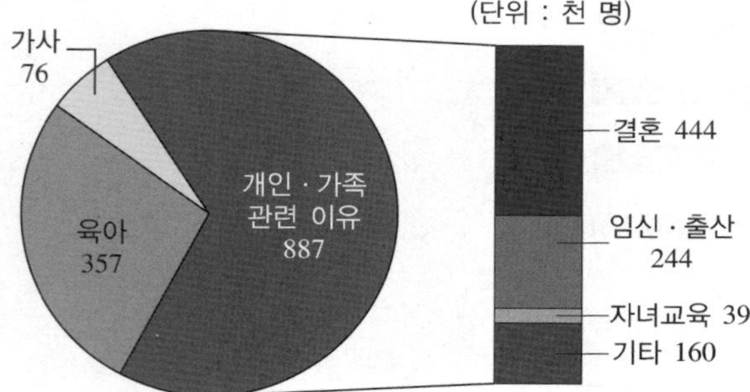

⑤ 25 ~ 54세 기혼 경력단절여성의 연령대 구성비

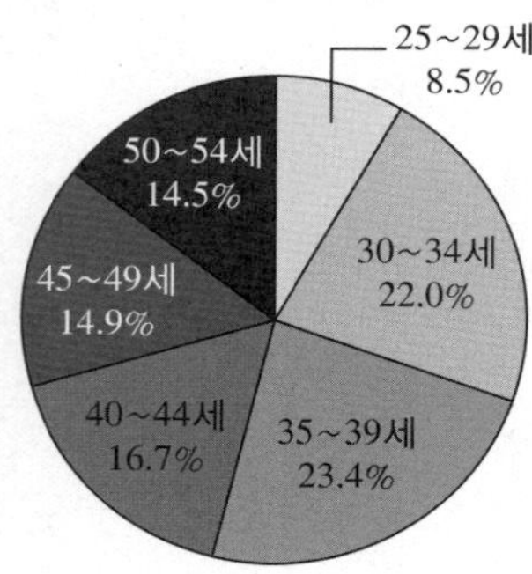

14 다음은 단위 면적당 도시공원 · 녹지 · 유원지 현황을 나타낸 그래프이다. 이에 대한 설명으로 옳지 않은 것은?

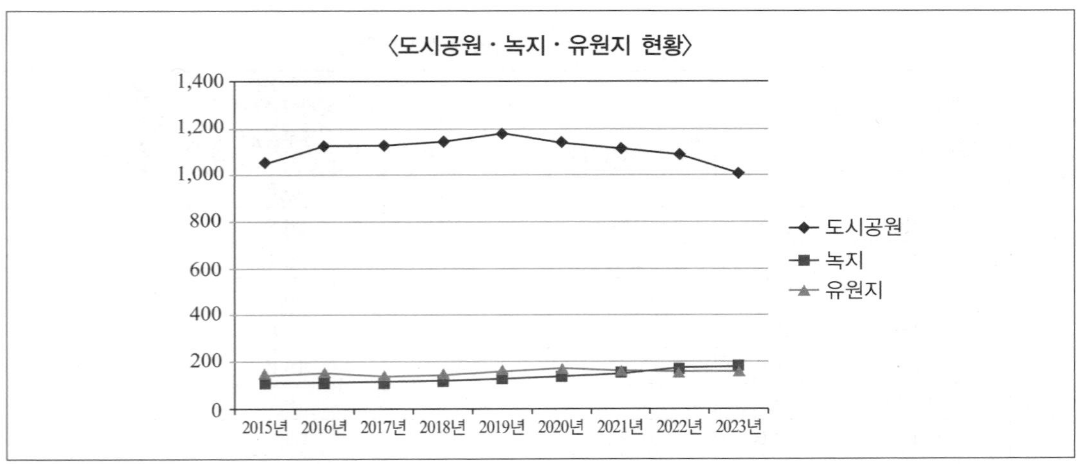

① 도시공원의 면적은 2020년부터 감소하고 있다.

② 녹지의 면적은 꾸준히 증가하고 있다.

③ 도시공원의 면적은 녹지와 유원지의 면적보다 월등히 넓다.

④ 2020년부터 녹지의 면적은 유원지 면적을 추월했다.

⑤ 도시공원의 면적은 2019년에 가장 넓다.

15 K공사는 9명의 신입사원을 채용하였고, 신입사원 교육을 위해 A～C 세 개의 조로 나누기로 하였다. 신입사원들을 한 조에 세 명씩 배정한다고 할 때, 세 개의 조로 나누는 경우의 수는?

① 1,240가지 ② 1,460가지

③ 1,680가지 ④ 1,800가지

⑤ 1,920가지

16 다음은 2023년 9개 국가의 실질세부담률에 대한 자료이다. 이에 근거하여 A ~ E에 해당하는 국가를 바르게 나열한 것은?

〈2023년 국가별 실질세부담률〉

구분 국가	독신 가구 실질세부담률(%)			다자녀 가구 실질세부담률(%)	독신 가구와 다자녀 가구의 실질세부담률 차이(%p)
		2013년 대비 증감(%p)	전년 대비 증감(%p)		
A	55.3	−0.20	−0.28	40.5	14.8
일본	32.2	4.49	0.26	26.8	5.4
B	39.0	−2.00	−1.27	38.1	0.9
C	42.1	5.26	0.86	30.7	11.4
한국	21.9	4.59	0.19	19.6	2.3
D	31.6	−0.23	0.05	18.8	12.8
멕시코	19.7	4.98	0.20	19.7	0.0
E	39.6	0.59	−1.16	33.8	5.8
덴마크	36.4	−2.36	0.21	26.0	10.4

〈조건〉

- 2023년 독신 가구와 다자녀 가구의 실질세부담률 차이가 덴마크보다 큰 국가는 캐나다, 벨기에, 포르투갈이다.
- 2023년 독신 가구 실질세부담률이 전년 대비 감소한 국가는 벨기에, 그리스, 스페인이다.
- 스페인의 2023년 독신 가구 실질세부담률은 그리스의 2022년 독신 가구 실질세부담률보다 높다.
- 2023년 독신 가구의 2013년 대비 실질세부담률이 가장 큰 폭으로 증가한 국가는 포르투갈이다.

	A	B	C	D	E
①	벨기에	그리스	포르투갈	캐나다	스페인
②	벨기에	스페인	캐나다	포르투갈	그리스
③	벨기에	스페인	포르투갈	캐나다	그리스
④	캐나다	그리스	스페인	포르투갈	벨기에
⑤	캐나다	스페인	포르투갈	벨기에	그리스

17 A는 이번 달에 350kWh의 전기를 사용하였고 B는 A가 내야 할 요금의 2배만큼 사용하였다. B가 이번 달에 사용한 전기량은 몇 kWh인가?

〈전기 사용량 구간별 요금〉

구분	요금
200kWh 이하	100원/kWh
400kWh 이하	200원/kWh
400kWh 초과	400원/kWh

① 350kWh
② 400kWh
③ 450kWh
④ 500kWh
⑤ 550kWh

18 다음은 K공사의 연도별 재무자료이다. 이에 대해 옳지 않은 설명을 하는 사람은?

〈K공사 연도별 재무자료〉

(단위 : 억 원, %)

구분	자산	부채	자본	부채 비율
2014년	41,298	15,738	25,560	61.6
2015년	46,852	23,467	23,385	100.4
2016년	46,787	21,701	25,086	86.5
2017년	50,096	23,818	26,278	80.6
2018년	60,388	26,828	33,560	79.9
2019년	64,416	30,385	34,031	89.3
2020년	73,602	39,063	34,539	113.1
2021년	87,033	52,299	34,734	150.6
2022년	92,161	55,259	36,902	149.7
2023년	98,065	56,381	41,684	135.3

① A : K공사의 자본금은 2018년에 전년 대비 7,000억 원 이상 증가했는데, 이는 10년간 자본금 추이를 볼 때 두드러진 변화야.
② B : 부채 비율이 전년 대비 가장 많이 증가한 해는 2015년이네.
③ C : 10년간 평균 부채 비율은 90% 미만이야.
④ D : 2023년의 자산과 자본은 10년 중 가장 많았지만, 그만큼 부채도 가장 많았네.
⑤ E : K공사의 자산과 부채는 2016년부터 8년간 꾸준히 증가했어.

19 다음은 서울 및 수도권 지역의 가구를 대상으로 난방방식 현황 및 난방연료 사용현황을 조사한 자료이다. 이에 대한 설명으로 옳은 것은?

〈난방방식 현황〉

(단위 : %)

종류	서울	인천	경기남부	경기북부	전국 평균
중앙난방	22.3	13.5	6.3	11.8	14.4
개별난방	64.3	78.7	26.2	60.8	58.2
지역난방	13.4	7.8	67.5	27.4	27.4

※ 경기지역은 남부와 북부로 나누어 조사하였다.

〈난방연료 사용현황〉

(단위 : %)

종류	서울	인천	경기남부	경기북부	전국 평균
도시가스	84.5	91.8	33.5	66.1	69.5
LPG	0.1	0.1	0.4	3.2	1.4
등유	2.4	0.4	0.8	3.0	2.2
열병합	12.6	7.4	64.3	27.1	26.6
기타	0.4	0.3	1.0	0.6	0.3

① 경기북부지역의 경우 도시가스를 사용하는 가구 수가 등유를 사용하는 가구 수의 30배 이상이다.

② 다른 난방연료와 비교했을 때 서울과 인천지역에서는 등유를 사용하는 비율이 가장 낮다.

③ 지역난방을 사용하는 가구 수는 서울이 인천의 약 1.7배이다.

④ 경기지역은 남부가 북부보다 지역난방을 사용하는 비율이 낮다.

⑤ 경기남부의 가구 수가 경기북부의 가구 수의 2배라면, 경기지역에서 개별난방을 사용하는 가구 수의 비율은 약 37.7%이다.

20 다음은 2024년 1월 1일 기준 갑 기업의 팀(A ~ F)간 전출·입으로 인한 직원 이동에 대한 자료이다. 이에 대한 〈보기〉의 설명으로 옳은 것을 모두 고르면?

〈갑 기업의 팀별 전출·입 직원 수〉

(단위 : 명)

전출부서 \ 전입부서		식품 사업부				외식 사업부				전출합계
		A팀	B팀	C팀	소계	D팀	E팀	F팀	소계	
식품 사업부	A팀	–	4	2	6	0	4	3	7	13
	B팀	8	–	0	8	2	1	1	4	12
	C팀	0	3	–	3	3	0	4	7	10
	소계	8	7	2	17	5	5	8	18	35
외식 사업부	D팀	0	2	4	6	–	0	3	3	9
	E팀	6	1	7	14	2	–	4	6	20
	F팀	2	3	0	5	1	5	–	6	11
	소계	8	6	11	25	3	5	7	15	40
전입합계		16	13	13	42	8	10	15	33	75

※ 1) 갑 기업은 식품 사업부와 외식 사업부로만 구성된다.
2) 표읽기 예시 : A팀에서 전출하여 B팀으로 전입한 직원 수는 4명이다.

〈보기〉

ㄱ. 전출한 직원보다 전입한 직원이 많은 팀들의 전입 직원 수의 합은 기업 내 전체 전출·입 직원 수의 70%를 초과한다.

ㄴ. 직원이 가장 많이 전출한 팀에서 전출한 직원의 40%는 직원이 가장 많이 전입한 팀에 배치되었다.

ㄷ. 식품 사업부에서 외식 사업부로 전출한 직원 수는 외식 사업부에서 식품 사업부로 전출한 직원 수보다 많다.

ㄹ. 동일한 사업부 내에서 전출·입한 직원 수는 기업 내 전체 전출·입 직원 수의 50% 미만이다.

① ㄱ, ㄴ
② ㄱ, ㄷ
③ ㄱ, ㄹ
④ ㄴ, ㄷ
⑤ ㄷ, ㄹ

21 다음 자료와 〈조건〉을 바탕으로 철수, 영희, 민수, 철호가 상품을 구입한 쇼핑몰을 순서대로 바르게 나열한 것은?

〈이용약관의 주요 내용〉

쇼핑몰	주문 취소	환불	배송비	포인트 적립
A	주문 후 7일 이내 취소 가능	10% 환불수수료, 송금수수료 차감	무료	구입 금액의 3%
B	주문 후 10일 이내 취소 가능	환불수수료, 송금수수료 차감	20만 원 이상 무료	구입 금액의 5%
C	주문 후 7일 이내 취소 가능	환불수수료, 송금수수료 차감	1회 이용 시 1만 원	없음
D	주문 후 당일에만 취소 가능	환불수수료, 송금수수료 차감	5만 원 이상 무료	없음
E	취소 불가능	고객 귀책 사유에 의한 환불 시에만 10% 환불수수료	1만 원 이상 무료	구입 금액의 10%
F	취소 불가능	원칙적으로 환불 불가능 (사업자 귀책 사유일 때만 환불 가능)	100g당 2,500원	없음

〈조건〉

- 철수는 부모님의 선물로 등산 용품을 구입하였는데, 판매자의 업무 착오로 배송이 지연되어 판매자에게 전화로 환불을 요구하였다. 판매자는 판매금액 그대로를 통장에 입금해 주었고 구입 시 발생한 포인트도 유지하여 주었다.
- 영희는 옷을 구매할 때 배송비를 고려하여 한 가지씩 여러 번에 나누어 구매하기보다는 가능한 한 한꺼번에 주문하곤 하였다.
- 인터넷 사이트에서 영화티켓을 20,000원에 주문한 민수는 다음날 같은 티켓을 18,000원에 파는 가게를 발견하고 전날 주문한 물건을 취소하려 했지만 취소가 되지 않아 곤란을 겪은 적이 있다.
- 가방을 10만 원에 구매한 철호는 도착한 물건의 디자인이 마음에 들지 않아 환불 및 송금수수료와 배송비를 감수하는 손해를 보면서도 환불할 수밖에 없었다.

	철수	영희	민수	철호
①	E	B	C	D
②	F	E	D	B
③	E	D	F	C
④	F	C	E	B
⑤	E	C	B	D

22 **서로 다른 직업을 가진 남자 2명과 여자 2명이 원탁에 앉아 있다. 다음 〈조건〉을 토대로 할 때, 이에 대한 설명으로 옳은 것은?**

〈조건〉

- 네 사람의 직업은 각각 교사, 변호사, 자영업자, 의사이다.
- 네 사람은 각각 검은색 원피스, 파란색 재킷, 흰색 니트, 밤색 티셔츠를 입고 있으며, 이 중 검은색 원피스는 여자, 파란색 재킷은 남자가 입고 있다.
- 남자는 남자끼리, 여자는 여자끼리 인접해서 앉아 있다.
- 변호사는 흰색 니트를 입고 있다.
- 자영업자는 남자이다.
- 의사의 왼쪽 자리에 앉은 사람은 검은색 원피스를 입었다.
- 교사는 밤색 티셔츠를 입은 사람과 원탁을 사이에 두고 마주보고 있다.

① 교사와 의사는 원탁을 사이에 두고 마주보고 있다.
② 변호사는 남자이다.
③ 밤색 티셔츠를 입은 사람은 여자이다.
④ 의사는 파란색 재킷을 입고 있다.
⑤ 검은색 원피스를 입은 여자는 자영업자의 옆에 앉아 있다.

23 **다음 글의 '문제점'에 대해 바르게 이야기한 사람은 누구인가?**

문제란 목표와 현실과의 차이이다. 한 마디로 목표는 '어떻게 되었으면 좋겠는가?'라는 전망을 말하고, 현 상황은 '어떻게 되어 있는가?'라는 상태를 말한다. 여기서 차이는 목표와 현재 상황이 어긋났음을 의미한다. 반면, 문제점이란 '무엇 때문에 목표와 어긋났는가?'라는 질문에 대한 답변이다. 다시 말하면 문제점은 문제가 아니라 원인이다.

① 지혜 : 매출 목표를 100억 원으로 정했지만, 60억 원밖에 달성하지 못했어.
② 미란 : 교육훈련 시간이 부족해서 인력의 조기전력화가 불가능해졌어.
③ 건우 : 공사착공 후 13개월이 지났는데도 진척률이 95%밖에 안 돼.
④ 경현 : 태블릿 PC 생산 목표를 4만 대에서 3만 대로 줄일 수밖에 없었어.
⑤ 연준 : 해외 공장에서 상반기 65% 이상 생산이 목표였지만 50% 미만이었어.

24 K사는 신제품의 품번을 다음과 같은 규칙에 따라 정한다고 한다. 제품에 설정된 임의의 영단어가 'INTELLECTUAL'이라면 이 제품의 품번으로 옳은 것은?

> 〈규칙〉
>
> • 1단계 : 알파벳 A ~ Z를 숫자 1, 2, 3, …으로 변환하여 계산한다.
> • 2단계 : 제품에 설정된 임의의 영단어를 숫자로 변환한 값의 합을 구한다.
> • 3단계 : 임의의 영단어 속 자음의 합에서 모음의 합을 뺀 값의 절댓값을 구한다.
> • 4단계 : 2단계와 3단계의 값을 더한 다음 4로 나누어 2단계의 값에 더한다.
> • 5단계 : 4단계의 값이 정수가 아닐 경우에는 소수점 첫째 자리에서 버림한다.

① 120
② 140
③ 160
④ 180
⑤ 200

25 다음 글의 내용이 참일 때 반드시 거짓인 것은?

> 갑 ~ 무는 P부서에 근무하고 있다. 이 부서에서는 K공사와의 업무 협조를 위해 지방의 네 지역으로 직원을 출장 보낼 계획을 수립하였다. 원활한 업무 수행을 위해서, 모든 출장은 갑 ~ 무 중 두 명 또는 세 명으로 구성된 팀 단위로 이루어진다. 네 팀이 구성되어 네 지역에 각각 한 팀씩 출장이 배정되며, 네 지역 출장 날짜는 모두 다르다. 모든 직원은 최소한 한 번 출장에 참가한다. 이번 출장 업무를 총괄하는 직원은 단 한 명밖에 없으며, 그는 네 지역 모두의 출장에 참가한다. 더불어 업무 경력을 고려하여, 단 한 지역의 출장에만 참가하는 것은 신입사원으로 제한한다. P부서에 근무하는 신입사원은 한 명밖에 없다. 이런 기준 아래에서 출장 계획을 수립한 결과, 을은 갑과 단둘이 가는 한 번의 출장 이외에 다른 어떤 출장도 가지 않으며, 병과 정이 함께 출장을 가는 경우는 단 한 번밖에 없다. 그리고 네 지역 가운데 광역시가 두 곳인데, 단 두 명의 직원만이 두 광역시 모두에 출장을 간다.

① 갑은 이번 출장 업무를 총괄하는 직원이다.
② 을은 광역시에 출장을 가지 않는다.
③ 병이 갑, 무와 함께 출장을 가는 지역이 있다.
④ 정은 총 세 곳에 출장을 간다.
⑤ 무가 출장을 가는 지역은 두 곳이고 그 중 한 곳은 정과 함께 간다.

26 남성 정장 제조 전문회사에서 20대를 위한 캐주얼 SPA 브랜드에 신규 진출하려고 한다. A씨는 3C 분석 방법을 취하여 다양한 자료를 조사했으며, 다음과 같은 분석내용을 도출하였다. 자사에서 추진하려는 신규 사업 계획의 타당성에 대한 설명으로 가장 적절한 것은?

3C	상황분석
고객(Customer)	• 40대 중년 남성을 대상으로 한 정장 시장은 정체 및 감소 추세 • 20대 캐주얼 및 SPA 시장은 매년 급성장
경쟁사(Competitor)	• 20대 캐주얼 SPA 시장에 진출할 경우, 경쟁사는 글로벌 및 토종 SPA 기업, 캐주얼 전문 기업 외에도 비즈니스 캐주얼, 아웃도어 의류 기업도 포함 • 경쟁사들은 브랜드 인지도, 유통망, 생산 등에서 차별화된 경쟁력을 가짐 • 경쟁사 중 상위 업체는 하위 업체와의 격차 확대를 위해 파격적 가격 정책과 20대 지향 디지털 마케팅 전략을 구사
자사(Company)	• 신규 시장 진출 시 막대한 마케팅 비용 발생 • 낮은 브랜드 인지도 • 기존 신사 정장 이미지 고착 • 유통과 생산 노하우 부족 • 디지털마케팅 역량 미흡

① 20대 SPA 시장이 급성장하고, 경쟁이 치열해지고 있지만, 자사의 유통 및 생산 노하우로 가격경쟁력을 확보할 수 있으므로 신규 사업을 추진하는 것이 바람직하다.

② 40대 중년 정장 시장은 감소 추세에 있으므로 새로운 수요발굴이 필요하며, 기존의 신사 정장 이미지를 벗어나 20대 지향 디지털마케팅 전략을 구사하면 신규 시장의 진입이 가능하므로 신규 사업을 진행하는 것이 바람직하다.

③ 20대 SPA 시장이 급성장하고 있지만, 하위 업체의 파격적인 가격정책을 이겨 내기에 막대한 비용이 발생하므로 신규 사업 진출은 적절하지 않다.

④ 20대 SPA 시장은 계속해서 성장하고 매력적이지만, 경쟁이 치열하고 경쟁자의 전략이 막강하다. 이에 비해 자사의 자원과 역량은 부족하여 신규 사업 진출은 하지 않는 것이 바람직하다.

⑤ 브랜드 경쟁력을 유지하기 위해서는 20대 SPA 시장 진출이 필요하며, 파격적 가격정책을 도입하면 자사의 높은 브랜드 이미지와 시너지 효과를 낼 수 있기에 신규 사업을 진행하는 것이 바람직하다.

27 음료수를 생산하는 K회사의 SWOT 분석을 실시하기 위해 다음과 같이 조직 환경을 분석하였다. 다음 중 SWOT 분석의 정의에 따라 분석 결과를 바르게 분류한 것은?

ⓐ 생수시장 및 기능성 음료 시장의 급속한 성장
ⓑ 확고한 유통망(유통채널상의 지배력이 크다)
ⓒ 새로운 시장모색의 부족
ⓓ 경기 회복으로 인한 수요의 회복 추세
ⓔ 무역자유화(유통시장 개방, 다국적 기업의 국내진출)
ⓕ 종합식품업체의 음료시장 잠식
ⓖ 짧은 제품주기(마케팅 비용의 증가)
ⓗ 지구온난화 현상(음료 소비 증가)
ⓘ 과다한 고정 / 재고비율로 인한 유동성 하락
ⓙ 계절에 따른 불규칙한 수요
ⓚ 대형할인점의 등장으로 인한 가격인하 압박 증가
ⓛ 매출액 대비 경상이익률의 계속적인 증가
ⓜ 국내 브랜드로서의 확고한 이미지
ⓝ 합병으로 인해 기업 유연성의 하락
ⓞ 주력 소수 제품에 대한 매출 의존도 심각(탄산, 주스 음료가 많은 비중 차지)
ⓟ 경쟁업체에 비해 취약한 마케팅 능력과 홍보력

① 강점(S) : ⓑ, ⓓ, ⓗ
약점(W) : ⓒ, ⓔ, ⓘ, ⓝ, ⓟ
기회(O) : ⓐ, ⓛ, ⓜ
위협(T) : ⓕ, ⓖ, ⓙ, ⓞ, ⓚ

② 강점(S) : ⓑ, ⓛ, ⓜ
약점(W) : ⓒ, ⓘ, ⓝ, ⓞ, ⓟ
기회(O) : ⓐ, ⓓ, ⓗ
위협(T) : ⓔ, ⓕ, ⓖ, ⓙ, ⓚ

③ 강점(S) : ⓐ, ⓛ, ⓜ
약점(W) : ⓒ, ⓔ, ⓘ, ⓝ
기회(O) : ⓑ, ⓓ, ⓗ
위협(T) : ⓕ, ⓖ, ⓙ, ⓞ, ⓟ, ⓚ

④ 강점(S) : ⓑ, ⓛ, ⓜ
약점(W) : ⓔ, ⓕ, ⓖ, ⓙ, ⓝ
기회(O) : ⓐ, ⓓ, ⓗ
위협(T) : ⓒ, ⓘ, ⓞ, ⓟ, ⓚ

⑤ 강점(S) : ⓑ, ⓓ, ⓗ
약점(W) : ⓒ, ⓘ, ⓝ, ⓞ, ⓟ
기회(O) : ⓐ, ⓛ, ⓜ
위협(T) : ⓔ, ⓕ, ⓖ, ⓙ, ⓚ

28 A사원은 3박 4일 동안 대전으로 출장을 다녀오려고 한다. 출장 과정에서의 비용이 다음과 같을 때, A사원의 출장 경비 총액으로 옳은 것은?(단, A사원의 출장 세부내역 이외의 지출은 없다고 가정한다)

〈출장 경비〉

- 출장일부터 귀가할 때까지 소요되는 모든 교통비, 식비, 숙박비를 합산한 비용을 출장 경비로 지급한다.
- 교통비(서울 → 대전 / 대전 → 서울)

교통수단	기차	비행기	버스
비용(편도)	39,500원	43,250원	38,150원

※ 서울 및 대전 내에서의 시내이동에 소요되는 비용은 출장경비로 인정하지 않는다.

- 식비

식당	P식당	S식당	Y식당
식비(끼니당)	8,500원	8,700원	9,100원

- 숙박비

숙소	가	나	다
숙박비(1박)	75,200원	81,100원	67,000원
비고	연박 시 1박당 5% 할인	연박 시 1박당 10% 할인	–

〈A사원의 출장 세부내역〉

- A사원은 대전행은 기차를, 서울행은 버스를 이용하였다.
- A사원은 2일간 P식당을, 나머지 기간은 Y식당을 이용하였으며 출장을 시작한 날부터 마지막 날까지 하루 3끼를 먹었다.
- A사원은 출장기간 동안 숙소는 할인을 포함하여 가장 저렴한 숙소를 이용하였다.

① 359,100원
② 374,620원
③ 384,250원
④ 396,500원
⑤ 410,740원

※ K공사 인사팀에 근무하고 있는 C대리는 A사원과 B차장의 승진심사를 위해 다음과 같이 표를 작성하였다. 이어지는 질문에 답하시오. **[29~30]**

〈승진심사 점수표〉

(단위 : 점)

소속	직급	업무			업무평점	능력	태도	승진심사 평점
		업무실적	개인평가	조직기여도				
총무팀	A사원	86	70	80	( )	80	60	( )
자산팀	B차장	80	85	90	( )	77	85	85

※ 승진심사 평점은 업무평점 80%, 능력 10%, 태도 10%로 계산한다.

※ 직급에 따른 업무평점 계산 기준

- 사원 ~ 대리 : (업무실적)×0.5, (개인평가)×0.3, (조직기여도)×0.2
- 과장 ~ 부장 : (업무실적)×0.3, (개인평가)×0.2, (조직기여도)×0.5

29 다음 중 B차장의 업무평점으로 옳은 것은?

① 78점
② 80점
③ 83점
④ 86점
⑤ 89점

30 다음 중 A사원의 승진심사 평점으로 옳은 것은?

① 65점
② 70점
③ 78점
④ 82점
⑤ 84점

31 다음 중 관료제의 문제점이 아닌 것은?

① 개인의 창의성과 자율성을 제한할 수 있다.
② 인간을 수단화하는 인간 소외 현상을 가져올 수 있다.
③ 빠른 사회 변동에 지나치게 예민하게 반응할 수 있다.
④ 규약과 절차를 지나치게 중요시하여 목적 달성을 방해하는 현상을 유발할 수 있다.
⑤ 시간과 비용의 낭비로 인해 업무의 효율성이 저하될 수 있다.

32 다음 중 기능식 조직의 특징에 대한 설명으로 옳지 않은 것은?

① 부서 간 기술의존성이 높고, 일상적인 기술을 사용하는 조직일수록 효율적이다.
② 업무활동을 기능별로 분화하고, 관리자는 업무활동과 관련된 사항을 경영진에 보고한다.
③ 유사한 업무를 결합함으로써 자원, 노력 등의 낭비를 막고 규모의 경제를 실현할 수 있다.
④ 구성원이 짧은 시간에 기술, 지식 등을 개발할 수 있다.
⑤ 구성원이 공통된 지식과 언어를 사용함에 따라 능률이 향상될 수 있다.

33 다음 중 MRP 시스템의 장점이 아닌 것은?

① 계획의 재수립을 통해 재고를 감축할 수 있다.
② 유휴시간을 줄여 효율성을 높일 수 있다.
③ 시장 변화에 신속하게 대응할 수 있다.
④ 조립을 필요로 하지 않는 다양한 제품생산에 활용할 수 있다.
⑤ 재고 및 생산비용을 줄일 수 있다.

34 **다음 민츠버그의 조직구성론 중 다섯 가지 조직 형태에 해당하지 않는 것은?**

① 단순구조 조직
② 기계적 관료제 조직
③ 전문적 관료제 조직
④ 매트릭스 조직
⑤ 사업부제 조직

35 **다음 중 리엔지니어링(Re – Engineering)에 대한 설명으로 옳은 것은?**

① 정보기술을 통해 기업경영의 핵심적 과정을 전면 개편함으로써 경영성과를 향상시키려는 경영기법이다.
② 흑자를 내기 위해 기구를 축소·폐쇄하거나 단순화하는 등의 장기적인 경영전략이다.
③ 기업이 환경변화에 능동적으로 대처하기 위해 비대해진 조직을 팀제로 개편하는 경영혁신을 나타낸다.
④ 제품의 주요한 부분을 부품의 형태로 수출하여 현지에서 최종제품으로 조립하는 방식이다.
⑤ 기계 장비의 고장이나 정비 때문에 작업이 불가능해진 시간을 총칭한다.

36 **다음 중 집단의사결정법의 문제점으로 옳지 않은 것은?**

① 합의점에 이르기까지 많은 시간이 소요된다.
② 책임소재를 분명히 하기에 어려움이 존재한다.
③ 다수의 참여로 인해 동조의 압력이 발생한다.
④ 많은 정보와 지식이 공유되지만 문제에 대한 다양한 접근이 어렵다.
⑤ 구성원 상호 간의 합의에 대한 요구가 지나치게 커질 경우 집단사고가 발생한다.

37 **다음 중 단체교섭의 방식에서 단위노조가 소속된 상부단체와 각 단위노조에 대응하는 개별 기업의 사용자 간에 이루어지는 교섭의 형태는?**

① 기업별교섭
② 집단교섭
③ 대각선교섭
④ 복수사용자교섭
⑤ 통일교섭

38 다음 중 직무분석 방법에 해당하지 않는 것은?

① 관찰법
② 면접법
③ 질문지법
④ 요소비교법
⑤ 워크샘플링법

39 다음 설명에 해당하는 심리적 가격전략은?

- 일반적으로 사람들이 인정하는 가격을 의미한다.
- 한번 정해진 가격을 인상하는 것이 쉽지 않다.
- 원재료, 수량 등을 조절하여 가격 상승효과를 노릴 수 있다.

① 단수가격
② 명성가격
③ 준거가격
④ 관습가격
⑤ 유보가격

40 다음 설명에 해당하는 마케팅 분석 방법은?

소비자가 제품을 구매할 때 중요시하는 제품의 속성과 속성 수준에 부여하는 가치를 산출해냄으로써 최적의 신제품 개발을 지원하는 분석 방법이다.

① SWOT 분석
② 시계열 분석(Time Series Analysis)
③ 컨조인트 분석(Conjoint Analysis)
④ 상관관계 분석(Correlation Analysis)
⑤ 다차원척도 분석(Multidimensional Analysis)

41 다음 중 브랜드 전략에 대한 설명으로 옳지 않은 것은?

① 같은 브랜드의 상품이 서로 다른 유통경로로 판매될 경우 경로 간의 갈등은 발생하지 않는다.
② 하향 확장의 경우 기존 브랜드의 고급 이미지를 희석시키는 희석효과를 초래할 수 있다.
③ 브랜드 확장은 다른 상품 범주에 속하는 신상품에 기존 브랜드를 붙이는 것으로 카테고리 확장이라고도 한다.
④ 신규 브랜드 전략은 새로운 제품 범주에서 출시하고자 하는 신제품을 대상으로 새 브랜드를 개발하는 것이다.
⑤ 라인 확장 전략이란 동일한 제품 범주 내에서 새로운 제품을 추가시키면서 기존의 브랜드를 이용하는 전략이다.

42 다음 중 변혁적 리더십의 특징으로 옳지 않은 것은?

① 구성원들은 리더가 이상적이며 높은 수준의 기준과 능력을 지니고 있다고 생각한다.
② 리더는 구성원 모두가 공감할 수 있는 바람직한 목표를 설정하고, 그들이 이를 이해하도록 한다.
③ 리더는 구성원들의 생각, 가치, 신념 등을 발전시키고, 그들이 창의적으로 행동하도록 이끈다.
④ 리더는 구성원들의 관심사, 욕구 등에 대해 개별적으로 공평하게 관심을 가진다.
⑤ 구성원들을 리더로 얼마나 육성했는지보다 구성원의 성과 측정을 통해 객관성을 가질 수 있다는 효과가 있다.

43 다음 중 특성요인도(Cause – and – Effect Diagram)에 대한 설명으로 옳은 것은?

① SIPOC(공급자, 투입, 변환, 산출, 고객) 분석의 일부로, 프로세스 단계를 묘사하는 도구이다.
② 품질특성의 발생 빈도를 기록하는 데 사용되는 양식이다.
③ 연속적으로 측정되는 품질특성치의 빈도 분포이다.
④ 불량의 원인을 세분화하여 원인별 중요도를 파악하는 도구이다.
⑤ 개선하려는 문제의 잠재적 원인을 파악하는 도구이다.

44 **다음 중 대량 맞춤화(Mass Customization)에 대한 설명으로 옳지 않은 것은?**

① 개별고객을 만족시키기 위한 제품 맞춤화이다.
② 소프트웨어 융합을 통한 맞춤화가 실현된다.
③ 전용 설비를 사용한 소품종 대량생산화가 가능하다.
④ IT기술과 3D 프린터를 이용한 개별생산이 가능하다.
⑤ 일대일 마케팅이 현실화된다.

45 **다음 중 르윈(K. Lewin)의 3단계 변화모형의 과정을 순서대로 바르게 나열한 것은?**

① 각성(Arousal) → 해빙(Unfreezing) → 변화(Changing)
② 각성(Arousal) → 실행(Commitment) → 재동결(Refreezing)
③ 해빙(Unfreezing) → 변화(Changing) → 재동결(Refreezing)
④ 해빙(Unfreezing) → 실행(Commitment) → 수용(Acceptance)
⑤ 진단(Diagnosis) → 변화(Changing) → 수용(Acceptance)

46 **다음 〈보기〉 중 애덤스의 공정성 이론(Equity Theory)에서 불공정성으로 인한 긴장을 해소할 수 있는 방법을 모두 고르면?**

〈보기〉

ㄱ. 투입의 변경
ㄴ. 산출의 변경
ㄷ. 준거대상의 변경
ㄹ. 현장 또는 조직으로부터 이탈

① ㄱ, ㄴ
② ㄷ, ㄹ
③ ㄱ, ㄴ, ㄷ
④ ㄱ, ㄷ, ㄹ
⑤ ㄱ, ㄴ, ㄷ, ㄹ

47 **다음 중 내부모집에 대한 설명으로 옳지 않은 것은?**

① 외부모집에 비해 비용이 적게 든다.
② 구성원의 사회화 기간을 단축시킬 수 있다.
③ 외부모집에 비해 지원자를 정확하게 평가할 가능성이 높다.
④ 빠르게 변화하는 환경에 적응하는 외부모집보다 효과적이다.
⑤ 모집과정에서 탈락한 직원들은 사기가 저하될 수 있다.

48 **다음 〈보기〉 중 수직적 마케팅시스템(VMS; Vertical Marketing System)에 대한 설명으로 옳은 것을 모두 고르면?**

〈보기〉

ㄱ. 수직적 마케팅시스템은 유통조직의 생산시점과 소비시점을 하나의 고리 형태로 유통계열화하는 것이다.
ㄴ. 수직적 마케팅시스템은 유통경로 구성원인 제조업자, 도매상, 소매상, 소비자를 각각 별개로 파악하여 운영한다.
ㄷ. 유통경로 구성원의 행동은 시스템 전체보다 각자의 이익을 극대화하는 방향으로 조정된다.
ㄹ. 수직적 마케팅시스템의 유형에는 기업적 VMS, 관리적 VMS, 계약적 VMS 등이 있다.
ㅁ. 프랜차이즈 시스템은 계약에 의해 통합된 수직적 마케팅시스템이다.

① ㄱ, ㄴ, ㄷ
② ㄱ, ㄴ, ㄹ
③ ㄱ, ㄹ, ㅁ
④ ㄴ, ㄷ, ㄹ
⑤ ㄴ, ㄹ, ㅁ

49 **다음 대화의 빈칸에 공통으로 들어갈 단어는?**

A이사 : 이번에 우리 회사에서도 ________시스템을 도입하려고 합니다. ________는 기업 전체의 의사결정권자와 사용자 모두가 실시간으로 정보를 공유할 수 있게 합니다. 또한 제조, 판매, 유통, 인사관리, 회계 등 기업의 전반적인 운영 프로세스를 통합하여 자동화할 수 있지요.
B이사 : 맞습니다. ________시스템을 통하여 기업의 자원관리를 보다 효율적으로 할 수 있어서, 조직 전체의 의사결정도 보다 신속하게 할 수 있을 것입니다.

① JIT
② MRP
③ MPS
④ ERP
⑤ APP

50 다음 설명에 해당하는 현상은 무엇인가?

- 응집력이 높은 집단에서 나타나기 쉽다.
- 집단구성원들이 의견일치를 추구하려다가 잘못된 의사결정을 하게 된다.
- 이에 대처하기 위해서는 자유로운 비판이 가능한 분위기 조성이 필요하다.

① 집단사고(Groupthink)
② 조직시민행동(Organizational Citizenship Behavior)
③ 임파워먼트(Empowerment)
④ 몰입상승(Escalation of Commitment)
⑤ 악마의 옹호자(Devil's Advocacy)

51 다음은 K기업의 균형성과평가제도를 적용한 평가기준표이다. 빈칸 (A) ~ (D)에 들어갈 용어를 순서대로 바르게 나열한 것은?

구분	전략목표	주요 성공요인	주요 평가지표	목표	실행계획
(A)관점	매출 확대	경쟁사 대비 가격 및 납기우위	평균 분기별 총매출, 전년 대비 총매출	평균 분기 10억 원 이상, 전년 대비 20% 이상	영업 인원 증원
(B)관점	부담 없는 가격, 충실한 A/S	생산성 향상, 높은 서비스 품질	전년 대비 재구매 비율, 고객 만족도	전년 대비 10포인트 향상, 만족도 80% 이상	작업 순서 준수, 서비스 품질 향상
(C)관점	작업 순서 표준화 개선 제안 및 실행	매뉴얼 작성 및 준수	매뉴얼 체크 회수 개선 제안 수 및 실행횟수	1일 1회 연 100개 이상	매뉴얼 교육 강좌개선, 보고회의 실시
(D)관점	경험이 부족한 사원 교육	실천적 교육 커리큘럼 충실	사내 스터디 실시 횟수, 스터디 참여율	연 30회, 80% 이상	스터디 모임의 중요성 및 참여 촉진

	(A)	(B)	(C)	(D)
①	고객	업무 프로세스	학습 및 성장	재무적
②	고객	학습 및 성장	업무 프로세스	재무적
③	재무적	고객	업무 프로세스	학습 및 성장
④	학습 및 성장	고객	재무적	업무 프로세스
⑤	업무 프로세스	재무적	고객	학습 및 성장

52 **다음 설명에 해당하는 승진제도는?**

- 직무의 변화 없이 직위만 승진하는 것으로, 보수와 직무는 변동이 없다.
- 승진 대상자가 누적되어 있거나 근로자의 사기 저하를 방지하기 위해 직위의 명칭을 변경하거나 형식적으로 승진시키는 제도이다.

① 연공승진
② 조직변화승진
③ 대용승진
④ 역직승진
⑤ 자격승진

53 **다음 중 대규모 데이터베이스에서 숨겨진 패턴이나 관계를 발견하여 의사결정 및 미래예측에 활용할 수 있도록 데이터를 모아서 분석하는 것은?**

① 데이터 웨어하우스(Data Warehouse)
② 데이터 마이닝(Data Mining)
③ 데이터 마트(Data Mart)
④ 데이터 정제(Data Cleansing)
⑤ 데이터 스크러빙(Data Scrubbing)

54 **다음 상황을 참고하여 브룸(Vroom)의 기대이론에 따른 K대리의 동기유발력 값을 구하면?(단, 유인성은 ±10점으로 구성된다)**

당사에서는 분기마다 인재개발 프로그램을 실시하고 있다. K대리는 프로그램 참여를 고민하고 있는 상태이다. K대리가 생각하기에 자신이 프로그램에 참여하면 성과를 거둘 수 있을 것이라는 주관적 확률이 70%, 그렇지 않을 확률은 30%, 만약 훈련 성과가 좋을 경우 승진에 대한 가능성은 80%, 그 반대의 가능성은 20%라고 생각한다. 그리고 K대리는 승진에 대해 극히 좋게 평가하며 10점을 부여하였다.

- 기대치(E) : 인재개발 프로그램에 참여하여 성과를 거둘 수 있는가?
- 수단성(I) : 훈련 성과가 좋으면 승진할 수 있을 것인가?
- 유인성(V) : 승진에 대한 선호도는 어느 정도인가?

① 1.0
② 2.3
③ 3.4
④ 4.8
⑤ 5.6

55 다음 사례를 읽고 귀인이론에서 귀인의 세 가지 차원을 순서대로 바르게 나열한 것은?

> 지난 2023년도 K기업 입사시험에 지원한 A군은 그동안 매일 꾸준히 공부를 하여 모의시험에서 우수한 성적을 거둘 만큼 유망한 실력을 갖추고 있었다. 하지만 입사시험 당일 아침에 횡단보도를 건너던 중 갑작스러운 교통사고를 당해 급히 병원으로 후송되었고, 다행히 목숨에는 지장이 없지만 시험에는 응시하지 못하여 불합격하게 되었다.

	귀인방향	심리상태	통제성
①	내적	안정적	통제 불가능
②	내적	안정적	통제 가능
③	내적	불안정	통제 불가능
④	외적	안정적	통제 가능
⑤	외적	불안정	통제 불가능

56 다음은 집단의사결정의 문제점인 A와 해결방안인 B에 대한 설명이다. A, B에 해당하는 용어를 순서대로 바르게 나열한 것은?

> • A : 대립이나 토론의 상황에 놓여 있는 양 집단이 서로 간의 상호작용을 거치면서 점차 극단적인 입장과 태도를 취하게 되는 현상이다. 집단구성원들이 상대집단과 상호작용하며 스스로 소속감을 재확인받는 외적 경로와 집단 내부에서 발생하는 몰입의 심화현상으로 서로의 주장만을 강화해 주는 의견만을 선택적으로 청취하는 내적경로를 통해 발현한다.
> • B : 전문가들에 의해 행해지는 비대면적 무기명 토론방식으로, 문제나 이슈에 대해 각 전문가들이 생각하는 바를 각자가 작성하여 토론진행자에게 송부한다. 진행자가 코멘트를 정리하여 다시 각 당사자에게 보내면 전문가들은 이를 다시 읽어보고 자신의 견해를 덧붙이는 방법이다. 이는 보통 최적의 대안이 도출될 때까지 반복하며 많은 실증연구에 의해서 효과성이 검증된 기법이나 전문가들이 중간에 탈락하는 것(무응답 등)을 통제하기 어려우며 토론진행자의 역량에 크게 효과성이 좌우된다.

	A	B
①	집단사고	브레인스토밍
②	책임 소재의 부재	명목집단법
③	사회적 압력	프리모텀기법
④	집단양극화	델파이법
⑤	사회적 동조	캔미팅

57 **다음 중 행동수정 전략의 특징으로 옳지 않은 것은?**

① 행동 원리에 기초하여 행동을 분석한다.
② 표적 행동을 기준으로 증가, 감소해야 하는 행동을 수정한다.
③ 행동의 원인으로 과거 사건을 강조한다.
④ 절차에 대해 정확히 설명한다.
⑤ 행동의 변화를 측정한다.

58 **다음 중 지식관리에 대한 설명으로 옳지 않은 것은?**

① 형식적 지식은 쉽게 체계화할 수 있는 특성이 있다.
② 암묵적 지식은 조직에서 명시적 지식보다 강력한 힘을 발휘하기도 한다.
③ 형식적 지식은 경쟁기업이 쉽게 모방하기 어려운 지식으로, 경쟁우위 창출의 기반이 된다.
④ 암묵적 지식은 사람의 머릿속에 있는 지식으로, 지적자본(Intellectual Capital)이라고도 한다.
⑤ 기업에서는 구성원의 지식공유를 활성화하기 위하여 인센티브(Incentive)를 도입한다.

59 **다음 중 우연원인에 따라 관리도를 사용하는 경우로 옳지 않은 것은?**

① 근로자의 숙련도 차이
② 작업환경의 차이
③ 생산 자재 가격의 변동
④ 생산 자재 품질의 불량
⑤ 생산설비의 허용 가능한 오차

60 **다음 중 브룸의 기대이론을 구성하는 요소에 해당하지 않는 것은?**

① 노력
② 결과
③ 기대치
④ 객관성
⑤ 유인가

61 **다음은 철도사업법상 사업의 휴업 · 폐업에 대한 설명이다. 빈칸에 들어갈 기간으로 옳은 것은?**

> • 철도사업자가 그 사업의 전부 또는 일부를 휴업 또는 폐업하려는 경우에는 국토교통부령으로 정하는 바에 따라 국토교통부장관의 허가를 받아야 한다.
> • 허가를 받거나 신고한 휴업기간 중이라도 휴업 사유가 소멸된 경우에는 국토교통부장관에게 신고하고 사업을 재개할 수 있다.
> • 국토교통부장관은 신고를 받은 날부터 ________ 이내에 신고수리 여부를 신고인에게 통지하여야 한다.

① 40일
② 60일
③ 80일
④ 100일
⑤ 120일

62 **다음은 한국철도공사법의 일부이다. 빈칸에 들어갈 내용을 순서대로 바르게 나열한 것은?**

> ________(으)로 정하는 바에 따라 사장이 지정한 한국철도공사의 직원은 사장을 대신하여 공사의 ________에 관한 재판상 또는 재판 외의 모든 행위를 할 수 있다.

① 법규, 권리
② 규정, 수익
③ 정관, 업무
④ 계약, 자산
⑤ 약관, 의결

63 **다음 중 철도산업발전기본법상 국가가 철도이용자의 권익보호를 위해 강구해야 할 시책이 아닌 것은?**

① 철도이용자의 재산상의 위해 방지
② 철도이용자의 권익보호를 위한 홍보
③ 철도이용자의 생명 · 신체의 위해 방지
④ 철도이용자의 피해에 대한 신속 · 공정한 구제조치
⑤ 철도이용자의 철도시설 관리를 위한 교육 및 연구

64 다음 중 철도사업법상 용어의 정의가 바르게 연결된 것은?

① 철도 : 철도사업을 목적으로 설치하거나 운영하는 철도이다.
② 철도차량 : 다른 사람의 수요에 따른 영업을 목적으로 하지 아니하고 자신의 수요에 따라 특수 목적을 수행하기 위하여 설치하거나 운영하는 철도이다.
③ 전용철도 : 여객 또는 화물을 운송하는 데 필요한 철도시설과 철도차량 및 이와 관련된 운영·지원체계가 유기적으로 구성된 운송체계이다.
④ 철도사업 : 다른 사람의 수요에 응하여 철도차량을 사용하여 유상(有償)으로 여객이나 화물을 운송하는 사업이다.
⑤ 사업용철도 : 선로를 운행할 목적으로 제작된 동력차·객차·화차 및 특수차여객 또는 화물을 운송하는 데 필요한 철도시설과 철도차량 및 이와 관련된 운영·지원체계가 유기적으로 구성된 운송체계이다.

65 다음은 철도산업발전기본계획의 수립에 대한 설명이다. 밑줄 친 부분의 내용으로 옳은 것은?

> 국토교통부장관은 기본계획을 수립하고자 하는 때에는 미리 기본계획과 관련이 있는 행정기관의 장과 협의한 후 철도산업위원회의 심의를 거쳐야 한다. 수립된 기본계획을 변경(<u>대통령령으로 정하는 경미한 변경</u>은 제외한다)하고자 하는 때에도 또한 같다.

① 철도시설투자사업 시행업자의 변경
② 철도시설투자사업 운영체계에 관한 변경
③ 철도시설투자사업 기간의 2년의 기간 내에서의 변경
④ 철도시설투자사업 사업기술의 50분의 1의 범위 안에서의 변경
⑤ 철도시설투자사업 총투자비용의 50분의 1의 범위 안에서의 변경

66 다음은 한국철도공사법령상 한국철도공사의 손익금의 처리에 대한 설명이다. 빈칸에 들어갈 내용으로 옳은 것은?

> 한국철도공사가 이익준비금 또는 사업확장적립금을 자본금으로 전입하고자 하는 때에는 이사회의 ________ 을/를 거쳐 기획재정부장관의 승인을 얻어야 한다.

① 의결
② 승인
③ 허락
④ 협의
⑤ 보고

67 다음 중 철도사업법령상 철도사업자의 면허취소 또는 사업정지 등의 처분대상이 되는 사상자의 수는?

① 1회 철도사고로 사망자 3명 이상
② 1회 철도사고로 사망자 4명 이상
③ 1회 철도사고로 사망자 5명 이상
④ 1회 철도사고로 사망자 7명 이상
⑤ 1회 철도사고로 사망자 9명 이상

68 다음 중 한국철도공사법상 한국철도공사의 손익금 처리 순서를 바르게 나열한 것은?

ㄱ. 국고에 납입
ㄴ. 이월결손금의 보전(補塡)
ㄷ. 자본금의 2분의 1이 될 때까지 이익금의 10분의 2 이상을 이익준비금으로 적립
ㄹ. 자본금과 같은 액수가 될 때까지 이익금의 10분의 2 이상을 사업확장적립금으로 적립

① ㄴ－ㄷ－ㄹ－ㄱ
② ㄴ－ㄹ－ㄷ－ㄱ
③ ㄷ－ㄴ－ㄹ－ㄱ
④ ㄷ－ㄹ－ㄴ－ㄱ
⑤ ㄹ－ㄴ－ㄷ－ㄱ

69 다음 중 한국철도공사법령상 한국철도공사의 설립등기사항이 아닌 것은?

① 명칭
② 자본금
③ 설립목적
④ 임원의 자격
⑤ 공고의 방법

70 다음 중 철도산업발전기본법령상 철도산업위원회의 위원이 될 수 없는 사람은?

① 기획재정부차관
② 한국철도공사 사장
③ 산업통상자원부차관
④ 공정거래위원회위원장
⑤ 과학기술정보통신부차관

www.sdedu.co.kr

4일 차
기출응용 모의고사

〈문항 및 시험시간〉

평가영역	문항 수	시험시간	모바일 OMR 답안채점 / 성적분석 서비스
[NCS] 의사소통능력＋수리능력＋ 문제해결능력 [전공] 경영학 [철도법령] 철도 관련 법령	70문항	70분	

※ 수록 기준

철도산업발전기본법 : 법률 제18693호(시행 22.7.5.), 철도산업발전기본법 시행령 : 대통령령 제32759호(시행 22.7.5.)

한국철도공사법 : 법률 제15460호(시행 19.3.14.), 한국철도공사법 시행령 : 대통령령 제31899호(시행 21.7.20.)

철도사업법 : 법률 제19391호(시행 23.10.19.), 철도사업법 시행령 : 대통령령 제33795호(시행 24.1.1.)

코레일 한국철도공사 사무직 NCS + 전공 + 법령

4일 차 기출응용 모의고사

문항 수 : 70문항
시험시간 : 70분

제1영역 직업기초능력평가

01 다음 문단을 논리적 순서대로 바르게 나열한 것은?

(가) 논리 실증주의자와 포퍼는 지식을 수학 지식이나 논리학 지식처럼 경험과 무관한 것과 과학적 지식처럼 경험에 의존하는 것으로 구분한다. 그 과학적 지식은 과학적 방법에 의해 누적된다고 주장하며, 가설이 과학적 지식의 후보가 된다고 보았다.

(나) 하지만 콰인은 가설만 가지고서 예측을 논리적으로 도출할 수 없다고 본다. 예를 들어 새로 발견된 금속 M이 열을 받으면 팽창한다는 가설만 가지고는 열을 받은 M이 팽창할 것이라는 예측을 이끌어 낼 수 없다. 먼저 지금까지 관찰한 모든 금속은 열을 받으면 팽창한다는 기존의 지식과 M에 열을 가했다는 조건 등이 필요하다는 것이다.

(다) 그들은 가설로부터 논리적으로 도출된 예측을 관찰이나 실험 등의 경험을 통해 맞는지 틀리는지 판단함으로써 그 가설을 시험하는 과학적 방법을 제시한다. 논리 실증주의자는 예측이 맞을 경우에, 포퍼는 예측이 틀리지 않는 한, 그 예측을 도출한 가설이 하나씩 새로운 지식으로 추가된다고 주장한다.

(라) 이렇게 예측은 가설, 기존의 지식, 여러 조건 등을 모두 합쳐야만 논리적으로 도출된다는 것이다. 그러므로 예측이 거짓으로 밝혀지면 정확히 무엇 때문에 예측에 실패한 것인지 알 수 없다는 것이다. 이로부터 콰인은 개별 가설뿐만 아니라 기존의 지식과 여러 조건 등을 모두 포함하는 전체 지식이 경험을 통한 시험의 대상이 된다는 총체주의를 제안한다.

① (가) – (나) – (라) – (다)
② (가) – (다) – (나) – (라)
③ (나) – (다) – (라) – (가)
④ (나) – (라) – (다) – (가)
⑤ (다) – (라) – (나) – (가)

02 다음 글의 중심 내용으로 가장 적절한 것은?

쇼펜하우어에 따르면 우리가 살고 있는 세계의 진정한 본질은 의지이며 그 속에 있는 모든 존재는 맹목적인 삶의 의지에 의해서 지배당하고 있다. 쇼펜하우어는 우리가 일상적으로 또는 학문적으로 접근하는 세계는 단지 표상의 세계일 뿐이라고 주장하는데, 인간의 이성은 단지 이러한 표상의 세계만을 파악할 수 있을 뿐이다. 그에 따르면 존재하는 세계의 모든 사물들은 우선적으로 표상으로서 드러나게 된다. 시간과 공간 그리고 인과율에 의해서 파악되는 세계가 나의 표상인데, 이러한 표상의 세계는 오직 나에 의해서, 즉 인식하는 주관에 의해서만 파악되는 세계이다. 쇼펜하우어에 따르면 이러한 주관은 모든 현상의 세계, 즉 표상의 세계에서 주인의 역할을 하는 '나'이다.

이러한 주관을 이성이라고 부를 수도 있는데, 이성은 표상의 세계를 이끌어가는 주인공의 역할을 하는 것이다. 그러나 쇼펜하우어는 여기서 한발 더 나아가 표상의 세계에서 주인의 역할을 하는 주관 또는 이성은 의지의 지배를 받는다고 주장한다. 즉, 쇼펜하우어는 이성에 의해서 파악되는 세계의 뒤편에는 참된 본질적 세계인 의지의 세계가 있으므로 표상의 세계는 제한적이며 표면적인 세계일 뿐, 이성에 의해서 또는 주관에 의해서 결코 파악될 수 없다고 주장한다. 오히려 그는 그동안 인간이 진리를 파악하는 데 최고의 도구로 칭송받던 이성이나 주관을 의지에 끌려 다니는 피지배자일 뿐이라고 비판한다.

① 세계의 본질로서 의지의 세계
② 표상 세계의 극복과 그 해결 방안
③ 의지의 세계와 표상의 세계 간의 차이
④ 세계의 주인으로서 주관의 표상 능력
⑤ 표상 세계 안에서의 이성의 역할과 한계

03 다음 상황에서 차팀장이 이부장에게 제출한 문서의 종류로 가장 적절한 것은?

B사업의 시행을 담당하고 있는 김사원은 업무 진행 과정에서 B사업과 관련된 특이 사항을 발견하였다. 사안의 중대성을 깨닫고 혼자서 해결하기 어렵다고 생각한 김사원은 차팀장에게 이를 보고하였다. 차팀장은 문제를 해결하기 위한 방안을 문서로 작성하여 결재권자인 이부장에게 제출하였다.

① 결의서
② 품의서
③ 기안서
④ 기획서
⑤ 보고서

04 **다음 중 시각장애인 유도블록 설치에 대한 설명으로 적절하지 않은 것은?**

> 점자블록으로도 불리는 시각장애인 유도블록은 블록 표면에 돌기를 양각하여 시각장애인이 발바닥이나 지팡이의 촉감으로 위치나 방향을 알 수 있도록 유도한다. 횡단보도나 버스정류장 등의 공공장소에 설치되며, 블록의 형태는 발바닥의 촉감, 일반 보행자와의 관계 등 다양한 요인에 따라 결정된다.
>
> 점자블록은 크게 위치 표시용의 점형블록과 방향 표시용의 선형블록 두 종류로 나뉜다. 먼저 점형블록은 횡단지점, 대기지점, 목적지점, 보행 동선의 분기점 등의 위치를 표시하거나 위험 지점을 알리는 역할을 한다. 보통 30cm(가로)×30cm(세로)×6cm(높이)의 콘크리트제 사각 형태가 많이 쓰이며, 양각된 돌기의 수는 외부용 콘크리트 블록의 경우 36개, 내부용의 경우 64개가 적절하다. 일반적인 위치 감지용으로 점형블록을 설치할 경우 가로 폭은 대상 시설의 폭만큼 설치하며, 세로 폭은 보도의 폭을 고려하여 30 ~ 90cm 범위 안에서 설치한다.
>
> 다음으로 선형블록은 방향 유도용으로 보행 동선의 분기점, 대기 지점, 횡단 지점에 설치된 점형블록과 연계하여 목적 방향으로 일정한 거리까지 설치한다. 정확한 방향을 알 수 있도록 하는 데 목적이 있으며, 보행 동선을 확보·유지하는 역할을 한다. 양각된 돌출선의 윗면은 평면이 주로 쓰이고, 돌출선의 양 끝은 둥글게 처리한 것이 많다. 선형블록은 시각장애인이 안전하고 장애물이 없는 도로를 따라 이동할 수 있도록 설치하는데, 이때 블록의 돌출선은 유도 대상 시설의 방향과 평행해야 한다.

① 선형블록은 보행 동선의 분기점에 설치한다.
② 횡단지점의 위치를 표시하기 위해서는 점형블록을 설치한다.
③ 외부에는 양각된 돌기의 수가 36개인 점형블록을 설치한다.
④ 선형블록은 돌출선의 방향이 유도 대상 시설과 평행하도록 설치한다.
⑤ 점형블록을 횡단보도 앞에 설치하는 경우 세로 방향으로 4개 이상 설치하지 않는다.

05 다음 중 글의 전체 흐름과 맞지 않는 한 곳을 찾아 수정하려고 할 때, 가장 적절한 것은?

상업적 농업이란 전통적인 자급자족 형태의 농업과 달리 ㉠ 판매를 위해 경작하는 농업을 일컫는다. 농업이 상업화된다는 것은 산출할 수 있는 최대의 수익을 얻기 위해 경작이 이루어짐을 뜻한다. 이를 위해 쟁기질, 제초작업 등과 같은 생산 과정의 일부를 인간보다 효율이 높은 기계로 작업하게 되고, 농장에서 일하는 노동자도 다른 산업 분야처럼 경영상의 이유에 따라 쉽게 고용되고 해고된다. 이처럼 상업적 농업의 도입은 근대 사회의 상업화를 촉진한 측면이 있다.
홉스봄은 18세기 유럽에 상업적 농업이 도입되면서 일어난 몇 가지 변화에 주목했다. 중세 말기 장원의 해체로 인해 지주와 소작인 간의 인간적이었던 관계가 사라진 것처럼, ㉡ 농장주와 농장 노동자의 친밀하고 가까웠던 관계가 상업적 농업의 도입으로 인해 사라졌다. 토지는 삶의 터전이라기보다는 수익의 원천으로 여겨지게 되었고, 농장 노동자는 시세대로 고용되어 임금을 받는 존재로 변화하였다. 결국 대량 판매 시장을 위한 ㉢ 대규모 생산이 점점 더 강조되면서 기계가 인간을 대체하기 시작했다.
또한 상업적 농업의 도입은 중요한 사회적 결과를 가져왔다. 점차적으로 ㉣ 중간 계급으로의 수렴현상이 나타난 것이다. 저임금 구조의 고착화로 농장주와 농장 노동자 간의 소득 격차는 갈수록 벌어졌고, 농장 노동자의 처지는 위생과 복지의 양 측면에서 이전보다 더욱 열악해졌다.
나아가 상업화로 인해 그 동안 호혜성의 원리가 적용되어왔던 대상들의 성격이 변화하였는데, 특히 돈과 관련된 것, 즉 재산권이 그러했다. 수익을 얻기 위한 토지 매매가 본격화되면서 ㉤ 재산권은 공유되기보다는 개별화되었다. 이에 따라 이전에 평등주의 가치관이 우세했던 일부 유럽 국가에서조차 자원의 불평등한 분배와 사회적 양극화가 심화되었다.

① ㉠ : '개인적인 소비를 위해 경작하는 농업'으로 고친다.
② ㉡ : '농장주와 농장 노동자의 이질적이고 사용 관계에 가까웠던 관계'로 고친다.
③ ㉢ : '기술적 전문성이 점점 더 강조되면서 인간이 기계를 대체'로 고친다.
④ ㉣ : '계급의 양극화가 나타난 것이다.'로 고친다.
⑤ ㉤ : '재산권은 개별화되기보다는 사회 구성원 내에서 공유되었다.'로 고친다.

06 다음 기사를 읽고 이해한 내용으로 적절하지 않은 것은?

> 오늘날의 정신없는 한국 사회 안에서 사람들은 가정도 직장도 아닌 제3의 공간, 즉 케렌시아와 같은 공간을 갖고 싶어 할 것이다. '케렌시아(Querencia)'는 스페인어의 '바라다'라는 동사 '케레르(Querer)'에서 나왔다. 케렌시아는 피난처, 안식처, 귀소본능이라는 뜻으로, 투우장의 투우가 마지막 일전을 앞두고 홀로 잠시 숨을 고르는 자기만의 공간을 의미한다.
> 케렌시아를 의미하는 표현은 이전부터 쓰여 왔다. 미국 사회학자 폴라 에이머는 '맨케이브(주택의 지하, 창고 등 남성이 혼자서 작업할 수 있는 공간)'를 남성성의 마지막 보루라고 해석했다. 그리고 버지니아 울프는 『자기만의 방』에서 '여성이 권리를 찾기 위해서는 두 가지가 필요한데, 하나는 경제적 독립이며 또 다른 하나는 혼자만의 시간을 가질 수 있는 자기만의 방'이라고 표현했다.
> 이처럼 남자에게나 여자에게나 케렌시아와 같은 자기만의 공간이 필요한 것은 틀림없지만 경제적인 문제로 그런 공간을 갖는 것은 쉬운 일이 아니다. 그러나 그렇다고 아예 포기하고 살 수는 없다. 갖지 못해도 이용할 수 있는 방법을 찾아야 한다. 케렌시아가 내 아픈 삶을 위로해 준다면 기를 쓰고 찾아야 하지 않겠는가.
> 우리는 사실 케렌시아와 같은 공간을 쉽게 찾아볼 수 있다. 도심 속의 수면 카페가 그런 곳이다. 해먹에 누워 잠을 청하거나 안마의자를 이용해 휴식을 취할 수 있으며, 산소 캡슐 안에 들어가서 무공해 공기를 마시며 휴식을 취할 수도 있다. 오늘날 이러한 휴식을 위한 카페와 더불어 낚시 카페, 만화 카페, 한방 카페 등이 다양하게 생기고 있다.
> 즉, 케렌시아는 힐링과 재미에 머무는 것이 아니라 능동적인 취미 활동을 하는 곳이고, 창조적인 활동을 하기 위한 공간으로 변모해 가고 있는 것이다. 최근에는 취업준비생들에게 명절 대피소로 알려진 북카페가 등장했으며, '퇴근길에 책 한 잔'이라는 곳에서는 '3프리(Free)존'이라고 하여 잔소리 프리, 눈칫밥 프리, 커플 프리를 표방하기도 한다. 이보다 더 진보한 카페는 '책맥 카페'이다. 책과 맥주가 있는 카페. 책을 읽으며 맥주를 마시고, 맥주를 마시며 책을 읽을 수 있는 공간이라면 누구라도 한번 가보고 싶지 않겠는가. 술과 책의 그 먼 거리를 이리도 가깝게 할 수 있다니 놀라울 따름이다.
> 또한 마음을 다독일 케렌시아가 필요한 사람들에게는 전시장, 음악회 등의 문화 현장에 가보라고 권하고 싶다. 예술 문화는 인간을 위로하는 데 효과적이기 때문이다. 이러한 예술 현장에서 케렌시아를 찾아낸다면 팍팍한 우리의 삶에서, 삶의 위기를 극복하는 다른 사람의 이야기를 들을 수 있고 꿈을 꿀 수 있을지도 모른다.

① 케렌시아는 취미 활동보다는 휴식과 힐링을 위한 공간임을 알 수 있다.
② 다양한 카페는 사람들에게 케렌시아를 제공한다.
③ 케렌시아와 많은 유사한 다른 표현이 있음을 알 수 있다.
④ 케렌시아는 휴식과 힐링을 위한 자기만의 공간을 의미한다고 볼 수 있다.
⑤ 전시장, 음악회 등 문화 현장에서 케렌시아를 찾을 수 있다.

07 다음 글의 서술상 특징으로 가장 적절한 것은?

우리가 어떤 개체의 행동이나 상태 변화를 설명하고 예측하고자 할 때는 물리적 태세, 목적론적 태세, 지향적 태세라는 전략을 활용할 수 있다. 소금을 물에 넣고 물속의 소금에 어떤 변화가 일어날지 예측하기 위해서는 소금과 물, 그리고 그것을 지배하는 물리적 법칙을 적용해야 한다. 이는 대상의 물리적 구성 요소와 그것을 지배하는 법칙을 통해 그 변화를 예측한 것이다. 이와 같은 전략을 '물리적 태세'라 한다.

'목적론적 태세'는 개체의 설계 목적이나 기능을 파악하여 그 행동을 설명하고 예측하는 전략이다. 가령 컴퓨터의 〈F8〉 키가 어떤 기능을 하는지 알기만 하면 키를 누를 때마다 컴퓨터의 반응을 예측할 수 있다.

마지막으로 '지향적 태세'는 지향성의 개념을 사용하여 개체의 행동을 설명하고 예측하는 전략이다. 여기서 '지향성'이란 어떤 대상을 향한 개체의 의식, 신념, 욕망 등을 가리킨다.

가령 쥐의 왼쪽에 고양이가 나타났을 경우를 가정해 보자. 쥐의 행동을 예측하기 위해서는 어떤 전략을 사용해야 할까? 물리적 태세를 취해 쥐의 물리적 구성 요소나 쥐의 행동 양식을 지배하는 물리적 법칙을 파악할 수는 없다. 또한, 쥐가 어떤 기능이나 목적을 수행하도록 설계된 개체로 보기도 어려우므로 목적론적 태세도 취할 수 없다. 따라서 우리는 쥐가 살고자 하는 지향성을 지닌 개체라고 전제하고, 그 행동을 예측하는 것이 타당할 것이다. 즉, 쥐는 생존 욕구 때문에 '왼쪽에 고양이가 있으니, 그쪽으로 가면 잡아먹힐 위험이 있다. 그러니 왼쪽으로는 가지 말아야지.'라는 믿음을 가질 것이다. 우리는 쥐가 고양이가 있는 왼쪽으로 가는 행동을 하지 않을 것으로 예측할 수 있다. 그런데 예측 과정에서 선행되어야 하는 것은 쥐가 살아남기 위해 합리적으로 행동하는 개체라는 점을 인식해야 한다는 것이다. 따라서 지향적 태세를 취한다는 것은 예측 대상이 합리적으로 행동하는 개체임을 가정하는 것이다.

유기체는 생존과 번성의 욕구를 성취하기 위한 지향성을 지닌다. 그리고 환경에 성공적으로 적응하기 위해 정보를 수집하고, 축적된 정보에 새로운 정보를 결합하여 가장 합리적이라고 판단되는 행동을 선택한다. 이처럼 대부분의 유기체는 외부 세계와의 관계 속에서 지향성을 지니며 진화해 왔다. 지향적 태세는 우리가 대상을 바라보는 새로운 자세와 관점을 제공했다는 점에서 의의를 찾을 수 있다.

① 구체적 사례를 통해 추상적인 개념을 설명하고 있다.
② 다양한 관점을 소개하면서 이를 서로 절충하고 있다.
③ 전문가의 견해를 토대로 현상의 원인을 분석하고 있다.
④ 기존 이론의 문제점을 밝히고 새로운 이론을 제시하고 있다.
⑤ 시대적 흐름에 따른 핵심 개념의 변화 과정을 규명하고 있다.

08 다음 글의 순서를 고려할 때 글의 구조로 가장 적절한 것은?

(가) 고려의 수도 개경 안에는 궁궐이 있고, 그 주변으로 가옥과 상점이 모여 시가지를 형성하고 있었다. 이 궁궐과 시가지를 둘러싼 성벽을 개경 도성이라고 불렀다. 개경 도성에는 여러 개의 출입문이 있었는데, 서쪽에 있는 문 가운데 가장 많은 사람이 드나든 곳은 선의문이었다.

(나) 동쪽에는 숭인문이라는 문도 있었다. 도성 안에는 선의문과 숭인문을 잇는 큰 도로가 있었다. 이 도로는 궁궐의 출입문인 광화문으로부터 도성 남쪽 출입문 방향으로 나 있는 다른 도로와 만나는데, 두 도로의 교차점을 십자가라고 불렀다.

(다) 또 십자가에서 남쪽으로 이어진 길로 백여 미터만 가도 그 길에 접한 서쪽면에 돼지고기만 따로 파는 저전들이 있었다. 이외에도 십자가와 선의문 사이를 잇는 길의 중간 지점에 수륙교라는 다리가 있었는데, 그 옆에 종이만 파는 저시 골목이 있었다.

(라) 개경에는 남대가에만 시전이 있는 것이 아니었다. 십자가에서 숭인문 방향으로 몇백 미터를 걸어가면 그 도로 북쪽 편에 자남산이라는 조그마한 산이 있었다. 이 산은 도로에서 불과 몇십 미터 떨어져 있지 않은데, 그 산과 남대가 사이의 공간에 기름만 취급하는 시전들이 따로 모인 유시 골목이 있었다.

(마) 고려 때에는 개경의 십자가로부터 광화문까지 난 거리를 남대가라고 불렀다. 남대가 양편에는 관청의 허가를 받아 영업하는 상점인 시전들이 도로를 따라 나란히 위치해 있었다. 이 거리는 비단이나 신발을 파는 시전, 과일 파는 시전 등이 밀집한 번화가였다. 고려 정부는 이 거리를 관리하기 위해 남대가의 남쪽 끝 지점에 경시서라는 관청을 두었다.

①
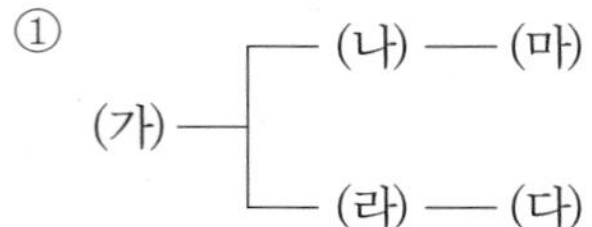

②
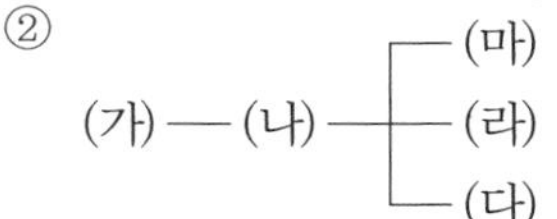

③
(가) — (나) / (다)
(라) — (마)

④
(가) — (나) / (다) — (라)
(마)

⑤
(가) — (나) — (마)
(다) — (라)

09 다음 글의 제목으로 가장 적절한 것은?

우리는 처음 만난 사람의 외모를 보고, 그를 어떤 방식으로 대우해야 할지를 결정할 때가 많다. 그가 여자인지 남자인지, 얼굴색이 흰지 검은지, 나이가 많은지 적은지 혹은 그의 스타일이 조금은 상류층의 모습을 띠고 있는지 아니면 너무나 흔해서 별 특징이 드러나 보이지 않는 외모를 하고 있는지 등을 통해 그들과 나의 차이를 재빨리 감지한다. 일단 감지가 되면 우리는 둘 사이의 지위 차이를 인식하고 우리가 알고 있는 방식으로 그를 대하게 된다. 한 개인이 특정 집단에 속한다는 것은 단순히 다른 집단의 사람과 다르다는 것뿐만 아니라, 그 집단이 다른 집단보다는 지위가 높거나 우월하다는 믿음을 갖게 한다. 모든 인간은 평등하다는 우리의 신념에도 불구하고 왜 인간들 사이의 이러한 위계화(位階化)를 당연한 것으로 받아들일까? 위계화란 특정 부류의 사람들은 자원과 권력을 소유하고 다른 부류의 사람들은 낮은 사회적 지위를 갖게 되는 사회적이며 문화적인 체계이다. 다음으로 이러한 불평등이 어떠한 방식으로 경험되고 조직화되는지를 살펴보기로 하자.
인간이 불평등을 경험하게 되는 방식은 여러 측면으로 나눌 수 있다. 산업 사회에서의 불평등은 계층과 계급의 차이를 통해서 정당화되는데, 이는 재산, 생산 수단의 소유 여부, 학력, 집안 배경 등의 요소들의 결합에 의해 사람들 사이의 위계를 만들어 낸다. 또한 모든 사회에서 인간은 태어날 때부터 얻게 되는 인종, 성, 종족 등의 생득적 특성과 나이를 통해 불평등을 경험한다. 이러한 특성들은 단순히 생물학적인 차이를 지칭하는 것이 아니라, 개인의 열등성과 우등성을 가늠하게 만드는 사회적 개념이 되곤 한다.
한편 불평등이 재생산되는 다양한 사회적 기제들이 때로는 관습이나 전통이라는 이름하에 특정 사회의 본질적인 문화적 특성으로 간주되고 당연시되는 경우가 많다. 불평등은 체계적으로 조직되고 개인에 의해 경험됨으로써 문화의 주요 부분이 되었고, 그 결과 같은 문화권 내의 구성원들 사이에 권력 차이와 그에 따른 폭력이나 비인간적인 행위들이 자연스럽게 수용될 때가 많다.
문화 인류학자들은 사회 집단의 차이와 불평등, 사회의 관습 또는 전통이라고 이야기되는 문화 현상에 대해 어떤 입장을 취해야 할지 고민을 한다. 문화 인류학자가 이러한 문화 현상은 고유한 역사적 산물이므로 나름대로 가치를 지닌다는 입장만을 반복하거나 단순히 관찰자로서의 입장에 안주한다면, 이러한 차별의 형태를 제거하는 데 도움을 줄 수 없다. 실제로 문화 인류학 연구는 기존의 권력관계를 유지시켜주는 다양한 문화적 이데올로기를 분석하고, 인간 간의 차이가 우등성과 열등성을 구분하는 지표가 아니라 동등한 다름일 뿐이라는 것을 일깨우는 데 기여해 왔다.

① 차이와 불평등
② 차이의 감지 능력
③ 문화 인류학의 역사
④ 위계화의 개념과 구조
⑤ 관습과 전통의 계승과 창조

10 **다음 중 갑과 을의 주장을 도출할 수 있는 질문으로 가장 적절한 것은?**

> 갑 : 현재 우리나라는 저출산 문제가 심각하기 때문에 영유아를 배려하는 정책이 필요하다. 노키즈존과 같은 정책을 통해 더 좋은 서비스를 제공한다고 하는 것은 표면상의 이유로 들어 영유아를 배려하지 않는 위험한 생각이다. 이는 어린이들의 사회적·문화적 활동을 가로막고, 어린이들 개개인이 우리 사회의 구성원이라는 인식을 갖게 하는 데 어려움을 준다. 또한 특정 집단에 대한 차별 문화를 정당화할 수 있으며, 헌법에서 보장하는 평등의 원리, 차별 금지의 원칙에도 위배된다.
>
> 을 : 공공장소에서 자신의 아이를 제대로 돌보지 않는 부모들이 늘고 있어, 주변 손님들에게 피해를 주고 가게의 매출이 줄어드는 등의 피해가 일어나고 있다. 특히 어린이들의 안전사고가 발생하는 경우 오히려 해당 가게에 피해보상을 요구하는 일까지 있다. 이러한 상황에서 점주나 아이가 없는 손님의 입장에서는 아이가 없는 환경에서 영업을 하고 서비스를 제공받을 권리가 있다. 더군다나 특정 손님의 입장 거부는 민법상 계약 과정에서 손님을 선택하고 서비스를 제공하지 않을 수 있는 자유에 속하므로, 어떤 법적·도덕적 기준에도 저촉되지 않는다.

① 공공장소에서 부모들은 아이의 행동을 감시해야 하는가?
② 영유아 복지제도를 시행해야 하는가?
③ 차별 금지 원칙의 적용 범위는 어디까지인가?
④ 가게에서 노키즈존을 운영할 수 있는가?
⑤ 공공장소에서 발생한 어린이 안전사고의 책임은 누구에게 있는가?

11 **다음과 같이 일정한 규칙으로 수를 나열할 때 빈칸에 들어갈 수로 옳은 것은?**

> 27 86 23 79 ( ) 72 15 65

① 75
② 20
③ 78
④ 17
⑤ 19

12 다음은 국가별 지적재산권 출원 건수 및 비중에 대한 자료이다. 이에 대한 설명으로 옳지 않은 것은?

〈국가별 지적재산권 출원 건수 및 비중〉

(단위 : 건, %)

구분		2017년	2018년	2019년	2020년	2021년	2022년	2023년
한국	건수	4,686	5,945	7,064	7,899	8,035	9,669	9,292
	비중	3.43	3.97	4.42	4.84	5.17	5.88	5.75
일본	건수	24,870	27,025	27,743	28,760	29,802	32,150	35,331
	비중	18.19	18.06	17.35	17.62	19.18	19.57	21.85
중국	건수	2,503	3,942	5,455	6,120	7,900	12,296	14,318
	비중	1.83	2.63	3.41	3.75	5.08	7.48	8.86
독일	건수	15,991	16,736	17,821	18,855	16,797	17,568	16,675
	비중	11.69	11.18	11.14	11.55	10.81	10.69	10.31
프랑스	건수	5,742	6,256	6,560	7,072	7,237	7,245	6,474
	비중	4.20	4.18	4.10	4.33	4.66	4.41	4.00
미국	건수	26,882	51,280	54,042	51,642	45,625	45,000	43,076
	비중	34.28	34.27	33.79	31.64	29.36	27.39	26.64

① 한국의 지적재산권 출원 비중은 2023년을 제외하고는 매년 모두 증가하고 있는 추세이다.
② 2017년 대비 2023년 지적재산권 출원 비중이 가장 크게 증가한 국가는 중국이다.
③ 2017년 대비 2023년 지적재산권 출원 비중이 낮아진 국가는 모두 세 국가이다.
④ 매년 가장 큰 지적재산권 출원 비중을 차지하고 있는 국가는 미국이다.
⑤ 프랑스의 출원 건수는 한국의 출원 건수보다 매년 많다.

13 A～C 3명의 친구가 가위바위보를 할 때, 3번 안에 1명의 승자가 정해질 확률은?(단, 패자는 제외하지 않는다)

① $\frac{5}{2}$
② $\frac{1}{3}$
③ $\frac{1}{21}$
④ $\frac{19}{27}$
⑤ $\frac{4}{5}$

14 다음은 어느 해 12월 말 기준 가 지역의 개설 및 등록 의료기관 수에 대한 자료이다. 〈조건〉을 토대로 A ~ D에 해당하는 의료기관을 순서대로 바르게 나열한 것은?

〈가 지역의 개설 및 등록 의료기관 수〉

(단위 : 개소)

의료기관	개설 의료기관 수	등록 의료기관 수
A	2,784	872
B	(　)	141
C	1,028	305
D	(　)	360

※ $[\text{등록률}(\%)]=\frac{(\text{등록 의료기관 수})}{(\text{개설 의료기관 수})}\times 100$

〈조건〉

- 의료기관은 종합병원, 치과, 안과, 한방병원 총 4종류가 있다.
- 등록률이 30% 이상인 의료기관은 종합병원과 치과이다.
- 종합병원의 등록 의료기관 수는 안과의 등록 의료기관 수의 2.5배 이상이다.
- 치과의 등록 의료기관 수는 한방병원의 등록 의료기관 수보다 적다.

	A	B	C	D
①	한방병원	종합병원	안과	치과
②	한방병원	종합병원	치과	안과
③	종합병원	치과	안과	한방병원
④	종합병원	치과	한방병원	안과
⑤	종합병원	안과	한방병원	치과

15 다음은 K공장에서 근무하는 근로자들의 임금수준 분포를 나타낸 자료이다. 근로자 전체에게 지급된 임금 월 급여의 총액이 2억 원일 때, 〈보기〉에서 옳은 것을 모두 고르면?

〈공장 근로자의 임금수준 분포〉

임금수준(만 원)	근로자 수(명)
월 300 이상	4
월 270 이상 300 미만	8
월 240 이상 270 미만	12
월 210 이상 240 미만	26
월 180 이상 210 미만	30
월 150 이상 180 미만	6
월 150 미만	4
합계	90

〈보기〉

ㄱ. 근로자당 평균 월 급여액은 230만 원 이하이다.
ㄴ. 절반 이상의 근로자들이 월 210만 원 이상의 급여를 받고 있다.
ㄷ. 월 180만 원 미만의 급여를 받는 근로자의 비율은 약 14%이다.
ㄹ. 적어도 15명 이상의 근로자가 월 250만 원 이상의 급여를 받고 있다.

① ㄱ
② ㄱ, ㄴ
③ ㄱ, ㄴ, ㄹ
④ ㄴ, ㄷ, ㄹ
⑤ ㄱ, ㄴ, ㄷ, ㄹ

16 다음은 농산물을 유전자 변형한 GMO 품목 가운데 전 세계에서 승인받은 200개 품목의 현황에 대한 자료이다. 이에 대한 설명으로 옳은 것은?

〈승인받은 GMO 품목 현황〉

(단위 : 개)

구분	승인 국가 수	전 세계 승인 품목			국내 승인 품목		
		합계	A유형	B유형	합계	A유형	B유형
콩	21	20	18	2	11	9	2
옥수수	22	72	32	40	51	19	32
면화	14	35	25	10	18	9	9
유채	11	22	19	3	6	6	0
사탕무	13	3	3	0	1	1	0
감자	8	21	21	0	4	4	0
알팔파	8	3	3	0	1	1	0
쌀	10	4	4	0	0	0	0
아마	2	1	1	0	0	0	0
자두	1	1	1	0	0	0	0
치커리	1	3	3	0	0	0	0
토마토	4	11	11	0	0	0	0
파파야	3	2	2	0	0	0	0
호박	2	2	2	0	0	0	0

※ 전 세계 승인 품목은 국내 승인 품목을 포함한다.

① 승인 품목이 하나 이상인 국가는 모두 120개이다.
② 국내에서 92개, 국외에서 108개 품목이 각각 승인되었다.
③ 전 세계 승인 품목 중 국내에서 승인되지 않은 품목의 비율은 50% 이상이다.
④ 옥수수, 면화의 국내 승인 품목은 각각 B유형이 A유형보다 많다.
⑤ 옥수수, 면화, 감자의 전 세계 승인 품목은 각각 B유형이 20개 이상이다.

17 다음은 예식장 사업 형태에 대한 자료이다. 이에 대한 설명으로 옳지 않은 것은?

〈예식장 사업 형태〉

(단위 : 개, 백만 원, m^2)

구분	개인경영	회사법인	회사 이외의 법인	비법인 단체	합계
사업체 수	1,160	44	91	9	1,304
매출	238,789	43,099	10,128	791	292,807
비용	124,446	26,610	5,542	431	157,029
면적	1,253,791	155,379	54,665	3,534	1,467,369

※ $[\text{수익률}(\%)]=\left[\frac{(\text{매출})}{(\text{비용})}-1\right]\times 100$

① 예식장 사업은 대부분 개인경영 형태로 이루어지고 있다.

② 사업체당 매출액이 평균적으로 제일 큰 예식장 사업 형태는 회사법인 예식장이다.

③ 예식장 사업은 매출액의 40% 이상이 수익이 되는 사업이다.

④ 수익률이 가장 높은 예식장 사업 형태는 회사법인 형태이다.

⑤ 사업체당 평균 면적이 가장 작은 예식장 사업 형태는 비법인 단체 형태이다.

18 다음은 2016 ~ 2023년 7개 도시 실질 성장률에 대한 자료이다. 이에 대한 설명으로 옳은 것은?

〈7개 도시 실질 성장률〉

(단위 : %)

도시 \ 연도	2016년	2017년	2018년	2019년	2020년	2021년	2022년	2023년
서울	9.0	3.4	8.0	1.3	1.0	2.2	4.3	4.4
부산	5.3	7.9	6.7	4.8	0.6	3.0	3.4	4.6
대구	7.4	1.0	4.4	2.6	3.2	0.6	3.9	4.5
인천	6.8	4.9	10.7	2.4	3.8	3.7	6.8	7.4
광주	10.1	3.4	9.5	1.6	1.5	6.5	6.5	3.7
대전	9.1	4.6	8.1	7.4	1.6	2.6	3.4	3.2
울산	8.5	0.5	15.8	2.6	4.3	4.6	1.9	4.6

① 2021년 서울, 부산, 광주의 실질 성장률은 각각 2020년의 2배 이상이다.

② 2020년과 2021년 실질 성장률이 가장 높은 도시는 일치한다.

③ 2017년 각 도시의 실질 성장률은 2016년에 비해 감소하였다.

④ 2018년 대비 2019년 실질 성장률이 5%p 이상 감소한 도시는 모두 3곳이다.

⑤ 2016년 실질 성장률이 가장 높은 도시가 2023년에는 실질 성장률이 가장 낮았다.

19 다음은 가계 금융자산을 나타낸 자료이다. 이를 나타낸 그래프로 옳지 않은 것은?

〈각국의 연도별 가계 금융자산 비율〉

구분	2018년	2019년	2020년	2021년	2022년	2023년
A	0.24	0.22	0.21	0.19	0.17	0.16
B	0.44	0.45	0.48	0.41	0.40	0.45
C	0.39	0.36	0.34	0.29	0.28	0.25
D	0.25	0.28	0.26	0.25	0.22	0.21

※ 가계 총자산은 가계 금융자산과 가계 비금융자산으로 이루어지며, 가계 금융자산 비율은 가계 총자산 대비 가계 금융자산이 차지하는 비율이다.

〈2023년 각국의 가계 금융자산 구성비〉

구분	예금	보험	채권	주식	투자 신탁	기타
A	0.62	0.18	0.10	0.07	0.02	0.01
B	0.15	0.30	0.10	0.31	0.12	0.02
C	0.35	0.27	0.11	0.09	0.14	0.04
D	0.56	0.29	0.03	0.06	0.02	0.04

① 연도별 B국과 C국 가계 비금융자산 비율

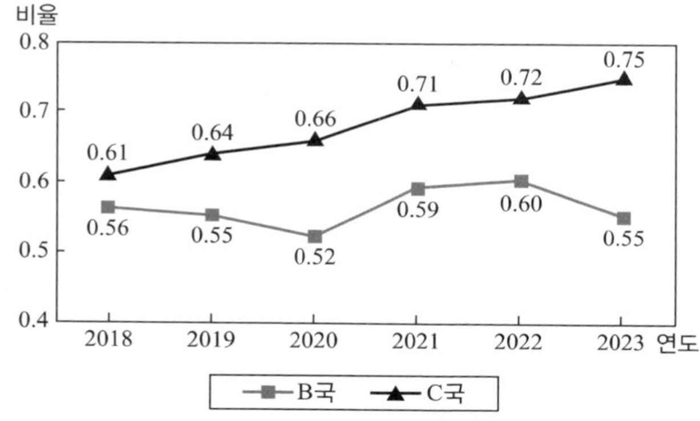

② 2020년 각국의 가계 총자산 구성비

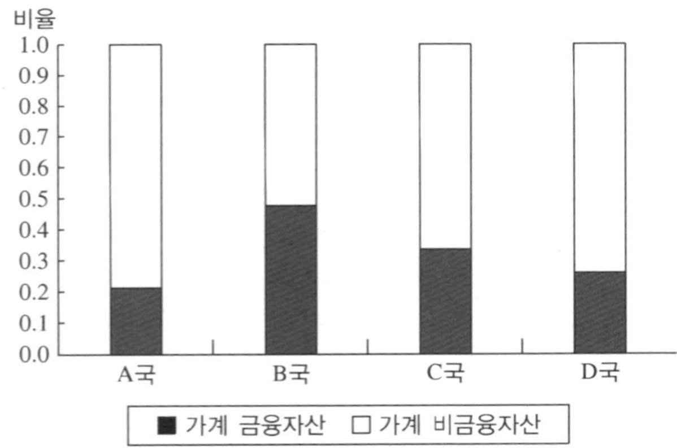

③ 2023년 C국의 가계 금융자산 구성비

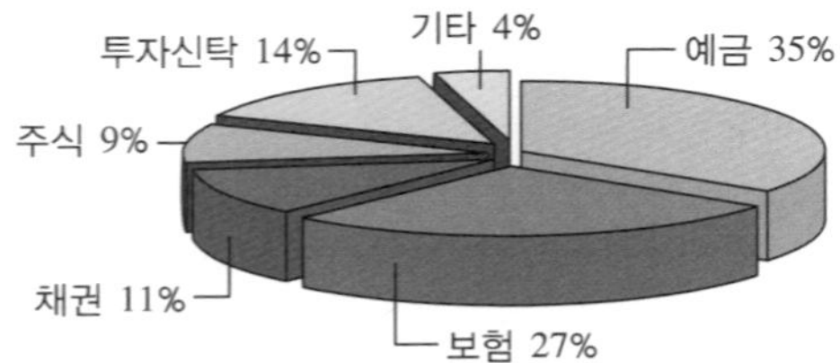

④ 2023년 A국과 D국의 가계 금융자산 대비 보험, 채권, 주식 구성비

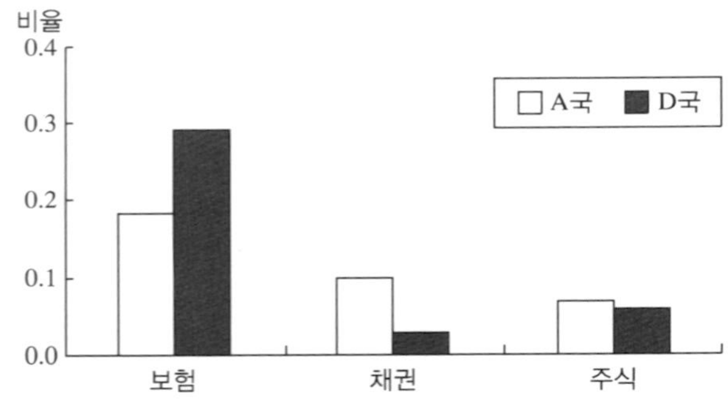

⑤ 2023년 각국의 가계 총자산 대비 예금 구성비

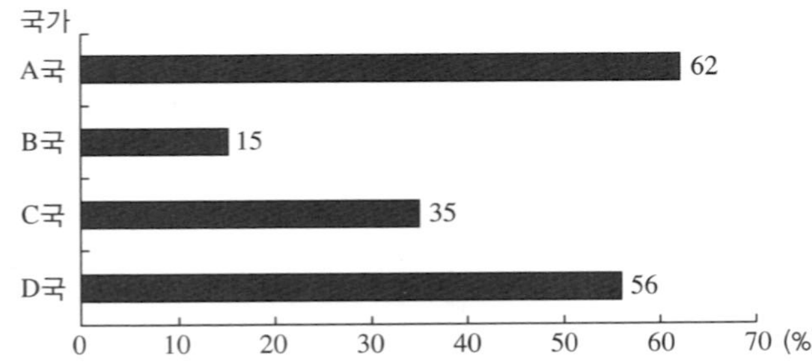

20 농도 10% 설탕물 480g에 농도 20% 설탕물 120g을 섞었다. 이 설탕물에서 한 컵의 설탕물을 퍼내고, 퍼낸 설탕물의 양만큼 다시 물을 부었더니 농도 11%의 설탕물 600g이 되었다. 이때 컵으로 퍼낸 설탕물의 양은?

① 30g
② 50g
③ 60g
④ 90g
⑤ 100g

21 윗마을에 사는 남자는 참말만 하고 여자는 거짓말만 한다. 반대로 아랫마을에 사는 남자는 거짓말만 하고 여자는 참말만 한다. 윗마을 사람 두 명과 아랫마을 사람 두 명이 다음과 같이 대화하고 있을 때, 반드시 참인 것은?

> 갑 : 나는 아랫마을에 살아.
> 을 : 나는 아랫마을에 살아. 갑은 남자야.
> 병 : 을은 아랫마을에 살아. 을은 남자야.
> 정 : 을은 윗마을에 살아. 병은 윗마을에 살아.

① 갑은 윗마을에 산다.
② 갑과 을은 같은 마을에 산다.
③ 을과 병은 다른 마을에 산다.
④ 을, 병, 정 가운데 둘은 아랫마을에 산다.
⑤ 이 대화에 참여하고 있는 이들은 모두 여자이다.

※ 다음은 K공사 사업추진팀의 인사평가결과표이다. 이어지는 질문에 답하시오. **[22~23]**

〈사업추진팀 인사평가 항목별 등급〉

성명	업무등급	소통등급	자격등급
유수연	A	B	B
최혜수	D	C	B
이명희	C	A	B
한승엽	A	A	D
이효연	B	B	C
김은혜	A	D	D
박성진	A	A	A
김민영	D	D	D
박호수	D	A	B
김신애	C	D	D

※ 등급의 환산점수는 A : 100점, B : 90점, C : 80점, D : 70점으로 환산하여 총점으로 구한다.

22 K공사에서는 인사평가 결과를 바탕으로 상여금을 지급한다. 인사평가결과표와 상여금 지급 규정을 참고하였을 때, 다음 중 가장 많은 상여금을 받을 수 있는 사람은 누구인가?

〈상여금 지급 규정〉

- 인사평가 총점이 팀 내 상위 50% 이내에 드는 경우 100만 원을 지급한다.
- 인사평가 총점이 팀 내 상위 30% 이내에 드는 경우 50만 원을 추가로 지급한다.
- 상위 50% 미만은 20만 원을 지급한다.
- 동순위자 발생 시 A등급의 빈도가 높은 순서대로 순위를 정한다.

① 이명희
② 박성진
③ 이효연
④ 박호수
⑤ 김신애

23 인사평가 결과에서 오류가 발견되어 박호수의 소통등급과 자격등급이 C로 정정되었다면, 박호수를 제외한 순위변동이 있는 사람은 몇 명인가?

① 없음
② 1명
③ 2명
④ 3명
⑤ 4명

24 다음 글을 근거로 판단할 때, 〈보기〉에서 옳은 것을 모두 고르면?

- 갑과 을은 다음 그림과 같이 번호가 매겨진 9개의 구역을 점령하는 게임을 한다.

1	2	3
4	5	6
7	8	9

- 게임 시작 전 제비뽑기를 통해 갑은 1구역, 을은 8구역으로 최초 점령 구역이 정해졌다.
- 갑과 을은 가위바위보 게임을 해서 이길 때마다, 자신이 이미 점령한 구역에 상하좌우로 변이 접한 구역 중 점령되지 않은 구역 1개를 추가로 점령하여 자신의 구역으로 만든다.
- 만약 가위바위보 게임에서 이겨도 더 이상 자신이 점령할 수 있는 구역이 없으면 이후의 가위바위보 게임은 모두 진 것으로 한다.
- 게임은 모든 구역이 점령될 때까지 계속되며, 더 많은 구역을 점령한 사람이 게임에서 승리한다.
- 갑과 을은 게임에서 승리하기 위하여 최선의 선택을 한다.

〈보기〉

ㄱ. 을이 첫 번째, 두 번째 가위바위보 게임에서 모두 이기면 승리한다.
ㄴ. 갑이 첫 번째, 두 번째 가위바위보 게임을 이겨서 2구역과 5구역을 점령하고, 을이 세 번째 가위바위보 게임을 이겨서 9구역을 점령하면, 네 번째 가위바위보 게임을 이긴 사람이 승리한다.
ㄷ. 갑이 첫 번째, 세 번째 가위바위보 게임을 이겨서 2구역과 4구역을 점령하고, 을이 두 번째 가위바위보 게임을 이겨서 5구역을 점령하면, 게임의 승자를 결정하기 위해서는 최소 2번 이상의 가위바위보 게임을 해야 한다.

① ㄴ
② ㄷ
③ ㄱ, ㄴ
④ ㄱ, ㄷ
⑤ ㄴ, ㄷ

25 **문제 원인의 패턴을 다음과 같이 구분하였을 때, 빈칸 ㉠ ~ ㉢에 해당하는 내용을 순서대로 바르게 나열한 것은?**

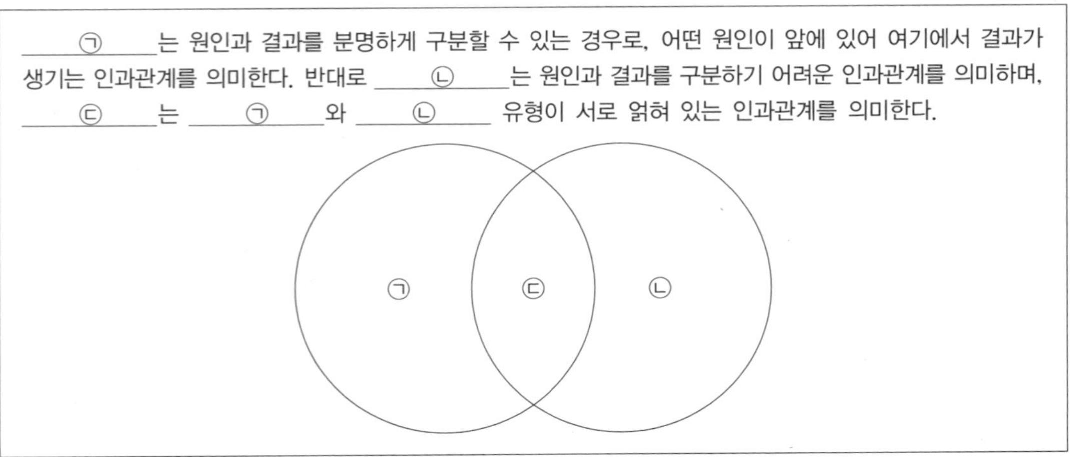

______㉠______는 원인과 결과를 분명하게 구분할 수 있는 경우로, 어떤 원인이 앞에 있어 여기에서 결과가 생기는 인과관계를 의미한다. 반대로 ______㉡______는 원인과 결과를 구분하기 어려운 인과관계를 의미하며, ______㉢______는 ______㉠______와 ______㉡______ 유형이 서로 얽혀 있는 인과관계를 의미한다.

	㉠	㉡	㉢
①	단순한 인과관계	닭과 계란의 인과관계	복잡한 인과관계
②	단순한 인과관계	복잡한 인과관계	닭과 계란의 인과관계
③	단순한 인과관계	복잡한 인과관계	단순·복잡한 인과관계
④	닭과 계란의 인과관계	복잡한 인과관계	단순한 인과관계
⑤	닭과 계란의 인과관계	단순한 인과관계	복잡한 인과관계

26 **다음 상황과 같은 논리적 오류가 나타난 사례는?**

> 나는 지난 겨울방학에 이어 이번 여름방학에 알래스카를 다시 방문했는데, 흰 눈과 얼음으로 뒤덮여 있던 내 기억 속의 겨울 알래스카와 전혀 다른 모습이라 당황스러웠어.

① 소크라테스는 독배를 들고 죽은 사람이므로 그의 말은 믿을 것이 못된다.
② 요즘 청소년들의 사고가 많은 걸 보니 청소년들은 전부 문제가 많은 모양이야.
③ 천국이나 지옥이 없다는 것을 증명할 수 없으므로 천국이나 지옥의 존재를 인정해야 한다.
④ ○○치약을 사용하는 사람이 9백만 명이나 되는 걸 보면 ○○치약이 가장 좋은 제품이야.
⑤ 게임을 좋아하는 철수보다 책을 좋아하는 영희가 좋은 이유는 게임보다 책을 좋아하는 사람이 더 지성적이기 때문이야.

27 레저용 차량을 생산하는 K기업에 대한 다음 SWOT 분석 결과를 참고할 때, 〈보기〉 중 전략에 따른 대응으로 적절한 것을 모두 고르면?

SWOT 분석은 조직의 외부환경 분석을 통해 기회와 위협 요인을 파악하고, 조직의 내부 역량 분석을 통해서 조직의 강점과 약점을 파악하여, 이를 토대로 강점은 최대화하고 약점은 최소화하며, 기회는 최대한 활용하고 위협에는 최대한 대처하는 전략을 세우기 위한 분석 방법이다.

〈SWOT 분석 매트릭스〉

구분	강점(Strength)	약점(Weakness)
기회(Opportunity)	SO전략 : 공격적 전략 강점으로 기회를 살리는 전략	WO전략 : 방향전환 전략 약점을 보완하여 기회를 살리는 전략
위협(Threat)	ST전략 : 다양화 전략 강점으로 위협을 최소화하는 전략	WT전략 : 방어적 전략 약점을 보완하여 위협을 최소화하는 전략

〈K기업의 SWOT 분석 결과〉

강점(Strength)	약점(Weakness)
• 높은 브랜드 이미지·평판 • 훌륭한 서비스와 판매 후 보증수리 • 확실한 거래망, 딜러와의 우호적인 관계 • 막대한 R&D 역량 • 자동화된 공장 • 대부분의 차량 부품 자체 생산	• 한 가지 차종에만 집중 • 고도의 기술력에 대한 과도한 집중 • 생산설비에 막대한 투자 → 차량모델 변경의 어려움 • 한 곳의 생산 공장만 보유 • 전통적인 가족형 기업 운영
기회(Opportunity)	**위협(Threat)**
• 소형 레저용 차량에 대한 수요 증대 • 새로운 해외시장의 출현 • 저가형 레저용 차량에 대한 선호 급증	• 휘발유의 부족 및 가격의 급등 • 레저용 차량 전반에 대한 수요 침체 • 다른 회사들과의 경쟁 심화 • 차량 안전 기준의 강화

〈보기〉

ㄱ. ST전략 : 기술개발을 통하여 연비를 개선한다.
ㄴ. SO전략 : 대형 레저용 차량을 생산한다.
ㄷ. WO전략 : 규제 강화에 대비하여 보다 안전한 레저용 차량을 생산한다.
ㄹ. WT전략 : 생산량 감축을 고려한다.
ㅁ. WO전략 : 국내 다른 지역이나 해외에 공장들을 분산 설립한다.
ㅂ. ST전략 : 경유용 레저 차량 생산을 고려한다.
ㅅ. SO전략 : 해외 시장 진출보다는 내수 확대에 집중한다.

① ㄱ, ㄴ, ㅁ, ㅂ
② ㄱ, ㄹ, ㅁ, ㅂ
③ ㄴ, ㄷ, ㅂ, ㅅ
④ ㄴ, ㄹ, ㅁ, ㅅ
⑤ ㄷ, ㅁ, ㅂ, ㅅ

※ 다음은 음료의 메뉴판과 이번 주 일기예보이다. 이어지는 질문에 답하시오. **[28~29]**

〈메뉴판〉

(단위 : 원)

커피류			차 및 에이드류		
구분	작은 컵	큰 컵	구분	작은 컵	큰 컵
아메리카노	3,900	4,300	자몽에이드	4,200	4,700
카페라테	4,400	4,800	레몬에이드	4,300	4,800
바닐라라테	4,600	5,000	자두에이드	4,500	4,900
카페모카	5,000	5,400	밀크티	4,300	4,800

〈이번 주 일기예보〉

구분	9월 25일 일요일	9월 26일 월요일	9월 27일 화요일	9월 28일 수요일	9월 29일 목요일	9월 30일 금요일	10월 1일 토요일
날씨	흐림	맑음	맑음	흐림	비	비	맑음
평균기온	24℃	26℃	28℃	27℃	27℃	25℃	26℃

〈조건〉

- K사원은 맑거나 흐린 날에는 차 및 에이드류를 마시고, 비가 오는 날에는 커피류를 마신다.
- 평균기온이 26℃ 미만인 날에는 작은 컵으로, 26℃ 이상인 날은 큰 컵으로 마신다.
- 커피를 마시는 날 중 평균기온이 25℃ 미만인 날은 아메리카노를, 25℃ 이상 27℃ 미만인 날은 바닐라라테를, 27℃인 날은 카페라테를, 28℃ 이상인 날은 카페모카를 마신다.
- 차 및 에이드류를 마시는 날 중 평균기온이 27℃ 미만인 날은 자몽에이드를, 27℃ 이상인 날은 자두에이드를 마신다. 단, 비가 오지 않는 화요일과 목요일에는 반드시 밀크티를 마신다.

28 **K사원은 그 날의 날씨와 평균기온을 고려하여 〈조건〉에 따라 자신이 마실 음료를 고른다. 오늘이 9월 29일이라고 할 때, K사원이 오늘 마실 음료는?**

① 아메리카노 큰 컵
② 카페라테 큰 컵
③ 바닐라라테 작은 컵
④ 카페모카 큰 컵
⑤ 자두에이드 작은 컵

29 **K사원은 9월 27일에 자신의 음료를 사면서 직장동료인 B사원의 음료도 사고자 한다. B사원에게는 자신이 전날 마신 음료와 같은 종류의 음료를 사준다고 할 때, K사원이 음료 두 잔을 주문하며 지불할 금액은?**

① 8,700원
② 9,000원
③ 9,200원
④ 9,500원
⑤ 9,700원

30 K공사는 5층짜리 선반에 사무용품을 정리해 두고 있다. 선반의 각 층에는 서로 다른 두 종류의 사무용품이 놓여 있다고 할 때, 다음 〈조건〉을 토대로 바르게 추론한 것은?

〈조건〉

- 선반의 가장 아래층에는 인덱스 바인더가 지우개와 함께 놓여 있다.
- 서류정리함은 보드마카와 스테이플러보다 아래에 놓여 있다.
- 보드마카와 접착 메모지는 같은 층에 놓여 있다.
- 2공 펀치는 스테이플러보다는 아래에 놓여 있지만, 서류정리함보다는 위에 놓여 있다.
- 접착 메모지는 스테이플러와 볼펜보다 위에 놓여 있다.
- 볼펜은 2공 펀치보다 위에 놓여 있지만, 스테이플러보다 위에 놓여 있는 것은 아니다.
- 북엔드는 선반의 두 번째 층에 놓여 있다.
- 형광펜은 선반의 가운데 층에 놓여 있다.

① 스테이플러는 보드마카보다 위에 놓여 있다.

② 서류정리함은 북엔드보다 위에 놓여 있다.

③ 볼펜은 3층 선반에 놓여 있다.

④ 보드마카와 접착 메모지가 가장 높은 층에 놓여 있다.

⑤ 2공 펀치는 북엔드와 같은 층에 놓여 있다.

31 다음 중 공급사슬관리(SCM)의 목적으로 옳은 것은?

① 제품 생산에 필요한 자재의 소요량과 소요시기를 결정한다.
② 기업 내 모든 자원의 흐름을 정확히 파악하여 자원을 효율적으로 배치한다.
③ 자재를 필요한 시각에 필요한 수량만큼 조달하여 낭비 요소를 근본적으로 제거한다.
④ 자재의 흐름을 효과적으로 관리하여 불필요한 시간과 비용을 절감한다.
⑤ 조직의 인적 자원이 축적하고 있는 개별적인 지식을 체계화하고 공유한다.

32 다음 설명에 해당하는 조직구조는?

- 구성원을 핵심 직무 중심으로 조직하여 부서 간 경계를 제거하고자 하는 조직이다.
- 고객의 수요변화에 신속하게 대응할 수 있다.
- 구성원 간 무임승차 등이 발생하여 업무의 공동화가 생길 수 있다.

① 기능 조직
② 매트릭스 조직
③ 팀 조직
④ 네트워크 조직
⑤ 사업 조직

33 다음 중 최고경영자, 중간경영자, 하위경영자 모두가 공통적으로 가져야 할 인간적 자질은?

① 타인에 대한 이해력과 동기부여 능력
② 지식과 경험을 해당 분야에 적용시키는 능력
③ 복잡한 상황 등 여러 상황을 분석하여 조직 전체에 적용하는 능력
④ 담당 업무를 수행하기 위한 육체적, 지능적 능력
⑤ 한 부서의 변화가 다른 부서에 미치는 영향을 파악하는 능력

34 다음 중 학습조직(LO; Learning Organization)에 대한 설명으로 옳지 않은 것은?

① 학습조직의 구조는 조직기본 단위를 개인으로 구성하고, 물질적 보상과 결과를 중시한다.
② 문제지향적 학습과정, 집단적 학습의 강조, 의식적 학습의 자극과 규칙, 통찰력과 병렬적 학습을 강조한다.
③ 학습의 기본단위는 정보이고, 조직적 차원에서 정보는 공유되어야 하기 때문에 조직은 정보관리시스템을 건설하고 정보의사소통을 지원해야 한다.
④ 학습조직을 위한 다섯 가지 훈련(Senge)은 자기완성, 사고의 틀, 공동의 비전, 집단적 학습, 시스템 중심의 사고로 볼 수 있다.
⑤ Garvin은 학습조직을 지식을 창출하고 획득하여 전달하는 데 능숙하며, 새로운 지식과 통찰력을 경영에 반영하기 위하여 기존의 행동방식을 바꾸는 데 능숙한 조직으로 정의했다.

35 다음 중 단속생산 유형으로 옳지 않은 것은?

① 프로젝트 생산
② 개별 생산
③ 로트 생산
④ 흐름 생산
⑤ 배치 생산

36 다음 글에서 측정하고자 하는 선발도구 요소는?

현직 종업원에 대해 시험을 실시하고, 그 시험성적과 현재 그 종업원의 근무성적과 비교하는 것이다.

① 기준관련 타당성
② 내용타당성
③ 구성타당성
④ 신뢰성
⑤ 효율성

37 다음 중 직무평가 방법에 해당하지 않는 것은?

① 서열법
② 요소비교법
③ 워크샘플링법
④ 점수법
⑤ 분류법

38 **다음 중 평정척도법의 장점으로 옳지 않은 것은?**

① 평정척도법은 양식 작성이 간단하며 평가하기 용이하다.
② 다양한 대상 범위의 행동 특성 관찰에 적용할 수 있다.
③ 체크리스트와 달리 행동의 질도 평가할 수 있다.
④ 관찰 자료를 정량화할 수 있어 개체 간 비교가 가능하다.
⑤ 관찰자는 평가하고자 하는 요소를 정확하고 객관적으로 개발할 수 있다.

39 **다음 중 포드 시스템의 핵심 요소인 표준화와 관계가 없는 것은?**

① 제품의 단순화
② 작업의 단순화
③ 부품의 표준화
④ 기계의 전문화
⑤ 부품의 이동화

40 **다음은 커크패트릭(Kirkpatrick)의 4단계 평가모형이다. 빈칸에 들어갈 단계별 평가를 순서대로 바르게 나열한 것은?**

평가단계		4 Levels	정보가치	중점대상	사용빈도	분석 난이도
1단계	(　　)	Reaction	적음 ↕ 많음	참여자 ↕ 관리자	높음 ↕ 낮음	쉬움 ↕ 어려움
2단계	(　　)	Learning				
3단계	(　　)	Behavior				
4단계	(　　)	Results				

	1단계	2단계	3단계	4단계
①	반응도 평가	적용도 평가	기여도 평가	성취도 평가
②	성취도 평가	기여도 평가	적용도 평가	반응도 평가
③	기여도 평가	적용도 평가	성취도 평가	반응도 평가
④	반응도 평가	성취도 평가	적용도 평가	기여도 평가
⑤	적용도 평가	반응도 평가	기여도 평가	성취도 평가

41 **다음 중 자원기반관점(RBV)에 대한 설명으로 옳지 않은 것은?**

① 인적자원은 기업의 지속적인 경쟁력 확보의 주요한 원천이라고 할 수 있다.
② 기업의 전략과 성과의 주요결정요인은 기업내부의 자원과 핵심역량의 보유라고 주장한다.
③ 경쟁우위의 원천이 되는 자원은 이질성(Heterogeneous)과 비이동성(Immobile)을 가정한다.
④ 주요결정요인은 진입장벽, 제품차별화 정도, 사업들의 산업집중도 등이다.
⑤ 기업이 보유하고 있는 가치(Value), 희소성(Rareness), 모방불가능(Inimitability), 대체불가능성(Non－Substitutability) 자원들은 경쟁우위를 창출할 수 있다.

42 **다음 〈보기〉 중 시스템을 활용한 수요예측기법에 해당하는 것을 모두 고르면?**

〈보기〉

ㄱ. 컨조인트 분석	ㄴ. 정보 예측 시장
ㄷ. 시스템 다이나믹스	ㄹ. 시계열 분석
ㅁ. 회귀 분석	ㅂ. 확산 모형
ㅅ. 인덱스 분석	ㅇ. 인공 신경망

① ㄱ, ㄴ, ㄷ
② ㄴ, ㄷ, ㅁ
③ ㄴ, ㄷ, ㅇ
④ ㄹ, ㅁ, ㅅ
⑤ ㅁ, ㅂ, ㅅ

43 **다음 사례에 해당하는 마케팅 기법은?**

> 올해 8월 무더운 더위 속 팀원 모두가 휴가를 떠난 사이 홀로 사무실에 남아 업무를 보고 있는 K씨는 휴가를 떠나지 못했다고 해서 전혀 아쉽지 않다. 모두가 직장에 복귀하여 열심히 연말을 향해 업무에 매진하는 9월에 K씨는 애인과 함께 갈 제주도 여행을 저렴한 가격으로 예약했기 때문이다.

① 디마케팅(Demarketing)
② 니치 마케팅(Niche Marketing)
③ 그린 마케팅(Green Marketing)
④ 노이즈 마케팅(Noise Marketing)
⑤ 동시화 마케팅(Synchro Marketing)

44 **다음 중 마케팅의 푸시(Push) 전략에 대한 설명으로 옳지 않은 것은?**

① 푸시 전략은 채널 파트너에게 마케팅 방향을 전달하는 전략이다.
② 고객에게 제품이나 브랜드에 대해 알릴 수 있다.
③ 영업 인력이나 중간상 판촉 등을 활용하여 수행한다.
④ 최종 소비자에게 마케팅 노력을 홍보하는 전략이다.
⑤ 브랜드 충성도가 낮은 경우에 적합한 전략이다.

45 **다음 중 마케팅의 신뢰도를 높이는 방법으로 옳지 않은 것은?**

① 신뢰도가 높다고 많이 알려진 방법을 선택하여 사용한다.
② 측정 항목 간 내적일관성을 높여 신뢰도를 높일 수 있다.
③ 반복측정을 통해 신뢰도를 높일 수 있다.
④ 체계적 오차의 발생 가능성을 제거한다.
⑤ 측정 항목 수, 척도 점수를 늘여 신뢰도를 높일 수 있다.

46 **다음 중 마케팅 조사법에서 탐색조사에 해당하지 않는 것은?**

① 문헌조사
② 전문가의견조사
③ 심층면접법
④ 패널조사법
⑤ 표적집단면접법

47 **다음 중 직무분석에 대한 설명으로 옳은 것은?**

① 연공급 제도를 실시하기 위해서는 직무분석이 선행되어야 한다.
② 직무기술서와 직무명세서는 직무분석의 2차적 결과물이다.
③ 직무기술서는 특정 직무 수행을 위해 갖추어야 할 직무담당자의 자격요건을 정리한 문서이다.
④ 직무명세서란 직무분석의 결과로 얻어진 직무 정보를 정리한 문서이다.
⑤ 직무명세서에는 직무의 명칭, 책임과 권한, 요구되는 육체적 능력이 기술되어 있다.

48 다음 중 최대재고와 현재재고 간의 차이를 통해서 주문량을 결정하는 모형으로, 수요 변동이 급격하거나 저가인 제품의 재고를 통제하는 관리시스템은?

① ABC 관리
② ERP
③ MRP
④ 고정주문기간 모형
⑤ 고정주문량 모형

49 다음 중 ERP 프로젝트 진행 단계를 순서대로 바르게 나열한 것은?

① 분석 – 설계 – 구축 – 이행 – 테스트
② 분석 – 구축 – 설계 – 이행 – 테스트
③ 분석 – 설계 – 구축 – 테스트 – 이행
④ 설계 – 분석 – 구축 – 테스트 – 이행
⑤ 설계 – 구축 – 분석 – 이행 – 테스트

50 다음 중 특정 작업계획으로 여러 부품들을 생산하기 위해 컴퓨터에 의해 제어 및 조절되며, 자재취급 시스템에 의해 연결되는 작업장들의 조합은?

① 유연생산시스템
② 컴퓨터통합생산시스템
③ 적시생산시스템
④ 셀 제조시스템
⑤ 지능형생산시스템

51 다음 중 카리스마 리더십의 특징으로 볼 수 없는 것은?

① 언어적 표현을 통해 구성원들에게 정확한 의사표시를 할 수 있어야 한다.
② 구성원들에게 뚜렷한 목표를 제시할 수 있어야 한다.
③ 구성원들로부터 강한 신뢰를 얻어야 한다.
④ 리더만의 특별한 매력이나 성과를 가지고 있어야 한다.
⑤ 구성원들에게 목표를 전달하고 이해시킬 수 있어야 한다.

52 **다음 중 BCG 매트릭스와 GE 매트릭스의 차이점으로 옳지 않은 것은?**

① BCG 매트릭스는 GE 매트릭스에 비해 더 간단하며, BCG 매트릭스는 4개의 셀로 구성되는 반면 GE 매트릭스 9개의 셀로 구성된다.
② BCG 매트릭스의 기반이 되는 요인은 시장 성장과 시장점유율이고, GE 매트릭스의 기반이 되는 요인은 산업계의 매력과 비즈니스 강점이다.
③ BCG 매트릭스는 기업이 여러 사업부에 자원을 배치하는 데 사용되며, GE 매트릭스는 다양한 비즈니스 단위 간의 투자 우선순위를 결정하는 데 사용한다.
④ BCG 매트릭스에서는 하나의 측정만 사용되는 반면, GE 매트릭스에서는 여러 측정이 사용된다.
⑤ BCG 매트릭스는 기업이 그리드에서의 위치에 따라 제품 라인이나 비즈니스 유닛을 전략적으로 선택하는 데 사용하고, GE 매트릭스는 시장의 성장과 회사가 소유한 시장점유율을 반영한 성장－공유 모델로 이해할 수 있다.

53 **다음은 마이클 포터(Michael Porter)의 산업구조 분석 모델(Five Forces Model)에 대한 자료이다. 빈칸 (A)에 들어갈 용어는?**

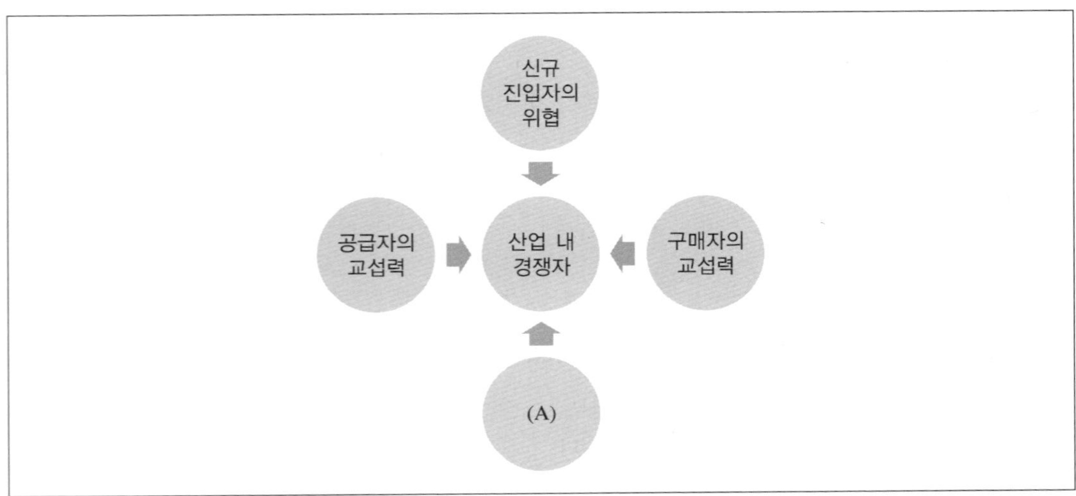

① 정부의 규제 완화
② 고객의 충성도
③ 공급업체의 규모
④ 가격의 탄력성
⑤ 대체재의 위협

54 **다음 중 ESG 경영에 대한 설명으로 옳지 않은 것은?**

① ESG는 기업의 비재무적 요소인 '환경(Environment), 사회(Social), 지배구조(Governance)'의 약자이다.

② ESG 경영의 핵심은 효율을 최우선으로 착한 기업을 키워나가는 것을 목적으로 한다.

③ ESG 평가가 높을수록 단순히 사회적 평판이 좋은 기업이라기보다 리스크에 강한 기업이라 할 수 있다.

④ ESG는 기업의 행동이 미치는 영향 등을 구체화하고 그 노력을 측정 가능하도록 지표화하여 투자를 이끌어 낸다.

⑤ ESG는 재무제표에는 드러나지 않지만 중장기적으로 기업 가치에 영향을 미치는 지속가능성 평가 지표이다.

55 **다음 중 경제적 자립권과 독립성을 둘 다 포기한 채 시장독점의 단일한 목적 아래 여러 기업이 뭉쳐서 이룬 하나의 통일체를 의미하는 조직은?**

① 카르텔(Kartell)

② 신디케이트(Syndicate)

③ 트러스트(Trust)

④ 콘체른(Konzern)

⑤ 콩글로머리트(Conglomerate)

56 **다음 중 복수 브랜드 전략(Multi Brand Strategy)에 대한 설명으로 옳지 않은 것은?**

① 동일한 제품 범주 내에서 서로 경쟁하는 다수의 브랜드이다.

② 제품에 대한 충성도를 이끌어 낼 수 있다.

③ 동일한 제품 범주에서 시장을 세분화하여 운영한다.

④ 소비자들의 욕구와 동질성을 파악한 후 각각의 세분 시장마다 별도의 개별 브랜드를 도입한다.

⑤ 회사의 제품믹스를 공통점을 기준으로 제품집단을 나누어 집단마다 공통요소가 있는 개별 상표를 적용한다.

57 다음 중 기계적 조직과 유기적 조직에 대한 설명으로 옳지 않은 것은?

① 기계적 조직은 공식화 정도가 낮고, 유기적 조직은 공식화 정도가 높다.
② 기계적 조직은 경영관리 위계가 수직적이고, 유기적 조직은 경영관리 위계가 수평적이다.
③ 기계적 조직은 직무 전문화가 높고, 유기적 조직은 직무 전문화가 낮다.
④ 기계적 조직은 의사결정권한이 집중화되어 있고, 유기적 조직은 의사결정권한이 분권화되어 있다.
⑤ 기계적 조직은 수직적 의사소통이고, 유기적 조직은 수평적 의사소통이다.

58 다음 중 홉스테드(G. Hofstede)의 국가 간 문화차이 연구에서 문화차원에 해당하지 않는 것은?

① 권력의 거리(Power Distance)
② 불확실성 회피성(Uncertainty Avoidance)
③ 남성성 – 여성성(Masculinity – Femininity)
④ 민주주의 – 독재주의(Democracy – Autocracy)
⑤ 개인주의 – 집단주의(Individualism – Collectivism)

59 다음 중 서번트 리더십의 장단점으로 옳지 않은 것은?

① 조직 구성원이 창의적으로 업무를 수행하도록 하여 조직의 발전을 이끌 수 있다.
② 조직의 목표와 역할을 리더의 눈높이에서 정할 수 있다.
③ 조직 구성원의 경험과 지식을 최대한 활용하여 개인 능력을 극대화할 수 있다.
④ 업무에 대한 조직의 전반적인 권한이 축소되어 유기적인 협업이 저해될 수 있다.
⑤ 업무의 성과를 끌어내기까지 많은 시간과 비용이 소요된다.

60 다음 중 브랜드 포지셔닝을 위한 시장세분화 시 고려해야 하는 변수에 해당하지 않는 것은?

① 지리적 변수
② 인구통계학적 변수
③ 심리적 변수
④ 행동적 변수
⑤ 마케팅적 변수

61 다음은 철도사업법상 여객 운임・요금의 감면에 대한 설명이다. 빈칸에 들어갈 기간으로 옳은 것은?

> • 철도사업자는 재해복구를 위한 긴급지원, 여객 유치를 위한 기념행사, 그 밖에 철도사업의 경영상 필요하다고 인정되는 경우에는 일정한 기간과 대상을 정하여 제9조 제1항에 따라 신고한 여객 운임・요금을 감면할 수 있다.
> • 철도사업자는 여객 운임・요금을 감면하는 경우에는 그 시행 _____ 이전에 감면 사항을 인터넷 홈페이지, 관계 역・영업소 및 사업소 등 일반인이 잘 볼 수 있는 곳에 게시하여야 한다. 다만, 긴급한 경우에는 미리 게시하지 아니할 수 있다.

① 1일
② 3일
③ 5일
④ 10일
⑤ 30일

62 다음 중 한국철도공사법상 한국철도공사의 등기에 대한 설명으로 옳은 것은?

① 주된 사무소의 소재지에서 설립등기를 함으로써 성립한다.
② 공사의 설립등기에 필요한 사항은 행정안전부장관이 정한다.
③ 공사는 등기가 필요한 사항에 관하여는 등기한 후에는 제3자에게 대항하지 못한다.
④ 공사의 변경 등기, 그 밖에 공사의 등기에 필요한 사항은 국토교통부장관이 정한다.
⑤ 공사의 하부조직의 설치・이전에 필요한 사항은 이사회에서 정한다.

63 다음 중 한국철도공사법령상 한국철도공사의 사채 발행에 대한 설명으로 옳지 않은 것은?

① 공사가 사채를 발행하고자 하는 때에는 모집・총액인수 또는 매출의 방법에 의한다.
② 공사는 사채의 응모가 완료된 때에는 지체 없이 응모자가 인수한 사채의 전액을 납입시켜야 한다.
③ 공사가 계약에 의하여 특정인에게 사채의 총액을 인수시키는 경우에는 사채 응모의 규정을 적용해야 한다.
④ 사채모집의 위탁을 받은 회사가 사채의 일부를 인수하는 경우에는 그 인수분에 대하여도 사채 응모의 규정을 적용하지 않는다.
⑤ 공사가 매출의 방법으로 사채를 발행하는 경우에는 매출기간과 공사의 명칭・사채의 종류별 액면금액 내지 사채의 발행가액 또는 그 최저가액을 미리 공고하여야 한다.

64 다음은 철도산업발전기본법상 철도의 적용범위에 대한 설명이다. 빈칸에 들어갈 수 있는 조직을 〈보기〉에서 모두 고르면?

________이/가 소유 · 건설 · 운영 또는 관리하는 철도

〈보기〉

ㄱ. 국가철도공단	ㄴ. 한국고속철도건설공단
ㄷ. 지방자치단체	ㄹ. 한국철도공사

① ㄱ, ㄴ
② ㄴ, ㄷ
③ ㄴ, ㄹ
④ ㄱ, ㄴ, ㄹ
⑤ ㄴ, ㄷ, ㄹ

65 다음 중 철도산업발전기본법령상 철도시설관리자와 철도운영자가 특정노선 폐지 등의 승인신청서를 제출할 때의 첨부서류로 옳은 것은?

① 승인신청 사유
② 과거 10년 동안의 공익서비스비용의 전체 규모
③ 향후 3년 동안의 1일 평균 철도서비스 수요에 대한 전망
④ 과거 6월 이상의 기간 동안의 1달 평균 철도서비스 수요
⑤ 과거 5년 이상의 기간 동안의 수입 · 비용 및 영업손실액에 관한 회계보고서

66 다음은 철도산업발전기본법에 대한 설명이다. 빈칸에 들어갈 내용을 순서대로 바르게 나열한 것은?

- 국가는 철도시설 투자를 추진하는 경우 사회적 · ________ 편익을 고려하여야 한다.
- 국가 및 지방자치단체는 철도산업의 육성 · 발전을 촉진하기 위하여 철도산업에 대한 재정 · 금융 · 세제 · 행정상의 ________을/를 할 수 있다.

① 경제적, 보조
② 문화적, 연구
③ 기술적, 투자
④ 자연적, 개발
⑤ 환경적, 지원

67 다음 중 철도사업법령상 철도사업자가 사업용철도를 도시철도와 연결하여 운행하려는 때에 여객 운임 · 요금 및 그 변경시기에 관하여 미리 협의해야 하는 사람은?

① 도시철도운영자
② 철도시설관리자
③ 국토교통부장관
④ 한국철도공사 사장
⑤ 고속철도건설공사 이사장

68 다음 중 한국철도공사법령상 한국철도공사의 사업 중 역시설 개발 및 운영사업에 속하지 않는 것은?

① 환승시설
② 종교시설
③ 운동시설
④ 창고시설
⑤ 관광휴게시설

69 다음 중 한국철도공사법상 한국철도공사의 사채 소멸시효 기간으로 옳은 것은?

	원금	이자
①	5년	2년
②	5년	3년
③	5년	5년
④	10년	5년
⑤	10년	7년

70 다음 〈보기〉 중 철도사업법상 사업용철도노선을 지정 · 고시하는 경우 운행지역과 운행거리에 따른 분류로 옳은 것을 모두 고르면?

〈보기〉

ㄱ. 간선(幹線)철도
ㄴ. 고속철도노선
ㄷ. 지선(支線)철도
ㄹ. 일반철도노선
ㅁ. 준고속철도노선

① ㄱ, ㄷ
② ㄱ, ㄹ
③ ㄴ, ㄷ
④ ㄷ, ㅁ
⑤ ㄹ, ㅁ

현재 나의 실력을 객관적으로 파악해 보자!

모바일 OMR

답안채점 / 성적분석 서비스

도서에 수록된 모의고사에 대한 객관적인 결과(정답률, 순위)를 종합적으로 분석하여 제공합니다.

OMR 입력

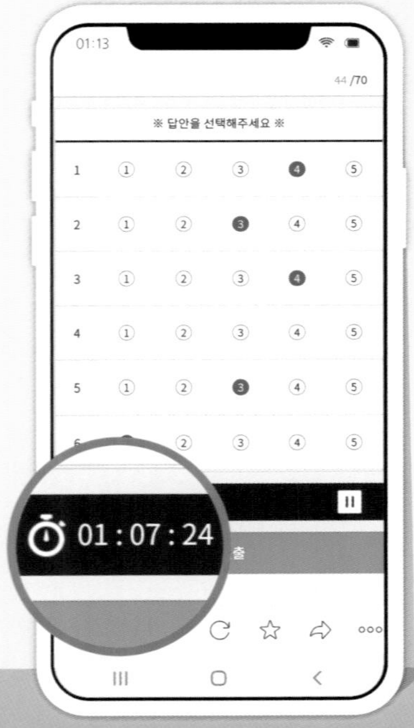

성적분석

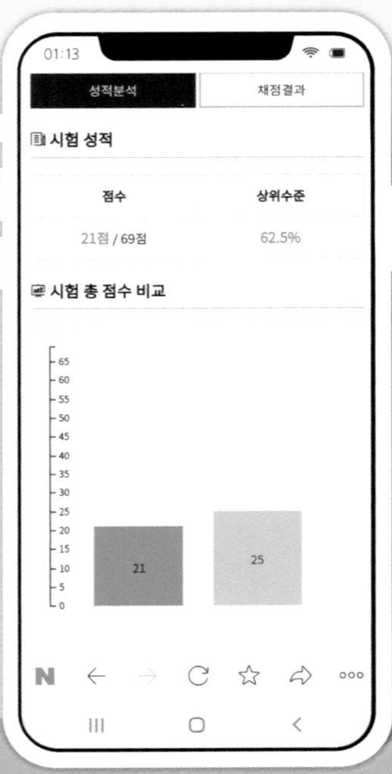

채점결과

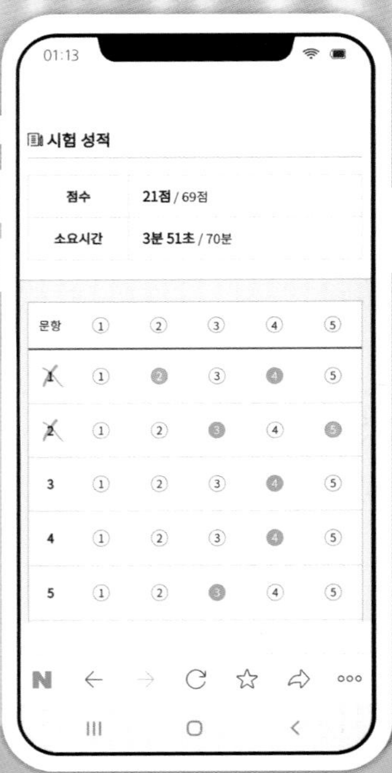

※OMR 답안채점 / 성적분석 서비스는 등록 후 30일간 사용 가능합니다.

2025
전면개정판

사이다 기출응용
모의고사 시리즈

사이다

사일 동안
이것만 풀면
다 합격!

누적 판매량
1위
기업별 NCS 시리즈

코레일 한국철도공사 사무직

4회분 | 정답 및 해설

모바일 OMR
답안채점 / 성적분석
서비스

NCS
핵심이론 및
대표유형 PDF

[합격시대]
온라인 모의고사
무료쿠폰

무료
코레일
특강

SDC는 시대에듀 데이터 센터의 약자로 약 30만 개의 NCS · 적성 문제 데이터를 바탕으로 최신 출제경향을 반영하여 문제를 출제합니다.

편저 | SDC(Sidae Data Center)

시대에듀

기출응용 모의고사

정답 및 해설

코레일 한국철도공사 사무직

2024년 코레일 NCS 기출복원 모의고사 정답 및 해설

01	02	03	04	05	06	07	08	09	10
④	③	⑤	③	③	⑤	④	③	②	③
11	12	13	14	15	16	17	18	19	20
③	③	④	④	③	①	③	⑤	④	②
21	22	23	24	25	26	27	28	29	30
③	④	③	⑤	②	①	②	②	①	⑤

01

정답 ④

쉼이란 대화 도중에 잠시 침묵하는 것으로, 논리성, 감정 제고, 동질감 등을 확보할 수 있다. 쉼을 사용하는 대표적인 경우는 다음과 같다.

- 이야기의 전이 시(흐름을 바꾸거나 다른 주제로 넘어갈 때)
- 양해, 동조, 반문의 경우
- 생략, 암시, 반성의 경우
- 여운을 남길 때

반면, 연단공포증은 면접이나 발표 등 청중 앞에서 이야기할 때 가슴이 두근거리고, 입술이 타고, 식은땀이 나고, 얼굴이 달아오르는 생리적인 현상으로, 쉼과는 관련이 없다. 연단공포증은 90% 이상의 사람들이 호소하는 불안이므로 이를 극복하기 위해서는 연단공포증에 대한 걱정을 떨쳐내고 이러한 심리현상을 잘 통제하여 의사 표현하는 것을 연습해야 한다.

02

정답 ③

미국의 심리학자인 도널드 키슬러는 대인관계 의사소통 방식을 체크리스트로 평가하여 8가지 유형으로 구분하였다. 이 중 친화형은 따뜻하고 배려심이 깊으며, 타인과의 관계를 중시하는 유형이다. 또한 친화형은 협동적이고 조화로운 성격으로, 자기희생적인 경향이 강하다.

키슬러의 대인관계 의사소통 유형

- 지배형 : 자신감이 있고 지도력이 있으나 논쟁적이고 독단이 강하여 대인 갈등을 겪을 수 있으므로 타인의 의견을 경청하고 수용하는 자세가 필요하다.
- 실리형 : 이해관계에 예민하고 성취 지향적으로 경쟁적인 데다 자기중심적이어서 타인의 입장을 배려하고 관심을 갖는 자세가 필요하다.
- 냉담형 : 이성적인 의지력이 강하고 타인의 감정에 무관심하며 피상적인 대인관계를 유지하므로 타인의 감정 상태에 관심을 가지고 긍정적인 감정을 표현하는 것이 필요하다.
- 고립형 : 혼자 있는 것을 선호하고 사회적 상황을 회피하며 지나치게 자신의 감정을 억제하므로 대인관계의 중요성을 인식하고 타인에 대한 비현실적인 두려움의 근원을 성찰하는 것이 필요하다.
- 복종형 : 수동적이고 의존적이며 자신감이 없으므로 적극적인 자기표현과 주장이 필요하다.
- 순박형 : 단순하고 솔직하며 자기주관이 부족하므로 자기주장을 하는 노력이 필요하다.
- 친화형 : 따뜻하고 인정이 많으며 자기희생적이나 타인의 요구를 거절하지 못하므로 타인과의 정서적인 거리를 유지하는 노력이 필요하다.
- 사교형 : 외향적이고 인정하는 욕구가 강하며, 타인에 대한 관심이 많아서 간섭하는 경향이 있고 흥분을 잘 하므로 심리적 안정과 지나친 인정욕구에 대한 성찰이 필요하다.

03

정답 ⑤

철도사고는 달리는 도중에도 발생할 수 있으므로 먼저 인터폰을 통해 승무원에게 사고를 신고하고, 열차가 멈춘 후에 안내방송에 따라 비상핸들이나 비상콕크를 돌려 문을 열고 탈출해야 한다. 만약 화재가 발생했을 경우에는 승무원에게 사고를 알리고 곧바로 119에도 신고를 해야 한다.

오답분석

① 침착함을 잃고 패닉에 빠지게 되면, 적절한 행동요령에 따라 대피하기 어렵다. 따라서 사고현장에서 대피할 때는 승무원의 안내에 따라 질서 있게 대피해야 한다.
② 화재사고 발생 시 승객들은 여유가 있을 경우 전동차 양 끝에 비치된 소화기로 초기 진화를 시도해야 한다.
③ 역이 아닌 곳에서 열차가 멈췄을 경우 감전의 위험이 있으므로 반드시 승무원의 안내에 따라 반대편 선로의 열차 진입에 유의하며 대피 유도등을 따라 침착하게 비상구로 대피해야 한다.
④ 전동차에서 대피할 때는 부상자, 노약자, 임산부 등 탈출이 어려운 사람부터 먼저 대피할 수 있도록 배려하고 도와주어야 한다.

04

정답 ③

하향식 읽기 모형은 독자의 배경지식을 바탕으로 글의 맥락을 먼저 파악하는 읽기 전략이다. ③의 경우 제품 설명서를 통해 세부 기능과 버튼별 용도를 파악하고 기계를 작동시켰으므로 상향식 읽기를 수행한 사례이다. 제품 설명서를 하향식으로 읽는다면 제품 설명서를 읽기 전 제품을 보고 배경지식을 바탕으로 어떤 기능이 있는지 예측하고, 해당 기능을 수행하는 세부 방법을 제품 설명서를 통해 찾아봐야 한다.

오답분석

① 헤드라인을 먼저 읽어 배경지식을 바탕으로 전체적인 내용을 파악하고 상세 내용을 읽었으므로 하향식 읽기 모형에 해당한다.
② 회의 주제에 대한 배경지식을 가지고 회의 안건을 예상한 후 회의 자료를 파악하였으므로 하향식 읽기 모형에 해당한다.
④ 요리에 대한 경험과 지식을 바탕으로 요리 과정을 파악하였으므로 하향식 읽기 모형에 해당한다.
⑤ 해당 분야에 대한 기본적인 지식을 바탕으로 서문이나 목차를 통해 책의 전체적인 흐름을 파악하였으므로 하향식 읽기 모형에 해당한다.

05

정답 ③

제시된 시는 신라시대 6두품 출신의 문인인 최치원이 지은 「촉규화」이다. 최치원은 자신을 향기 날리는 탐스런 꽃송이에 비유하여 뛰어난 학식과 재능을 뽐내고 있지만, 수레와 말 탄 사람에 비유한 높은 지위의 사람들이 자신을 외면하는 현실을 한탄하고 있다.

최치원

신라시대 6두품 출신의 문인으로, 12세에 당나라로 유학을 간 후 6년 만에 당의 빈공과에 장원으로 급제할 정도로 학문적 성취가 높았다. 그러나 당나라에서 제대로 인정을 받지 못했으며, 신라에 돌아와서도 6두품이라는 출신의 한계로 원하는 만큼의 관직에 오르지는 못하였다. 「촉규화」는 최치원이 당나라 유학시절에 지은 시로 알려져 있으며, 자신을 알아주지 않는 시대에 대한 개탄을 담고 있다. 최치원은 인간 중심의 보편성과 그에 따른 다양성을 강조하였으며, 신라의 쇠퇴로 인해 이러한 그의 정치 이념과 사상은 신라 사회에서는 실현되지 못하였으나 이후 고려 국가의 체제 정비에 영향을 미쳤다.

06

정답 ⑤

'말로는 친한 듯 하나 속으로는 해칠 생각이 있음'을 뜻하는 한자성어는 '口蜜腹劍(구밀복검)'이다.

- 刻舟求劍(각주구검) : 융통성 없이 현실에 맞지 않는 낡은 생각을 고집하는 어리석음

오답분석

① 水魚之交(수어지교) : 아주 친밀하여 떨어질 수 없는 사이
② 結草報恩(결초보은) : 죽은 뒤에라도 은혜를 잊지 않고 갚음
③ 靑出於藍(청출어람) : 제자나 후배가 스승이나 선배보다 나음
④ 指鹿爲馬(지록위마) : 윗사람을 농락하여 권세를 마음대로 함

07

정답 ④

네 번째 문단에서 백성들이 적지 않고, 토산품이 구비되어 있지만 이로운 물건이 세상에 나오지 않고, 그렇게 하는 방법을 모르기 때문에 경제를 윤택하게 하는 것 자체를 모른다고 하였다. 따라서 조선의 경제가 윤택하지 못한 이유를 생산량의 부족이 아닌 유통의 부재로 보고 있다.

오답분석

① 세 번째 문단에서 쓸모없는 물건을 사용하여 유용한 물건을 유통하고 거래하지 않는다면 유용한 물건들이 대부분 한 곳에 묶여서 고갈될 것이라고 하며 유통이 원활하지 않은 현실을 비판하고 있다.
② 세 번째 문단에서 옛날의 성인과 제왕은 유통의 중요성을 알고 있었기 때문에 주옥과 화폐 등의 물건을 조성하여 재물이 원활하게 유통될 수 있도록 노력했다고 하며 재물 유통을 위한 성현들의 노력을 제시하고 있다.
③ 여섯 번째 문단에서 재물을 우물에 비유하여 설명하고 있다. 재물의 소비를 하지 않으면 물을 길어내지 않는 우물처럼 말라 버릴 것이며, 소비를 한다면 물을 퍼내는 우물처럼 물이 가득할 것이라며 재물에 대한 소비가 경제의 규모를 늘릴 것이라고 강조하고 있다.
⑤ 여섯 번째 문단에서 비단옷을 입지 않으면 비단을 짜는 사람과 베를 짜는 여인 등 관련 산업 자체가 황폐해질 것이라고 하고 있다. 따라서 산업의 발전을 위한 적당한 사치(소비)가 있어야 함을 제시하고 있다.

08

정답 ③

③에서 '뿐이다'는 체언(명사, 대명사, 수사)인 '셋'을 수식하므로 조사로 사용되었다. 따라서 앞말과 붙여 써야 한다.

오답분석

① 종결어미 '-는지'는 앞말과 붙여 써야 한다.
② '만큼'은 용언(동사, 형용사)인 '애쓴'을 수식하므로 의존 명사로 사용되었다. 따라서 앞말과 띄어 써야 한다.
④ '큰지'와 '작은지'는 모두 연결어미 '-ㄴ지'로 쓰였으므로 앞말과 붙여 써야 한다.
⑤ '-판'은 앞의 '씨름'과 합성어를 이루므로 붙여 써야 한다.

09

정답 ②

'채이다'는 '차이다'의 잘못된 표기이다. 따라서 '차였다'로 표기해야 한다.

• 차이다 : 주로 남녀 관계에서 일방적으로 관계가 끊기다.

오답분석

① 금세 : 지금 바로. '금시에'의 준말
③ 핼쑥하다 : 얼굴에 핏기가 없고 파리하다.
④ 낯설다 : 전에 본 기억이 없어 익숙하지 아니하다.
⑤ 곰곰이 : 여러모로 깊이 생각하는 모양

10

정답 ③

한자어에서 'ㄹ' 받침 뒤에 연결되는 'ㄷ, ㅅ, ㅈ'은 된소리로 발음되므로 [몰쌍식]으로 발음해야 한다.

오답분석

①·④ 받침 'ㄴ'은 'ㄹ'의 앞이나 뒤에서 [ㄹ]로 발음하지만, 결단력, 공권력, 상견례 등에서는 [ㄴ]으로 발음한다.
② 받침 'ㄱ(ㄲ, ㅋ, ㄳ, ㄺ), ㄷ(ㅅ, ㅆ, ㅈ, ㅊ, ㅌ, ㅎ), ㅂ(ㅍ, ㄼ, ㄿ, ㅄ)'은 'ㄴ, ㅁ' 앞에서 [ㅇ, ㄴ, ㅁ]으로 발음한다.
⑤ 받침 'ㄷ, ㅌ(ㄾ)'이 조사나 접미사의 모음 'ㅣ'와 결합되는 경우에는 [ㅈ, ㅊ]으로 바꾸어서 뒤 음절 첫소리로 옮겨 발음한다.

11

정답 ③

농도가 15%인 소금물 200g의 소금의 양은 $200\times\frac{15}{100}=30$g이고, 농도가 20%인 소금물 300g의 소금의 양은 $300\times\frac{20}{100}=60$g이다.

따라서 두 소금물을 섞었을 때의 농도는 $\frac{30+60}{200+300}\times100=\frac{90}{500}\times100=18\%$이다.

12

정답 ③

여직원끼리 인접하지 않는 경우는 남직원과 여직원이 번갈아 앉는 경우뿐이다. 이때 여직원 D의 자리를 기준으로 남직원 B가 옆에 앉는 경우를 다음과 같이 나눌 수 있다.

• 첫 번째, 여섯 번째 자리에 여직원 D가 앉는 경우
  남직원 B가 여직원 D 옆에 앉는 경우는 1가지뿐으로, 남은 자리에 남직원, 여직원이 번갈아 앉으므로 경우의 수는 $2\times1\times2!\times2!=8$가지이다.
• 두 번째, 세 번째, 네 번째, 다섯 번째 자리에 여직원 D가 앉는 경우
  각 경우에 대하여 남직원 B가 여직원 D 옆에 앉는 경우는 2가지이다. 남은 자리에 남직원, 여직원이 번갈아 앉으므로 경우의 수는 $4\times2\times2!\times2!=32$가지이다.

따라서 구하고자 하는 경우의 수는 $8+32=40$가지이다.

13

정답 ④

제시된 수열은 홀수 항일 때 +12, +24, +48, …인 수열이고, 짝수 항일 때 +20인 수열이다.

따라서 빈칸에 들어갈 수는 $13+48=61$이다.

14

정답 ④

2022년 중학교에서 고등학교로 진학한 학생의 비율은 99.7%이고, 2023년 중학교에서 고등학교로 진학한 학생의 비율은 99.6%이다. 따라서 진학한 비율이 감소하였으므로 중학교에서 고등학교로 진학하지 않은 학생의 비율은 증가하였음을 알 수 있다.

오답분석

① 중학교의 취학률이 가장 낮은 해는 97.1%인 2020년이다. 이는 97% 이상이므로 중학교의 취학률은 매년 97% 이상이다.
② 매년 초등학교의 취학률이 가장 높다.
③ 고등교육기관의 취학률은 2020년 이후로 계속해서 70% 이상을 기록하였다.
⑤ 고등교육기관의 취학률이 가장 낮은 해는 2016년이고, 고등학교의 상급학교 진학률이 가장 낮은 해 또한 2016년이다.

15

정답 ③

오답분석

① B기업의 매출액이 가장 많은 때는 2024년 3월이지만, 그래프에서는 2024년 4월의 매출액이 가장 많은 것으로 나타났다.
② 2024년 2월에는 A기업의 매출이 더 많지만, 그래프에서는 B기업이 더 많은 것으로 나타났다.
④ A기업의 매출액이 가장 적은 때는 2024년 4월이지만, 그래프에서는 2024년 3월의 매출액이 가장 적은 것으로 나타났다.
⑤ A기업과 B기업의 매출액의 차이가 가장 큰 때는 2024년 1월이지만, 그래프에서는 2024년 5월과 6월의 매출액 차이가 더 큰 것으로 나타났다.

16

정답 ①

$865\times865+865\times270+135\times138-405$
$=865\times865+865\times270+135\times138-135\times3$
$=865\times(865+270)+135\times(138-3)$
$=865\times1,135+135\times135$
$=865\times(1,000+135)+135\times135$
$=865\times1,000+(865+135)\times135$
$=865,000+135,000$
$=1,000,000$

따라서 식을 계산하여 나온 수의 백의 자리는 0, 십의 자리는 0, 일의 자리는 0이다.

17

정답 ③

터널의 길이를 xm라 하면 다음과 같은 식이 성립한다.

$\frac{x+200}{60} : \frac{x+300}{90} = 10 : 7$

$\frac{x+300}{90} \times 10 = \frac{x+200}{60} \times 7$

$\rightarrow 600(x+300) = 630(x+200)$

$\rightarrow 30x = 54,000$

$\therefore x = 1,800$

따라서 터널의 길이는 1,800m이다.

18

정답 ⑤

제시된 수열은 +3, +5, +7, +9, …인 수열이다.

따라서 빈칸에 들어갈 수는 97+21=118이다.

19

정답 ④

3월의 경우 K톨게이트를 통과한 영업용 승합차 수는 229천 대이고, 영업용 대형차 수는 139천 대이다.

139×2=278>229이므로 3월의 영업용 승합차 수는 영업용 대형차 수의 2배 미만이다.

따라서 모든 달에서 영업용 승합차 수가 영업용 대형차 수의 2배 이상인 것은 아니므로 옳지 않은 설명이다.

오답분석

① 각 달의 전체 승용차 수와 전체 승합차 수의 합은 다음과 같다.
- 1월 : 3,807+3,125=6,932천 대
- 2월 : 3,555+2,708=6,263천 대
- 3월 : 4,063+2,973=7,036천 대
- 4월 : 4,017+3,308=7,325천 대
- 5월 : 4,228+2,670=6,898천 대
- 6월 : 4,053+2,893=6,946천 대
- 7월 : 3,908+2,958=6,866천 대
- 8월 : 4,193+3,123=7,316천 대
- 9월 : 4,245+3,170=7,415천 대
- 10월 : 3,977+3,073=7,050천 대
- 11월 : 3,953+2,993=6,946천 대
- 12월 : 3,877+3,040=6,917천 대

따라서 전체 승용차 수와 승합차 수의 합이 가장 많은 달은 9월이고, 가장 적은 달은 2월이다.

② 4월을 제외하고 K톨게이트를 통과한 비영업용 승합차 수는 월별 3,000천 대(=300만 대)를 넘지 않는다.

③ 모든 달에서 (영업용 대형차 수)×10≥(전체 대형차 수)이므로 영업용 대형차 수의 비율은 모든 달에서 전체 대형차 수의 10% 이상이다.

⑤ 승용차가 가장 많이 통과한 달은 9월이고, 이때 영업용 승용차 수의 비율은 9월 전체 승용차 수의 $\frac{140}{4,245} \times 100 \fallingdotseq 3.3\%$로 3% 이상이다.

20

정답 ②

A반과 B반이 모두 2번의 경기를 거쳐 결승에 만나는 경우는 다음과 같다.

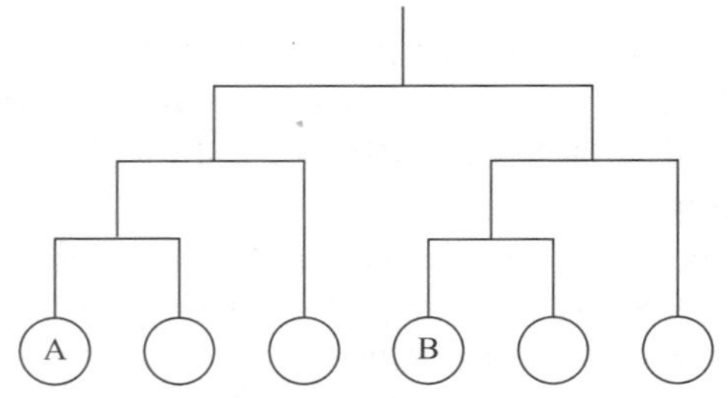

이때 남은 네 반을 배치할 때마다 모두 다른 경기가 진행되므로 구하고자 하는 경우의 수는 4!=24가지이다.

21

정답 ③

첫 번째 조건에 따라 ①, ②는 70대 이상에서 도시의 여가생활 만족도(1.7점)가 같은 연령대의 농촌(ㄹ) 만족도(3.5점)보다 낮으므로 제외되고, 두 번째 조건에 따라 도시에서 10대의 여가생활 만족도는 농촌에서 10대(1.8점)의 2배보다 높으므로 1.8×2=3.6점을 초과해야 하나 ④는 도시에서 10대(ㄱ)의 여가생활 만족도가 3.5점이므로 제외된다. 또한, 세 번째 조건에 따라 ⑤는 도시에서 여가생활 만족도가 가장 높은 연령대인 40대(3.9점)보다 30대(ㄴ)가 4.0점으로 높으므로 제외된다. 따라서 마지막 조건까지 모두 만족하는 것은 ③이다.

22

정답 ④

A～E열차의 운행시간 단위를 시간 단위로, 평균 속력의 단위를 시간당 운행거리로 통일하여 정리하면 다음과 같다.

구분	운행시간	평균 속력	운행거리
A 열차	900분 =15시간	50m/s =(50×60×60)m/h =180km/h	15×180 =2,700km
B 열차	10시간 30분 =0.5시간	150km/h	10.5×150 =1,575km
C 열차	8시간	55m/s =(55×60×60)m/h =198km/h	8×198 =1,584km
D 열차	720분 =12시간	2.5km/min =(2.5×60)km/h =150km/h	12×150 =1,800km
E 열차	10시간	2.7km/min =(2.7×60)m/h =162km/h	10×162 =1,620km

따라서 C열차의 운행거리는 네 번째로 길다.

23

정답 ③

A ~ F 모두 문맥을 무시하고 일부 문구에만 집착하여 뜻을 해석하고 있으므로 '과대해석의 오류'를 범하고 있다. 과대해석의 오류는 전체적인 상황이나 맥락을 고려하지 않고 특정 단어나 문장에만 집착하여 의미를 해석하는 오류로, 글의 의미를 지나치게 확대하거나 축소하여 생각하고, 문자 그대로의 의미에만 너무 집착하여 다른 가능성이나 해석을 배제하게 되는 논리적 오류이다.

오답분석

① 무지의 오류 : '신은 존재하지 않는다가 증명되지 않았으므로 신은 존재한다.'처럼 증명되지 않았다고 해서 그 반대의 주장이 참이라고 생각하는 오류이다.
② 연역법의 오류 : '조류는 날 수 있다. 펭귄은 조류이다. 따라서 펭귄은 날 수 있다.'처럼 잘못된 삼단논법에 의해 발생하는 논리적 오류이다.
④ 허수아비 공격의 오류 : '저 사람은 과거에 거짓말을 한 적이 있으니 이번에 일어난 사기 사건의 범인이다.'처럼 개별적 인과관계를 입증하지 않고 전혀 상관없는 별개의 논리를 만들어 공격하는 논리적 오류이다.
⑤ 권위나 인신공격에 의존한 논증 : '제정신을 가진 사람이면 그런 주장을 할 수가 없다.'처럼 상대방의 주장 대신 인격을 공격하거나, '최고 권위자인 A교수도 이런 말을 했습니다.'처럼 자신의 논리적인 약점을 권위자를 통해 덮으려는 논리적 오류이다.

24

정답 ⑤

스마트팜 관련 정부 사업 참여 경험은 K사의 강점 요인이다. 또한 정부의 적극적인 지원은 스마트팜 시장 성장에 따른 기회 요인이다. 따라서 스마트팜 관련 정부 사업 참여 경험을 바탕으로 정부의 적극적인 지원을 확보하는 것은 내부의 강점을 통해 외부의 기회 요인을 극대화하는 SO전략에 해당한다.

오답분석

①·②·③·④ 외부의 기회를 이용하여 내부의 약점을 보완하는 WO전략에 해당한다.

SWOT 분석 전략

- SO전략 : 내부 강점과 외부 기회를 극대화하는 전략
- WO전략 : 외부 기회를 이용하여 내부 약점을 강점으로 전환하는 전략
- ST전략 : 외부 위협을 최소화하기 위해 내부 강점을 극대화하는 전략
- WT전략 : 내부 약점과 외부 위협을 최소화하는 전략

25

정답 ②

K대학교 기숙사 운영위원회는 단순히 '기숙사에 문제가 있다.'라는 큰 문제에서 벗어나 식사, 시설, 통신환경이라는 세 가지 주요 문제를 파악하고 문제별로 다시 세분화하여 더욱 구체적으로 인과관계 및 구조를 파악하여 분석하고 있다. 따라서 제시문에서 나타난 문제해결 절차는 '문제 도출'이다.

문제해결 절차 5단계

1. 문제 인식 : 해결해야 할 전체 문제를 파악하여 우선순위를 정하고 선정 문제에 대한 목표를 명확히 하는 단계
2. 문제 도출 : 선정된 문제를 분석하여 해결해야 할 것이 무엇인지를 명확히 하는 단계로, 현상에 대한 문제를 분해하여 인과관계 및 구조를 파악하는 단계
3. 원인 분석 : 파악된 핵심 문제에 대한 분석을 통해 근본 원인을 도출해 내는 단계
4. 해결안 개발 : 문제로부터 도출된 근본 원인을 효과적으로 해결할 수 있는 최적의 해결 방안을 수립하는 단계
5. 실행 및 평가 : 해결안 개발을 통해 만들어진 실행 계획을 실제 상황에 적용하는 단계로, 해결안을 통해 문제의 원인들을 제거해 나가는 단계

26

정답 ①

마지막 조건에 따라 C는 항상 두 번째에 도착하게 되고, 첫 번째 조건에 따라 A – B가 순서대로 도착했으므로 A, B는 첫 번째로 도착할 수 없다. 또한 두 번째 조건에 따라 D는 E보다 늦게 도착하므로 가능한 경우를 정리하면 다음과 같다.

구분	첫 번째	두 번째	세 번째	네 번째	다섯 번째
경우 1	E	C	A	B	D
경우 2	E	C	D	A	B

따라서 E는 항상 가장 먼저 도착한다.

27

정답 ②

전제 1의 전건(P)인 'TV를 오래 보면'은 후건(Q)인 '눈이 나빠진다.'가 성립하는 충분조건이며, 후건은 전건의 필요조건이 된다(P → Q). 그러나 삼단논법에서 단순히 전건을 부정한다고 해서 후건 또한 부정되지는 않는다(~ P → ~ Q, 역의 오류). 철수가 TV를 오래 보지 않아도 눈이 나빠질 수 있는 가능성은 얼마든지 있기 때문이다. 이러한 형식적 오류를 '전건 부정의 오류'라고 한다.

오답분석

① 사개명사의 오류 : 삼단논법에서 개념이 4개일 때 성립하는 오류이다(A는 B이고, A와 C는 모두 D이다. 따라서 B는 C이다).
③ 후건 긍정의 오류 : 후건을 긍정한다고 전건 또한 긍정이라고 하는 오류이다(P → Q이므로 Q → P이다. 이의 오류).
④ 선언지 긍정의 오류 : 어느 한 명제를 긍정하는 것이 필연적으로 다른 명제의 부정을 도출한다고 여기는 오류이다(A는 B와 C이므로 A가 B라면 반드시 C는 아니다. ∵ B와 C 둘 다 해당할 가능성이 있음).
⑤ 매개념 부주연의 오류 : 매개념(A)이 외연 전부(B)에 대하여 성립되지 않을 때 발생하는 오류이다(A는 B이고 C는 B이므로 A는 C이다).

28

정답 ②

제시된 열차의 부산역 도착시간을 계산하면 다음과 같다.

- KTX
  8:00(서울역 출발) → 10:30(부산역 도착)
- ITX-청춘
  7:20(서울역 출발) → 8:00(대전역 도착) → 8:15(대전역 출발) → 11:05(부산역 도착)
- ITX-마음
  6:40(서울역 출발) → 7:20(대전역 도착) → 7:35(대전역 출발) → 8:15(울산역 도착) → 8:30(울산역 출발) → 11:00(부산역 도착)
- 새마을호
  6:30(서울역 출발) → 7:30(대전역 도착) → 7:40(ITX-마음 출발 대기) → 7:55(대전역 출발) → 8:55(울산역 도착) → 9:10(울산역 출발) → 10:10(동대구역 도착) → 10:25(동대구역 출발) → 11:55(부산역 도착)
- 무궁화호
  5:30(서울역 출발) → 6:50(대전역 도착) → 7:05(대전역 출발) → 8:25(울산역 도착) → 8:35(ITX-마음 출발 대기) → 8:50(울산역 출발) → 10:10(동대구역 도착) → 10:30(새마을호 출발 대기) → 10:45(동대구역 출발) → 12:25(부산역 도착)

따라서 가장 늦게 도착하는 열차는 무궁화호로, 12시 25분에 부산역에 도착한다.

오답분석

① ITX-청춘은 11시 5분에 부산역에 도착하고, ITX-마음은 11시에 부산역에 도착한다.
③ ITX-마음은 정차역인 대전역과 울산역에서 다른 열차와 시간이 겹치지 않는다.
④ 부산역에 가장 빨리 도착하는 열차는 KTX로, 10시 30분에 도착한다.
⑤ 무궁화호는 울산역에서 8시 15분에 도착한 ITX-마음으로 인해 8시 35분까지 대기하며, 동대구역에서 10시 10분에 도착한 새마을호로 인해 10시 30분까지 대기한다.

29

정답 ①

A과장과 팀원 1명은 7시 30분까지 K공사에서 사전 회의를 가져야 하므로 8시에 출발하는 KTX만 이용할 수 있다. 남은 팀원 3명은 11시 30분까지 부산역에 도착해야 하므로 10시 30분에 도착하는 KTX, 11시 5분에 도착하는 ITX-청춘, 11시에 도착하는 ITX-마음이 이용 가능한데, 이 중 가장 저렴한 열차를 이용해야 하므로 ITX-마음을 이용한다. 따라서 KTX 2인, ITX-마음 3인의 요금을 계산하면 (59,800×2)+(42,600×3)=119,600+127,800=247,400원이다.

30

정답 ⑤

A는 B의 부정적인 의견들을 구조화하여 B가 그러한 논리를 가지게 된 궁극적 원인인 경쟁력 부족을 찾아내었고, 이러한 원인을 해소할 수 있는 방법을 찾아 자신의 계획을 재구축하여 B에게 설명하였다. 따라서 제시문에서 나타난 논리적 사고의 구성요소는 '상대 논리의 구조화'이다.

오답분석

① 설득 : 논증을 통해 나의 생각을 다른 사람에게 이해·공감시키고, 타인이 내가 원하는 행동을 하도록 하는 것이다.
② 구체적인 생각 : 상대가 말하는 것을 잘 알 수 없을 때, 이미지를 떠올리거나 숫자를 활용하는 등 구체적인 방법을 활용하여 생각하는 것이다.
③ 생각하는 습관 : 논리적 사고를 개발하기 위해 일상적인 모든 것에서 의문점을 가지고 원인을 생각해 보는 습관이다.
④ 타인에 대한 이해 : 나와 상대의 주장이 서로 반대될 때, 상대의 주장 전부를 부정하지 않고 상대의 인격을 존중하는 것이다.

코레일 한국철도공사 사무직

2024년 상반기 ~ 2023년 코레일 전공(경영학) 기출복원 모의고사 정답 및 해설

01	02	03	04	05	06	07	08	09	10
③	④	③	⑤	②	③	①	①	③	⑤
11	12	13	14	15	16	17	18	19	20
⑤	③	①	④	③	③	③	②	①	③
21	22	23	24	25	26	27	28	29	30
④	②	⑤	④	③	③	⑤	④	③	③

01

정답 ③

공정성 이론에 따르면 공정성 유형은 크게 절차적 공정성, 상호작용적 공정성, 분배적 공정성으로 나누어진다.

- 절차적 공정성 : 과정통제, 접근성, 반응속도, 유연성, 적정성
- 상호작용적 공정성 : 정직성, 노력, 감정이입
- 분배적 공정성 : 형평성, 공평성

02

정답 ④

e-비즈니스 기업은 비용절감 등을 통해 더 낮은 가격으로 우수한 품질의 상품 및 서비스를 제공할 수 있다는 장점이 있다.

03

정답 ③

조직시민행동은 조직 구성원의 내재적 만족으로 인해 촉발되므로 구성원에 대한 처우가 합리적일수록 자발적으로 일어난다.

04

정답 ⑤

동기부여이론은 내용이론과 과정이론으로 나누어지며, 내용이론에는 전통적 동기이론, ERG 이론, XY이론, 성취동기 이론, 욕구이론이 있고, 과정이론에는 기대이론, 공정성 이론, 목표설정이론, 학습이론이 있다.

05

정답 ②

협상을 통해 공동의 이익을 확대(Win – Win)하는 것은 통합적 협상에 대한 설명이다.

분배적 협상과 통합적 협상의 비교

- 분배적 협상
  - 고정된 자원을 대상으로 합리적인 분배를 위해 진행하는 협상이다.
  - 한정된 자원량으로 인해 제로섬 원칙이 적용되어 갈등이 발생할 가능성이 많다.
  - 당사자 간 이익 확보를 목적으로 하며, 협상 참여자 간 관계는 단기적인 성격을 나타낸다.
- 통합적 협상
  - 당사자 간 이해관계를 조율하여 더 큰 이익을 추구하기 위해 진행하는 협상이다.
  - 협상을 통해 확보할 수 있는 자원량이 변동될 수 있어 갈등보다는 문제해결을 위해 노력한다.
  - 협상 참여자의 이해관계, 우선순위 등이 달라 장기적인 관계를 가지고 통합적인 문제해결을 추구한다.

06

정답 ③

워크샘플링법은 전체 작업과정에서 무작위로 많은 관찰을 실시하여 직무활동에 대한 정보를 얻는 방법이다. 여러 직무활동을 동시에 기록하므로 전체 직무의 모습을 파악할 수 있다.

오답분석

① 관찰법 : 조사자가 직접 조사대상과 생활하면서 관찰을 통해 자료를 수집하는 방법이다.

② 면접법 : 조사자가 조사대상과 직접 대화를 통해 자료를 수집하는 방법이다.

④ 질문지법 : 설문지로 조사내용을 작성하고 자료를 수집하는 방법이다.

⑤ 연구법 : 기록물, 통계자료 등을 토대로 자료를 수집하는 방법이다.

07

정답 ①

가구, 가전제품 등은 선매품에 해당한다. 반면, 명품제품, 자동차, 아파트 등은 전문품에 해당한다.

08

정답 ①

연속생산은 동일제품을 대량생산하기 때문에 규모의 경제가 적용되어 여러 가지 제품을 소량생산하는 단속생산에 비해 단위당 생산원가가 낮다.

오답분석

② 연속생산의 경우 표준화된 상품을 대량으로 생산함에 따라 운반에 따른 자동화 비율이 매우 높고, 속도가 빨라 운반비용이 적게 소요된다.
③·④ 제품의 수요가 다양하거나 제품의 수명이 짧은 경우 단속생산 방식이 적합하다.
⑤ 연속생산은 작업자의 숙련도와 관계없이 작업에 참여가 가능하다.

09

정답 ③

테일러의 과학적 관리법은 하루 작업량을 과학적으로 설정하고 과업 수행에 따른 임금을 차별적으로 지급하는 차별성과급제를 시행한다.

오답분석

①·② 시간연구와 동작연구를 통해 표준 노동량을 정하고 해당 노동량에 따라 임금을 지급하여 생산성을 향상시킨다.
④ 각 과업을 전문화하여 관리한다.
⑤ 근로자가 노동을 하는 데 필요한 최적의 작업조건을 유지한다.

10

정답 ⑤

기능목록제도는 종업원별로 기능보유색인을 작성하고 데이터베이스에 저장하여 인적자원관리 및 경력개발에 활용하는 제도이며, 근로자의 직무능력 평가에 있어 필요한 정보를 파악하기 위해 개인능력평가표를 활용한다.

오답분석

① 자기신고제도 : 근로자에게 본인의 직무내용, 능력수준, 취득자격 등에 대한 정보를 직접 자기신고서에 작성하여 신고하게 하는 제도이다.
② 직능자격제도 : 직무능력을 자격에 따라 등급화하고 해당 자격을 취득하는 경우 직위를 부여하는 제도이다.
③ 평가센터제도 : 근로자의 직무능력을 객관적으로 발굴하고 육성하기 위한 제도이다.
④ 직무순환제도 : 담당 직무를 주기적으로 교체함으로써 직무 전반에 대한 이해도를 높이는 제도이다.

11

정답 ⑤

데이터베이스 마케팅(DB 마케팅)은 고객별로 맞춤화된 서비스를 제공하기 위해 정보 기술을 이용하여 고객의 정보를 데이터베이스로 구축하여 관리하는 마케팅 전략이다. 이를 위해 고객의 성향, 이력 등 관련 정보가 필요하므로 기업과 고객 간 양방향 의사소통을 통해 1 : 1 관계를 구축하게 된다.

12

정답 ③

사례의 변화는 공정성 이론에 따른 불공정의 해결방법과 관계가 없다.

오답분석

① 비교대상의 변화 : 비교대상이 되는 사람, 집단 등과 같은 대상을 자신 또는 자신이 속해있는 집단과 비슷한 수준의 대상으로 변경하여 불평등을 해결하고자 하는 것이다.
② 투입의 변화 : 직무에 투입하는 시간, 노력 등의 양을 변화시키거나 작업수준의 변화 등을 통해 불평등을 해결하고자 하는 것이다.
④ 산출의 변화 : 임금이나 작업환경의 개선 등을 통해 생산량을 증대시켜 불평등을 해결하고자 하는 것이다.
⑤ 태도의 변화 : 자신 또는 타인의 태도 자체를 변화시킴으로써 불평등을 해결하고자 하는 것이다.

13

정답 ①

조직시민행동(OCB; Organizational Citizenship Behavior)은 조직의 원활한 운영을 위해 공식적으로 주어진 임무 외에 구성원들이 자발적으로 수행하는 부차적인 행동을 의미하며, 이 중 예의성은 조직 내 구성원 간 갈등이 발생할 가능성을 미리 막으려고 노력하는 행동이다.

오답분석

② 이타성에 대한 설명이다.
③ 양심성에 대한 설명이다.
④ 스포츠맨십에 대한 설명이다.
⑤ 시민정신에 대한 설명이다.

14

정답 ④

직무평가 요소는 노력성과 책임성으로 구분할 수 있으며, 책임성에는 직무개선, 관리감독, 기계설비, 원재료책임 등이 해당된다. 반면 도전성은 노력성과 관련 있는 직무평가 요소이다.

15

정답 ③

분배적 협상은 희소하거나 한정적인 자원을 대상으로 진행하는 협상 방식이다. Win－Win 등 창의적인 가치창출 전략을 제시하는 것은 통합적 협상에서 고려해야 하는 사항이다.

오답분석

① 분배적 협상은 상호 배타적인 방식의 협상이므로 자신의 이익을 최대화하기 위해 상대방과의 이해관계나 제약사항 등에 대한 사전조사가 필요하다.
② 목표치를 높게 잡되 상대방이 수긍할 수 있는 합리적인 수준이어야 한다.
④ 상대방이 주어진 조건을 기준으로 결정할 수 있도록 유도하며, 앵커링 전략이라고도 한다.
⑤ 최선의 대안을 확보하고 있을 경우 상대방의 불리한 제안을 충분히 거절할 수 있다.

16

정답 ③

집단 간의 경쟁이 많아지면 집단과 자신을 보호하고 안전을 지키기 위해 집단의 응집성이 증가된다.

오답분석

① 구성원의 수가 많아질수록 여러 가지 다양한 의견이 존재하여 집단의 의견을 통일하는 데 어려움을 겪을 수 있다.
② 가입 난이도가 쉬울수록 다양한 특성을 가진 구성원의 참여가 늘어남에 따라 개인 간 역량의 편차가 커지고 경쟁 등이 심화되어 집단의 응집성을 저해할 수 있다.
④ 집단 내 실패 경험이 많아질수록 의사결정 또는 과정에 대한 서로 간의 불신이 커지게 되어 집단의 응집성을 저해할 수 있다.
⑤ 구성원 간 교류가 적을수록 중요한 정보 공유 등에 제약이 생겨 집단의 성과창출을 위한 응집성을 저해할 수 있다.

17

정답 ③

스캔런 플랜은 종업원의 참여의식을 높이기 위해 위원회제도를 통해 종업원의 경영참여와 개선된 생산품의 판매가치를 기준으로 성과급을 분배하는 방식이다.

오답분석

① 임프로쉐어 플랜 : 단위당 소요되는 표준 노동시간과 실제 노동시간을 비교하여 절약된 시간만큼 분배하는 것이다.
② 러커 플랜 : 스캔런 플랜을 개선한 방식으로, 노동비용을 판매가치에서 재료비, 간접비 등을 제외한 부가가치로 나누는 것이다.
④ 링컨 플랜 : 근로자의 생산성 향상을 위한 방식으로, 성과급제와 이윤분배제를 결합한 것이다.
⑤ 카이저 플랜 : 재료, 노무 등에서 발생하는 비용을 절약한 만큼 분배하는 것이다.

18

정답 ②

이미지 포지셔닝은 소비자들에게 자사제품의 긍정적 이미지가 떠오르게 유도하는 전략으로, 제품의 직접적인 편익보다 기업 이미지라는 추상적인 편익을 강조하여 소구하는 전략이다.

오답분석

① 경쟁자 포지셔닝 : 경쟁사를 이용하여 자사를 돋보이게 하는 전략이다.
③ 제품속성 포지셔닝 : 경쟁제품과 자사제품을 비교하여 차별적인 속성을 강조하는 전략이다.
④ 사용자 기반 포지셔닝 : 자사제품을 활용함으로써 사용자가 얻을 수 있는 이미지를 부각하는 전략이다.
⑤ 니치시장 소구 포지셔닝 : 기존 제품이 충족하지 못하는 틈새시장을 공략하는 전략이다.

19

정답 ①

동기, 지각, 학습, 신념, 태도 등은 소비자의 심리적 요인에 해당한다. 반면, 직업은 개인적 요인에 해당한다.

20

정답 ③

재마케팅은 상품에 대한 수요가 줄어드는 감퇴적 수요에 대한 대응전략으로, 제품의 성능 향상, 가격 인하 등 새로운 수요를 만들어내어 줄어든 수요를 회복하기 위한 전략이다.

오답분석

① 전환마케팅 : 부정적 인식을 긍정적 인식으로 전환하는 전략이다.
② 자극마케팅 : 잠재고객이 필요로 하는 니즈를 충족시킬 수 있다는 점을 어필하여 실제 수요로 바꾸는 전략이다.
④ 개발마케팅 : 잠재고객이 필요로 하는 제품을 새롭게 개발하는 전략이다.
⑤ 에이지마케팅 : 잠재고객의 연령에 따라 마케팅을 차별화하는 전략이다.

21

정답 ④

유기적 조직의 경우 부서 간, 구성원 간 유기적인 의존관계가 이루어지기 때문에 관리의 폭이 넓다.

22

정답 ②

예비재고는 향후 예상되는 수요가 있어 의도적으로 비축하는 재고이다.

오답분석

① 안전재고 : 불확실한 수요변화에 대처하기 위하여 사전에 보유하는 재고를 말한다.
③ 주기재고 : 주기적으로 일정한 단위의 재고품목을 발주하여 발생되는 재고를 말한다.
④·⑤ 운송 중 재고(이동재고) : 현재 운송 중에 있는 재고를 말한다.

23

정답 ⑤

오답분석

① 폐쇄성 : 개별요소들을 서로 연결되어 있는 연속된 형태로 본다.
② 단순성 : 가능한 여러 형태 중 가장 단순한 형태로 본다.
③ 근접성 : 가까이 있는 요소들을 하나의 집단으로 묶어서 본다.
④ 유사성 : 형태가 유사한 요소들을 하나의 집단으로 묶어서 본다.

24

정답 ④

Pull 전략은 소비자가 자사의 제품을 적극적으로 찾게 함으로써 중간상들이 자발적으로 자사 제품을 취급하게 만드는 전략이다. 반면 직접적이고 적극적이며, 고객을 대상으로 1 : 1 마케팅을 하는 것은 Push 전략에 해당한다.

25

정답 ③

마르코프 체인이란 미래의 조건부 확률분포가 현재 상태에 의해서 결정되는 마르코프 특성을 이용하는 것으로, 현재의 안정적인 인력상황, 조직환경 등을 측정하여 미래에 예상되는 인력공급, 직무이동확률 등을 예측하는 방법이다.

오답분석

① 자격요건 분석 : 현재 직무에 대한 직무기술서 및 직무명세서를 토대로 특정 시점의 직무명세서와 직무기술서를 예측하는 방법이다.
② 기능목록 분석 : 근로자가 보유하고 있는 기능, 경험, 교육수준 등을 정리 및 분석하는 방법이다.
④ 대체도 : 조직 내 특정 직무에 대한 공석을 가정하여 대체할 수 있는 인력에 대한 연령, 성과 등을 표시하는 방법이다.
⑤ 외부공급 예측 : 경제활동인구, 실업률 등의 외부정보를 활용하여 인력공급을 예측하는 방법이다.

26

정답 ③

단수가격은 심리학적 가격결정 전략으로, 1,000원, 10,000원 단위로 가격을 결정하지 않고, 900원, 990원, 9,900원 등 단수로 가격을 결정하여 상대적으로 저렴하게 보이게 한다.

오답분석

① 명성가격 : 판매자의 명성이나 지위를 나타내는 제품의 수요가 증가함에 따라 높게 설정하는 가격이다.
② 준거가격 : 소비자가 상품가격을 평가할 때 자신의 기준이나 경험을 토대로 생각하는 가격이다.
④ 관습가격 : 소비자들이 오랜 기간 동안 일정금액으로 구매해 온 상품의 특정 가격이다.
⑤ 유인가격 : 잘 알려진 제품을 저렴하게 판매하여 소비자들을 유인하기 위한 가격이다.

27

정답 ⑤

페이욜은 기업활동을 기술활동, 영업활동, 재무활동, 회계활동, 관리활동, 보전활동 6가지 분야로 구분하였다.

오답분석

② 차별성과급제, 기능식 직장제도, 과업관리, 계획부 제도, 작업지도표 제도 등은 테일러의 과학적 관리법을 기본이론으로 한다.
③ 포드의 컨베이어 벨트 시스템은 생산원가를 절감하기 위해 표준제품을 정하고 대량생산하는 방식을 정립한 것이다.
④ 베버의 관료제 조직은 계층에 의한 관리, 분업화, 문서화, 능력주의, 사람과 직위의 분리, 비개인성의 6가지 특징을 가지며, 이를 통해 조직을 가장 합리적이고 효율적으로 운영할 수 있다고 주장한다.

28

정답 ④

주식회사 발기인의 인원 수는 별도의 제한이 없다.

오답분석

① 주식회사의 법인격에 대한 설명이다.
② 출자자의 유한책임에 대한 설명이다(상법 제331조).
③ 주식은 자유롭게 양도할 수 있는 것이 원칙이다.
⑤ 주식회사는 사원(주주)의 수가 다수인 경우가 많기 때문에 사원이 직접 경영에 참여하기보다는 이사회로 경영권을 위임한다.

29

정답 ③

수요예측기법은 수치를 이용한 계산방법의 적용 여부에 따라 정성적 기법과 정량적 기법으로 구분할 수 있다. 정성적 기법은 개인의 주관이나 판단 또는 여러 사람의 의견에 의하여 수요를 예측하는 방법으로, 델파이 기법, 역사적 유추법, 시장조사법, 라이프 사이클 유추법 등이 있다. 반면, 정량적 기법은 수치로 측정된 통계자료에 기초하여 계량적으로 예측하는 방법으로, 사건에 대하여 시간의 흐름에 따라 기록한 시계열 데이터를 바탕으로 분석하는 시계열 분석법이 이에 해당한다.

오답분석

① 델파이 기법 : 여러 전문가의 의견을 되풀이해 모으고 교환하고 발전시켜 미래를 예측하는 방법이다.
② 역사적 유추법 : 수요 변화에 관해 과거 유사한 제품의 패턴을 바탕으로 유추하는 방법이다.
④ 시장조사법 : 시장에 대해 조사하려는 내용의 가설을 세운 뒤 소비자 의견을 조사하여 가설을 검증하는 방법이다.
⑤ 라이프 사이클 유추법 : 제품의 라이프 사이클을 분석하여 수요를 예측하는 방법이다.

30

정답 ③

저압적 마케팅은 소비자의 욕구를 파악하는 것에 중점을 두기 때문에 생산 전 마케팅 조사 및 계획 활동을 선행한다.

오답분석

①·②·④·⑤ 고압적 마케팅에 대한 설명이다.

코레일 한국철도공사 사무직 NCS + 전공 + 법령

1일 차 기출응용 모의고사 정답 및 해설

제 1 영역 직업기초능력평가

01	02	03	04	05	06	07	08	09	10
⑤	③	③	②	③	④	⑤	②	③	③
11	12	13	14	15	16	17	18	19	20
③	④	②	①	④	④	②	②	④	②
21	22	23	24	25	26	27	28	29	30
③	④	④	④	④	②	③	②	③	①

01 정답 ⑤

제시문에서는 현대 사회의 소비 패턴은 '보이지 않는 손' 아래의 합리적 소비에서 벗어나 과시 소비가 중심이 되었으며, 그 이면에는 소비를 통해 자신의 물질적 부를 표현함으로써 신분을 과시하려는 욕구가 있다고 설명하고 있다. 따라서 제시문의 제목으로 가장 적절한 것은 ⑤이다.

02 정답 ③

甲은 현실적으로 지배 체제에 맞게 지배자들이 법률을 제정하기 때문에 정의는 강자의 이익이라고 주장한다. 이에 반해 乙은 지배자들이 꼭 자신들의 이익을 위해 법률을 만드는 것은 아니라고 주장한다. 이때 乙은 자신의 주장을 강화하기 위해서 유비추리의 방식을 이용하여 의사와 환자라는 비슷한 사례를 제시하고 있다.

03 정답 ③

빈칸의 앞 문장의 '정상적인 기능을 할 수 없는 상태'와 대조를 이루는 표현이면서 마지막 문장의 '자기 조절과 방어 시스템이 작동하는 과정인 것'이라는 내용에 어울리는 표현인 ③이 빈칸에 들어갈 내용으로 가장 적절하다.

04 정답 ②

먼저 K공사의 '5대 안전서비스 제공을 통한 스마트도시 시민안전망'과 관련한 업무 협약을 맺었다고 시작하는 (다)가 와야 하고, 앞서 소개한 오산시의 다양한 정책을 소개하는 (나)가 이어져야 한다. 또한, 오산시에 구축할 5가지 시민안전망에 대해 설명하는 (가)와 (마)가 이어지며, 마지막으로 기존의 문제점을 보완하며 인프라 구축을 예고하는 (라)의 순서로 나열하는 것이 적절하다.

05 정답 ③

기존 안전 체계의 문제점을 고치고 발전했다는 문장의 흐름상 빈칸에 들어갈 단어로 '모자라는 것을 보충해서 완전하게 한다.'는 의미의 '보완'이 가장 적절하다.

06 정답 ④

B대리는 A사원의 질문에 대해 명료한 대답을 하지 않고 모호한 태도를 보이고 있으므로 협력의 원리 중 태도의 격률을 어기고 있음을 알 수 있다.

07 정답 ⑤

세 번째 문단에서 최종 단계를 통과하지 못한 사람들이 지방 사회에 기여하도록 하여 과거제의 부작용을 완화하고자 노력했다는 내용을 통해 알 수 있다.

오답분석

① 다섯 번째 문단에서 일군의 유럽 계몽사상가들은 학자의 지식이 귀족의 세습적 지위보다 우위에 있는 체제를 정치적 합리성을 갖춘 것으로 보았다고 했으므로 적절하지 않다.
② 다섯 번째 문단에서 동아시아에서 실시된 과거제가 유럽에 전해져 유럽에서도 관료 선발에 시험을 바탕으로 한 경쟁이 도입되기도 했었다고 했으므로 적절하지 않다.
③ 세 번째 문단에서 과거제로 인해 통치에 참여할 능력을 갖춘 지식인 집단이 폭넓게 형성되었다고 했으므로 적절하지 않다.
④ 세 번째 문단에서 과거 시험의 최종 단계까지 통과하지 못한 사람들도 국가로부터 여러 특권을 부여받았다고 했으므로 적절하지 않다.

08

정답 ②

주택 또는 상가의 임대차계약은 민법에 대한 특례를 규정한 주택 임대차보호법 및 상가건물 임대차보호법의 적용을 받는다.

09

정답 ③

'대가로'가 옳은 표기이다. '대가'가 [대:까]로 발음되기 때문에 사이시옷을 붙여 '댓가'로 표기하는 오류가 많다. 한자어의 경우 2음절로 끝나는 6개의 단어(숫자, 횟수, 셋방, 곳간, 툇간, 찻간)만 예외적으로 사이시옷이 붙는다.

10

정답 ③

제시문은 4차 산업혁명의 신기술로 인해 금융의 종말이 올 것이라는 예상을 설명하는 글이다. 따라서 앞으로도 기술 발전은 금융업의 본질을 바꾸지 못할 것임을 나타내는 ③이 제시문에 대한 비판으로 가장 적절하다.

11

정답 ③

지하철의 이동거리를 $x$km라 하자. 이상이 생겼을 때 지하철의 속력은 $60\times0.4=24$km/h이다. 이때 평소보다 45분 늦게 도착하였으므로 다음 식이 성립한다.

$\frac{x}{24}-\frac{x}{60}=\frac{45}{60}$

→ $5x-2x=90$

→ $3x=90$

$\therefore x=30$

12

정답 ④

2023년 고령취업자 중 농가취업자의 비율이 53%이고 비농가취업자의 비율이 11.4%이므로 단순 비율계산을 통해 전체 고령취업자 중 농가취업자 수가 $\frac{53}{53+11.4}\times100\fallingdotseq82\%$라고 생각하기 쉽다. 하지만 이러한 계산은 전체 농가취업자 수와 전체 비농가취업자 수가 같을 때에만 성립하므로 옳지 않다.

오답분석

① 2023년 고령취업자 중 농가취업자의 비율은 53%로, 절반 이상이므로 농가에서 취업자 두 사람 중 한 명은 고령자이다.
② 2023년 고령취업자 중 농가취업자의 비율은 53%이고 비농가취업자의 비율은 11.4%이므로 고령취업자 비율은 농가가 비농가보다 높다.
③ 표를 보면 고령취업자 비율은 매년 여성이 남성보다 높은 것을 알 수 있다.
⑤ 표를 보면 고령취업자 중 농가취업자의 비율은 매년 증가하고 있는 것을 알 수 있다.

13

정답 ②

광주, 울산, 제주 지역 모두 초등학교 수와 중학교 수의 수치가 바뀌었다.

14

정답 ①

ㄱ. 운수사고 이외의 사고로 인한 사망률을 직접 구할 필요 없이 선택지를 '운수사고로 인한 사망자의 비율은 A지역이 가장 낮고, E지역이 가장 높다.'로 변형하여 판단하면 된다. 이에 따르면 A지역은 이 비율이 절반에 미치지 못하므로 가장 낮고, E지역은 약 67%이므로 가장 높다. 따라서 옳은 설명이다.
ㄴ. 가중평균을 응용한 선택지이다. A－B지역을 하나로 묶고, C－D－E를 다른 하나로 묶어 가중평균을 구한 것이 전체 사고 사망률인데, 첫 번째 자료에서 2023년의 전체 사고 사망률이 6.7명이라고 하였으므로 A－B쪽에 상당히 치우쳐 있다는 것을 알 수 있다. 따라서 A－B지역의 인구가 더 많다는 것을 알 수 있으므로 옳은 설명이다.

오답분석

ㄷ・ㄹ. 전체 인구가 주어져 있지 않은 상황에서는 알 수 없으므로 옳지 않은 설명이다.

15

정답 ④

2020년부터 2022년까지 경기 수가 증가하는 스포츠는 배구와 축구 2종목이다.

오답분석

① 농구의 2020년의 전년 대비 경기 수 감소율은 $\frac{413-403}{413}\times100\fallingdotseq2.4\%$이며, 2023년의 전년 대비 경기 수 증가율은 $\frac{410-403}{403}\times100\fallingdotseq1.7\%$이다. 따라서 2020년의 전년 대비 경기 수 감소율이 더 높다.
② 2019년 농구와 배구의 경기 수 차이는 $413-226=187$회이고, 야구와 축구의 경기 수 차이는 $432-228=204$회이다. 따라서 $\frac{187}{204}\times100\fallingdotseq91.7\%$이므로 90% 이상이다.
③ 5년 동안의 종목별 평균 경기 수는 다음과 같다.
   • 농구 : $\frac{413+403+403+403+410}{5}=406.4$회
   • 야구 : $\frac{432+442+425+433+432}{5}=432.8$회
   • 배구 : $\frac{226+226+227+230+230}{5}=227.8$회
   • 축구 : $\frac{228+230+231+233+233}{5}=231.0$회
   따라서 야구 평균 경기 수는 축구 평균 경기 수의 약 1.87배로 2배 이하이다.
⑤ 2023년 경기 수가 5년 동안의 종목별 평균 경기 수보다 적은 스포츠는 야구이다.

16

정답 ④

2019년 대비 2023년 소포우편 분야의 매출액 증가율은 $\frac{5,017-3,390}{3,390}\times100 \fallingdotseq 48.0\%$이므로 옳지 않은 설명이다.

오답분석

① 매년 매출액이 가장 높은 분야는 일반통상 분야임을 알 수 있다.
② 일반통상 분야의 매출액은 2020년, 2021년에, 특수통상 분야의 매출액은 2022년, 2023년에 감소하고 있다. 반면 소포우편 분야는 매년 매출액이 꾸준히 증가하고 있다.
③ 2023년 1분기 특수통상 분야의 매출액이 차지하고 있는 비율은 $\frac{1,406}{5,354}\times100 \fallingdotseq 26.3\%$이므로 20% 이상이다.
⑤ 2022년 전체 매출액에서 일반통상 분야의 매출액이 차지하는 비율은 $\frac{11,107}{21,722}\times100 \fallingdotseq 51.1\%$이므로 옳은 설명이다.

17

정답 ②

SOC, 산업·중소기업, 통일·외교, 공공질서·안전, 기타의 5개 분야에서 전년 대비 재정지출액이 증가하지 않았으므로 옳다.

오답분석

① 교육 분야의 전년 대비 재정지출 증가율은 다음과 같다.

- 2020년 : $\frac{27.6-24.5}{24.5}\times100 \fallingdotseq 12.7\%$
- 2021년 : $\frac{28.8-27.6}{27.6}\times100 \fallingdotseq 4.3\%$
- 2022년 : $\frac{31.4-28.8}{28.8}\times100 \fallingdotseq 9.0\%$
- 2023년 : $\frac{35.7-31.4}{31.4}\times100 \fallingdotseq 13.7\%$

따라서 교육 분야의 전년 대비 재정지출 증가율이 가장 높은 해는 2023년이다.

③ 2019년에는 기타 분야가 예산에서 차지하고 있는 비율이 더 높았다.
④ SOC(−8.6%), 산업·중소기업(2.5%), 환경(5.9%), 기타(−2.9%) 분야의 연평균 증가율이 더 낮다.
⑤ 통일·외교 분야의 증감추이는 '증가 − 증가 − 감소 − 증가'이고, 기타 분야의 증감추이는 '감소 − 감소 − 증가 − 증가'로 두 분야의 증감추이는 동일하지 않다.

18

정답 ②

- 사회복지·보건 분야의 2021년 대비 2022년 재정지출 증감률 : $\frac{61.4-56.0}{56.0}\times100 \fallingdotseq 9.6\%$
- 공공질서·안전 분야의 2021년 대비 2022년 재정지출 증감률 : $\frac{10.9-11.0}{11.0}\times100 \fallingdotseq -0.9\%$

따라서 두 분야의 2021년 대비 2022년 재정지출 증감률 차이는 $9.6-(-0.9)=10.5\%$p이다.

19

정답 ④

연령대를 기준으로 남성과 여성의 인구비율을 계산하면 다음과 같다.

구분	남성	여성
0 ~ 14세	$\frac{323}{627}\times100 \fallingdotseq 51.5\%$	$\frac{304}{627}\times100 \fallingdotseq 48.5\%$
15 ~ 29세	$\frac{453}{905}\times100 \fallingdotseq 50.1\%$	$\frac{452}{905}\times100 \fallingdotseq 49.9\%$
30 ~ 44세	$\frac{565}{1,110}\times100 \fallingdotseq 50.9\%$	$\frac{545}{1,110}\times100 \fallingdotseq 49.1\%$
45 ~ 59세	$\frac{630}{1,257}\times100 \fallingdotseq 50.1\%$	$\frac{627}{1,257}\times100 \fallingdotseq 49.9\%$
60 ~ 74세	$\frac{345}{720}\times100 \fallingdotseq 47.9\%$	$\frac{375}{720}\times100 \fallingdotseq 52.1\%$
75세 이상	$\frac{113}{309}\times100 \fallingdotseq 36.6\%$	$\frac{196}{309}\times100 \fallingdotseq 63.4\%$

남성 인구가 40% 이하인 연령대는 75세 이상(36.6%)이며, 여성 인구가 50% 초과 60% 이하인 연령대는 60 ~ 74세(52.1%)이다. 따라서 ④가 옳다.

20

정답 ②

i) 먼저 마지막 조건을 살펴보면, 업체 수가 2배의 관계를 가지는 것은 D와 (E, F)뿐이다. 따라서 D를 철강과 연결시킬 수 있으며 E 또는 F가 지식서비스임을 알 수 있다.
ii) 다음으로 첫 번째 조건을 살펴보면, 종사자 수의 관계가 3배의 관계를 가지는 것은 A와 B, 그리고 E와 F인데 i)에서 E와 F 중 하나는 지식서비스라고 하였으므로 결국 A가 IT, B가 의료임을 알 수 있다.
iii) 이제 두 번째 조건을 살펴보면, 10대 미래산업 전체 부가가치액의 50% 이상은 약 12,000억 원인데 B(의료)와 합해서 이 수치를 만들 수 있는 산업은 C뿐이다. 따라서 C가 석유화학임을 알 수 있다.
iv) 마지막으로 아직 할당이 되지 않은 항공우주는 E와 F 중 하나가 되어야 하는데 이미 i)에서 E 또는 F가 지식서비스라고 하였다. 이제 세 번째 조건을 결합시켜 판단해 보면, 매출액은 $\frac{(\text{부가가치액})}{(\text{부가가치율})}\times100$으로 나타낼 수 있다. 이를 어림하면 E의 매출액은 300을 넘는 데 반해, F는 200에도 미치지 못하고 있어 F가 더 작다는 것을 알 수 있다. 따라서 F가 항공우주이며 E가 지식서비스로 연결된다.

그러므로 B, C, E는 각각 의료, 석유화학, 지식서비스임을 알 수 있다.

21

정답 ③

- (가) : 외부의 기회를 활용하면서 내부의 강점을 더욱 강화시키는 SO전략에 해당한다.
- (나) : 외부의 기회를 활용하여 내부의 약점을 보완하는 WO전략에 해당한다.
- (다) : 외부의 위협을 회피하며 내부의 강점을 적극 활용하는 ST전략에 해당한다.
- (라) : 외부의 위협을 회피하고 내부의 약점을 보완하는 WT전략에 해당한다.

22

정답 ④

- 올리브 통조림 주문량 : 15÷3=5캔
  → 올리브 통조림 구입 비용 : 5,200×5=26,000원
- 메추리알 주문량 : 7÷1=7봉지
  → 메추리알 구입 비용 : 4,400×7=30,800원
- 방울토마토 주문량 : 25÷5=5Box
  → 방울토마토 구입 비용 : 21,800×5=109,000원
- 옥수수 통조림 주문량 : 18÷3=6캔
  → 옥수수 통조림 구입 비용 : 6,300×6=37,800원
- 베이비 채소 주문량 : 4÷0.5=8Box
  → 베이비 채소 구입 비용 : 8,000×8=64,000원

따라서 B지점의 재료 구입 비용의 총합은 26,000+30,800+109,000+37,800+64,000=267,600원이다.

23

정답 ④

- 세 번째 조건에 따라 빨간색 모자를 착용한 사람은 5명, 파란색 모자를 착용한 사람은 7명이다.
- 첫 번째 조건에 따라 파란색 하의를 착용한 사람은 5명, 빨간색 하의를 착용한 사람은 7명이다.
- 두 번째 조건에 따라 파란색 상의와 하의를 착용한 사람의 수를 x명이라 하면, 빨간색 상의와 하의를 착용한 사람의 수는 $(6-x)$명이다. 또한, 파란색 상의와 빨간색 하의를 착용한 사람의 수는 $7-(6-x)=(x+1)$명이고, 빨간색 상의와 파란색 하의를 착용한 사람의 수는 $(5-x)$이다.
- 네 번째 조건에 따라 $x+(x+1)=7$이고 $x=3$이다.

따라서 하의만 빨간색인 사람은 4명이다.

24

정답 ④

고객 맞춤형 서비스 실행방안에 대한 개선 방향을 제안해야 하므로 고객유형별 전문 상담사를 사전 배정할 수 있도록 하는 ④가 가장 적절한 방안이다.

오답분석

① 직원에게 전용 휴대폰을 지급하는 것은 고객 맞춤형 서비스로 보기 어렵다.

②·③·⑤ 고객지원센터의 운영을 보완하는 것은 고객지원의 편의성을 높이는 것일 뿐 고객 맞춤형 서비스로 보기 어렵다.

25

정답 ④

김과장이 2주 차 월요일에 단식을 했기 때문에 1주 차 토요일과 일요일은 반드시 세 끼 식사를 해야 한다. 또한 목요일은 업무약속으로 점심식사를 했으므로 단식을 할 수 없다.

구분	월요일	화요일	수요일	목요일	금요일	토요일	일요일
아침	○		○	○	○	○	○
점심				○		○	○
저녁				○		○	○

- 월요일에 단식을 했을 경우
  화·수요일은 세 끼 식사를 해야 한다. 그러면 금요일이 단식일이 되는데, 이 경우 네 번째 조건을 만족하지 못한다.
- 화요일(아침에 식사)에 단식을 했을 경우
  월·수·목요일은 세 끼 식사를 해야 한다. 그러면 금요일이 단식일이 되는데, 이 경우 네 번째 조건을 만족하지 못한다.
- 화요일(저녁에 식사)에 단식을 했을 경우
  월·수·목요일은 세 끼 식사를 해야 한다. 그러면 금요일이 단식일이 되는데, 이 경우 모든 조건을 만족한다.

26

정답 ②

- 메탈쿨링=AX
- 프리 스탠딩=F
- 313L=31
- 1도어=DE

오답분석

① EDC60DE : 다용도, 키친 핏, 605L, 1도어

③ AXEFC48TE : 메탈쿨링, 독립냉각, 키친 핏, 486L, 4도어

④ AXF31DA : 메탈쿨링, 프리 스탠딩, 313L, 2도어

⑤ RCEDB84TE : 김치보관, 다용도, 빌트인, 840리터, 4도어

27

정답 ③

가변형 기능을 가진 상품은 'RQ', 키친 핏 형태의 상품은 'C'이다. 따라서 주문된 상품 중 가변형 기능과 키친 핏 형태가 포함되어 있는 것은 'EDC60DE, RQB31DA, AXEFC48TE, RQEDF84TE, EDC58DA, EFRQB60TE, EFC48DA' 총 7개이다.

28

정답 ②

독립냉각 기능을 가진 상품은 'EF'이다. 따라서 주문된 상품 중에서 무상수리 대상이 되는 상품은 'AXEFC48TE, EFB60DE, EFRQB60TE, EFC48DA' 총 4개이다.

29

정답 ③

첫 번째 조건에 따라 주거복지기획부가 반드시 참석해야 하므로 네 번째 조건의 대우에 의해 산업경제사업부는 참석하지 않는다. 다섯 번째 조건에 따라 두 경우로 나타내면 다음과 같다.

- 노사협력부가 참석하는 경우
  세 번째 조건의 대우에 따라 인재관리부는 참석하지 않으며, 다섯 번째 조건에 따라 공유재산관리부도 불참하고, 공유재산개발부는 참석할 수도 있고 참석하지 않을 수도 있다.
  그러므로 주거복지기획부, 노사협력부, 공유재산개발부가 주간 회의에 참석할 수 있다.
- 공유재산관리부가 참석하는 경우
  두 번째 조건에 따라 공유재산개발부도 참석하며, 다섯 번째 조건에 따라 노사협력부는 참석하지 않고, 인재관리부는 참석할 수도 있고 참석하지 않을 수도 있다.
  그러므로 주거복지기획부, 공유재산관리부, 공유재산개발부, 인재관리부가 주간 회의에 참석할 수 있다.

따라서 이번 주 주간 회의에 참석할 부서의 최대 수는 4개이다.

30

정답 ①

비율점수법의 결과와 순위점수법의 결과를 정리하면 다음과 같다.

(단위 : 점)

구분	비율점수법		순위점수법
	전체합	중앙 3합	순위점수합
종현	28	19	11
유호	33	21	10
은진	28	18	9

순위점수합이 가장 큰 지원자는 종현(11점)이므로 옳은 내용이다.

오답분석

② 비율점수법 중 중앙 3합이 가장 큰 지원자는 유호(21점)이나 순위점수합이 가장 큰 지원자는 종현(11점)이므로 옳지 않은 내용이다.
③ 비율점수법 적용 결과에서 중앙 3합이 높은 값부터 등수를 정하면 1등 유호(21점), 2등 종현(19점), 3등 은진(18점)이므로 옳지 않은 내용이다.
④ 비율점수법 적용 결과에서 평가점수의 전체합이 가장 큰 지원자는 유호(33점)이므로 옳지 않은 내용이다.
⑤ 비율점수법 적용 결과에서 평가점수의 전체합이 큰 값부터 등수를 정하면 1등 유호, 2등 종현, 은진이나 중앙 3합이 큰 값부터 등수를 정하면 1등 유호, 2등 종현, 3등 은진이므로 옳지 않은 내용이다.

제2영역 직무수행능력평가(경영학)

31	32	33	34	35	36	37	38	39	40
⑤	⑤	②	④	④	⑤	③	③	⑤	⑤
41	42	43	44	45	46	47	48	49	50
②	⑤	⑤	③	③	⑤	③	②	⑤	③
51	52	53	54	55	56	57	58	59	60
⑤	③	③	⑤	④	④	③	①	④	⑤

31

정답 ⑤

운송재고는 수송 중에 있어 상당한 조달기간을 요하며, 대금을 미리 지급한 재고이다.

재고유형

- 안전 · 완충재고 : 불확실성에 대처하기 위해 보유하고 있어야 할 최소 수량의 재고이다.
- 예비 · 비축재고 : 수요가 높아질 것을 기대하고 미리 마련해 두는 재고이다.
- 로트사이즈 · 주기재고 : 경제성을 위해 정해진 주기에 따라 창고에 보관해 두는 재고이다.
- 운송 · 이동 · 파이프라인재고 : 구매는 이미 완료했으나, 아직 창고에 도착하지 않은 재고이다.
- 사재기재고 : 가격 인상이 예상되는 경우 수익을 위해 확보한 재고이다.
- 수량할인을 받기 위한 재고 : 수량할인을 받기 위해 필요 이상의 대량 구매로 발생하는 재고이다.

32

정답 ⑤

대인적 책임은 직무평가의 간접적 요소에 해당한다. 이 외에도 대물적 책임, 불쾌한 조건, 재해 위험 등이 간접적 요소에 해당한다.

오답분석

①・②・③・④ 직무평가의 직접적 요소에는 기술(지식, 경험 등), 노력(육체적 · 정신적) 등이 해당한다.

33

정답 ②

5가지 성격 특성 요소(Big Five Personality Traits)

- 개방성(Openness to Experience) : 상상력, 호기심, 모험심, 예술적 감각 등으로 보수주의에 반대하는 성향이다.
- 성실성(Conscientiousness) : 목표를 성취하기 위해 성실하게 노력하는 성향이다. 과제 및 목적 지향성을 촉진하는 속성과 관련된 것으로, 심사숙고, 규준이나 규칙의 준수, 계획 세우기, 조직화, 과제의 준비 등과 같은 특질을 포함한다.

- 외향성(Extraversion) : 다른 사람과의 사교, 자극과 활력을 추구하는 성향이다. 사회와 현실 세계에 대해 의욕적으로 접근하는 속성이며 사회성, 활동성, 적극성과 같은 특질을 포함한다.
- 수용성(Agreeableness) : 타인에게 반항적이지 않은 협조적인 태도를 보이는 성향이다. 사회적 적응성과 타인에 대한 공동체적 속성을 나타내는 것으로, 이타심, 애정, 신뢰, 배려, 겸손 등과 같은 특질을 포함한다.
- 안정성(Emotional Stability) : 스트레스를 견디는 개인의 능력이며 정서가 안정적인 사람들은 온화하고 자신감이 있다.

34

정답 ④

평가센터법은 직무와 관련 있는 행동들을 주로 평가하기 때문에 예측타당성이 높다.

오답분석

① 평가센터법은 분야별로 다수의 평가자가 다수의 피평가자(대개 6명 이상)를 평가한다.
⑤ 평가센터법은 일상적인 상황이 아닌 특정한 상황에서 평가를 진행하므로 사전에 훈련이 필요하다.

35

정답 ④

고관여 소비자 의사결정에서는 광고 횟수보다 광고 내용이 소비자에게 더 큰 영향을 미친다.

36

정답 ⑤

기업합병이란 기업의 생산이나 판매과정 전후에 있는 기업 간의 합병으로, 원자재 공급의 안정성 등을 목적으로 하는 것은 수직적 합병이다.
반면 수평적 합병은 동종 산업에서 유사한 생산단계에 있는 기업 간의 합병으로, 주로 규모의 경제적 효과나 시장지배력을 높이기 위해서 이루어진다.

37

정답 ③

맥그리거(Mcgregor)는 두 가지의 상반된 인간관 모형을 제시하고, 인간모형에 따라 조직관리 전략이 달라져야 한다고 주장하였다.

- X이론 : 소극적 · 부정적 인간관을 바탕으로 한 전략 – 천성적 나태, 어리석은 존재, 타율적 관리, 변화에 저항적
- Y이론 : 적극적 · 긍정적 인간관을 바탕으로 한 전략 – 변화지향적, 자율적 활동, 민주적 관리, 높은 책임감

38

정답 ③

규범기는 역할과 규범을 받아들이고 수행하며 성과로 이어지는 단계이다.

터크만(Tuckman)의 집단 발달의 5단계 모형

1. 형성기(Forming) : 집단의 구조와 목표, 역할 등 모든 것이 불확실한 상태. 상호 탐색 및 방향 설정
2. 격동기(Storming) : 소속감, 능력, 영향력은 인식한 상태. 권력분배와 역할분담 등에서 갈등과 해결 과정을 겪음
3. 규범기(Norming) : 집단의 구조, 목표, 역할, 규범, 소속감, 응집력 등이 분명한 상태. 협동과 몰입
4. 성과 달성기(Performing) : 비전 공유 및 원활한 커뮤니케이션으로 집단목표 달성, 자율성, 높은 생산성
5. 해체기(Adjourning) : 집단의 수명이 다하여 해산

39

정답 ⑤

행동기준고과법은 평가직무에 적용되는 행동패턴을 측정하여 점수화하고 등급을 매기는 방식으로 평가한다. 따라서 등급화하지 않고 개별행위 빈도를 나눠서 측정하는 기법은 아니다. 또한 BARS는 구체적인 행동의 기준을 제시하고 있으므로 향후 종업원의 행동 변화를 유도하는 데 도움이 된다.

40

정답 ⑤

질문지법은 구조화된 설문지를 이용하여 직무에 대한 정보를 얻는 직무분석 방법이다.

41

정답 ②

서브리미널 광고는 자각하기 어려울 정도의 짧은 시간 동안 노출되는 자극을 통하여 잠재의식에 영향을 미치는 현상을 의미하는 서브리미널 효과를 이용한 광고이다.

오답분석

① 애드버커시 광고 : 기업과 소비자 사이에 신뢰관계를 회복하려는 광고이다.
③ 리스폰스 광고 : 광고 대상자에게 직접 반응을 얻고자 메일, 통신 판매용 광고전단을 신문 · 잡지에 끼워 넣는 광고이다.
④ 키치 광고 : 설명보다는 기호와 이미지를 중시하는 광고이다.
⑤ 티저 광고 : 소비자의 흥미를 유발시키기 위해 처음에는 상품명 등을 명기하지 않다가 점점 대상을 드러내어 소비자의 관심을 유도하는 광고이다.

42

정답 ⑤

주어진 사례는 기업이 고객의 수요를 의도적으로 줄이는 디마케팅이다. 프랑스 맥도날드사는 청소년 비만 문제에 대한 이슈로 모두가 해당 불매운동에 동감하고 있을 때, 청소년 비만 문제를 인정하며 소비자들의 건강을 더욱 생각하는 회사라는 이미지를 위해 단기적으로는 수요를 하락시킬 수 있는 메시지를 담아 디마케팅을 실시하였다. 결과적으로는 소비자를 더욱 생각하는 회사로 이미지 마케팅에 성공하며, 가장 대표적인 디마케팅 사례로 알려지게 되었다.

43

정답 ⑤

전사적 자원관리는 사용자 인터페이스의 디자인, 기능 등을 통일화하여 직원 이동 등에 따른 진입장벽을 낮춘다.

44

정답 ③

원가우위 전략은 경쟁사보다 저렴한 원가로 경쟁하며 동일한 품질의 제품을 경쟁사보다 낮은 가격에 생산 및 유통한다는 점에 집중되어 있다. 디자인, 브랜드 충성도 또는 성능 등으로 우위를 점하는 전략은 차별화 전략이다.

45

정답 ③

오답분석

① 지명 반론자 기법 : 의사결정 시 잠재된 문제를 노출해 철저한 분석과 논의를 거치는 방법이다.
② 명목 집단 기법 : 구성원 간 의견교환 없이 개인의 아이디어에 대한 평가 및 토의를 통해 결정하는 방법이다.
④ 브레인스토밍 기법 : 특정 주제에 대해 여러 참가자가 다양한 토론을 거쳐 결정하는 방법이다.
⑤ 변증법적 질의법 : 상반된 의견을 가진 두 집단을 구성하여 각각의 장단점을 비교 분석하여 결정하는 방법이다.

46

정답 ⑤

ㄱ·ㄴ·ㄷ·ㄹ. 모두 서비스의 특성이다.

서비스의 특성

- 무형적이며 재판매가 불가능하다.
- 소유는 일반적으로 이전되지 않으며 저장할 수 없다.
- 소비를 동시에 하며 같은 장소에서 발생한다.
- 운송할 수 없으며 구매자가 직접 생산에 참가한다.
- 대부분 직접적인 접촉이 요구되며 생산과 판매는 기능적으로 분리될 수 없다.

47

정답 ③

직무 내용은 직무기술서에 기록되는 항목이다.

오답분석

①·②·④·⑤ 직무명세서는 직무분석의 결과를 직무에 요구되는 자격요건에 맞추어 정리한 문서로, 직무 명칭, 소속, 교육수준, 기술 수준, 지식, 정신적 특성, 업무 경험 등을 기재한다.

48

정답 ②

연속생산과 단속생산

구분	연속생산	단속생산
생산시기	계획생산	주문생산
생산량	대량생산	소량생산
생산속도	빠름	느림
생산원가	낮음	높음
생산설비	전용설비	범용설비

49

정답 ⑤

샤인(Schein)의 경력 닻 모형

- 닻Ⅰ : 관리역량 – 복잡한 경영 문제를 인지, 분석하고 해결하는 능력
- 닻Ⅱ : 전문역량 – 직무의 내용에 관심, 도전적 업무, 자율성, 전문화된 영역 선호
- 닻Ⅲ : 안전지향 – 직업안정과 및 고용안정 욕구, 조직가치와 규범에 순응, 보수 / 작업조건 / 복리후생 등 외재적 요인에 관심
- 닻Ⅳ : 사업가적 창의성 지향 – 신규조직 / 서비스 등 창의성 중시, 창조욕구, 새로운 도전
- 닻Ⅴ : 자율지향 – 규칙에 얽매인 조직보다 자유로운 계약직 / 파트타임 선호, 성과에 의한 보상 선호

50

정답 ③

수직적 통합은 원료를 공급하는 기업이 생산기업을 통합하는 등의 전방 통합과 유통기업이 생산기업을 통합하거나 생산기업이 원재료 공급기업을 통합하는 등의 후방 통합이 있으며, 원료 독점으로 경쟁자 배제, 원료 부문에서의 수익, 원료부터 제품까지의 기술적 일관성 등의 장점이 있다.

오답분석

①·②·⑤ 수평적 통합은 동일 업종의 기업이 동등한 조건하에서 합병·제휴하는 일로, 수평적 통합의 장점에 해당된다.
④ 대규모 구조조정은 수직적 통합의 이유와 관련이 없다.

51

정답 ⑤

촉진에 대응하는 것은 커뮤니케이션이다.

4P	4C
기업 관점	소비자 관점
제품	고객 솔루션
유통	편의성
촉진	커뮤니케이션
가격	고객 부담 비용

52

정답 ③

학습, 관여도 등은 행동적 요인에 해당한다.

오답분석

①·②·④ 인지적 요인에 해당한다.
⑤ 사회적 요인에 해당한다.

53

정답 ③

㉡ 명성가격은 가격이 높으면 품질이 좋다고 판단하는 경향으로 인해 설정되는 가격이다.
㉢ 단수가격은 가격을 단수(홀수)로 적어 소비자에게 싸다는 인식을 주는 가격이다(예 9,900원).

오답분석

㉠ 구매자가 어떤 상품에 대해 지불할 용의가 있는 최고가격은 유보가격이다.
㉣ 심리적으로 적당하다고 생각하는 가격 수준을 의미하는 것은 준거가격이다. 최저수용가격이란 소비자들이 품질에 대해 의심 없이 구매할 수 있는 가장 낮은 가격을 의미한다.

54

정답 ⑤

주어진 매트릭스에서 시장 지위를 유지하며 집중 투자를 고려해야 하는 위치는 사업의 강점과 시장의 매력도가 높은 프리미엄이다. 프리미엄에서는 성장을 위하여 투자를 적극적으로 하며, 사업 다각화 전략과 글로벌 시장 진출 고려해야 하고, 너무 미래지향적인 전략보다는 적정선에서 타협을 하는 단기적 수익을 수용하는 전략이 필요하다.

GE 매트릭스

3×3 형태의 매트릭스이며, Y축 시장의 매력도에 영향을 끼치는 요인은 시장 크기, 시장성장률, 시장수익성, 가격, 경쟁강도, 산업평균 수익률, 리스크, 진입장벽 등이 있다. 반면 X축 사업의 강점에 영향을 끼치는 요인은 자사의 역량, 브랜드 자산, 시장점유율, 고객충성도, 유통 강점, 생산 능력 등이 있다.

55

정답 ④

리스트럭처링(Restructuring)은 미래의 모습을 설정하고 그 계획을 실행하는 기업혁신방안으로, 기존 사업 단위를 통폐합하거나 축소 또는 폐지하여 신규 사업에 진출하기도 하며 기업 전체의 경쟁력 제고를 위해 사업 단위들을 어떻게 통합해 나갈 것인가를 결정한다.

오답분석

① 벤치마킹(Benchmarking) : 기업에서 경쟁력을 제고하기 위한 방법의 일환으로 타사에서 배워오는 혁신 기법이다.
② 학습조직(Learning Organization) : 조직의 지속적인 경쟁우위를 확보하기 위한 근본적이고 총체적이며 지속적인 경영혁신 전략이다.
③ 리엔지니어링(Re－Engineering) : 전면적으로 기업의 구조와 경영방식을 재설계하여 경쟁력을 확보하고자 하는 혁신 기법이다.
⑤ 기업 아이덴티티(企業 Identity) : 기업이 다른 기업과의 차이점을 나타내기 위하여 기업의 이미지를 통합하는 작업이다.

56

정답 ④

기능별 조직이 아닌 부문별 조직에 대한 설명이다.

기능별 조직과 부문별 조직

- 기능별 조직(Functional Structure)
  - 조직의 목표를 위한 기본적인 기능을 중심으로 나눈 조직으로, 재무, 생산, 마케팅 등 비슷한 업무를 분장하는 사람들을 그룹화하여 규모의 경제를 형성할 수 있다.
  - 주로 원가우위 전략을 펼치는 사업부나 기업 전체에서 사용하기에 유리한 조직구조이다.
  - 부서 간 협업이나 시너지는 기대하기 어렵다.
- 부문별 조직(Divisional Structure)
  - 결과에 초점을 맞춘 조직으로, 사업 단위별로 하나의 독립적인 소규모 조직처럼 운영되어 기능별 조직보다 부서 간 경쟁이 치열하고 비용이 많이 든다.
  - 변화에 민감하고 소비자의 요구에 빠르게 대응해야 하는 사업구조에서 유용하게 사용할 수 있는 조직구조이다.

57

정답 ③

일관성이 높으면 내적 귀인에 해당한다.

켈리(Kelly)의 공변(입방체)모형

구분	질문	정도	귀인
특이성	이 사건에만 해당하는가?	높다	외적 귀인
		낮다	내적 귀인
합의성 (합치성)	다른 사람에도 해당하는가?	높다	외적 귀인
		낮다	내적 귀인
일관성	다른 시점에도 해당하는가?	높다	내적 귀인
		낮다	외적 귀인

58

정답 ①

군집형 커뮤니케이션은 비공식 커뮤니케이션에 해당한다. 비공식 커뮤니케이션이란 종업원들이 조직도에 의해서 규정된 상대와만 대화를 나누려 하지 않고, 여러 가지 사회적인 욕구와 필요에 의해 직종과 계층을 넘어서 인간적 유대를 갖고 커뮤니케이션을 유지하려는 것으로, 단순형·확률형·한담형·군집형이 있다.

공식적 커뮤니케이션의 종류

- 상향식 커뮤니케이션 : 조직의 하위계층으로부터 상위계층에 정보가 전달되는 Bottom-up 방식
- 하향식 커뮤니케이션 : 조직의 위계에 따라 상위계층에서 하위계층으로 정보가 전달되는 Top-down 방식
- 수평적 커뮤니케이션 : 계층 수준이 동일한 동료 간 정보 교류, 업무의 조정(Coordination) 역할
- 대각적 커뮤니케이션 : 계층이 다른 타 부서 구성원과의 정보 교류
- 대외적 커뮤니케이션 : 조직 외부의 주체자와 정보 교류

59

정답 ④

소비자의 구매행동에 영향을 미치는 심리적·개인적 요인으로 태도, 동기, 욕구, 가치, 자아, 개성, 라이프스타일, 인구통계적 특성 등이 있고, 사회적·문화적 요인으로 준거집단, 가족, 문화, 사회계층 등이 있다. 주어진 사례는 준거집단에서 영향을 받은 대표적인 사례이다. 이때 준거집단이란 가족, 친구, 직장 동료와 같이 개인의 생각과 행동에 기준이나 가치를 제공하는 방식으로 직·간접적인 영향을 미치는 사람들을 의미한다.

60

정답 ⑤

기존의 패러다임을 바꾸는 것은 5P 전략 중 Perspective에 해당한다.

5P 전략

- Ploy : 목적 달성을 위해 적을 속이는 구체적 전략이다.
- Plan : 상황에 대처하기 위해 의식적으로 의도된 계획이다.
- Pattern : 실현된 전략에서 나타나는 일관된 행동 패턴이다.
- Perspective : 자신과 외부를 바라보는 관점이다.
- Position : 경쟁시장 속 자신이 있어야 할 위치이다.

제3영역 철도법령

61	62	63	64	65	66	67	68	69	70
⑤	⑤	②	②	⑤	①	④	③	④	⑤

61

정답 ⑤

목적(한국철도공사법 제1조)

한국철도공사법은 한국철도공사를 설립하여 철도 운영의 전문성과 효율성을 높임으로써 철도산업과 국민경제의 발전에 이바지함을 목적으로 한다.

62

정답 ⑤

철도산업발전기본법 제34조의 규정을 위반하여 국토교통부장관의 승인을 얻지 아니하고 특정 노선 및 역을 폐지하거나 철도서비스를 제한 또는 중지한 자는 3(㉠)년 이하의 징역 또는 5천(㉡)만원 이하의 벌금에 처한다(철도산업발전기본법 제40조).

따라서 빈칸 ㉠, ㉡에 들어갈 숫자의 합은 3+5,000=5,003이다.

63

정답 ②

국토교통부장관은 대통령령으로 정하는 바에 의하여 철도산업의 구조개혁을 추진하기 위한 철도자산의 처리계획(이하 철도자산처리계획)을 위원회의 심의를 거쳐 수립하여야 한다(철도산업발전기본법 제23조 제1항).

오답분석

① 철도자산 중 기타자산은 운영자산과 시설자산을 제외한 자산이다(철도산업발전기본법 제22조 제1항 제3호).
③ 철도공사는 현물출자받은 운영자산과 관련된 권리와 의무를 포괄하여 승계한다(철도산업발전기본법 제23조 제3항).
④ 철도청이 건설 중인 시설자산은 철도자산이 완공된 때에 국가에 귀속된다(철도산업발전기본법 제23조 제5항 후단).
⑤ 국가는 철도자산처리계획에 의하여 철도공사에 운영자산을 현물출자한다(철도산업발전기본법 제23조 제2항).

64

정답 ②

- 한국철도공사의 자본금은 22조원으로 하고, 그 전부를 정부가 출자한다(한국철도공사법 제4조 제1항).
- 자본금의 납입 시기와 방법은 기획재정부장관이 정하는 바에 따른다(한국철도공사법 제4조 제2항).

65

정답 ⑤

타인에게 자기의 성명 또는 상호를 사용하여 철도사업을 경영하게 한 행위는 철도사업자의 명의 대여의 금지에 대한 내용이다(철도사업법 제23조).

> **철도운수종사자의 준수사항(철도사업법 제22조)**
> 철도사업에 종사하는 철도운수종사자는 다음 각 호의 어느 하나에 해당하는 행위를 하여서는 아니 된다.
> 1. 정당한 사유 없이 여객 또는 화물의 운송을 거부하거나 여객 또는 화물을 중도에서 내리게 하는 행위
> 2. 부당한 운임 또는 요금을 요구하거나 받는 행위
> 3. 그 밖에 안전운행과 여객 및 화주의 편의를 위하여 철도운수종사자가 준수하여야 할 사항으로서 국토교통부령으로 정하는 사항을 위반하는 행위

66

정답 ①

하부조직의 설치등기(한국철도공사법 시행령 제3조)

공사가 하부조직을 설치한 때에는 다음 각 호의 구분에 따라 각각 등기하여야 한다.

1. 주된 사무소의 소재지에 있어서는 2주일 이내에 새로이 설치된 하부조직의 명칭 및 소재지
2. 새로이 설치된 하부조직의 소재지에 있어서는 3주일 이내에 제2조의 설립등기사항
3. 이미 설치된 하부조직의 소재지에 있어서는 3주일 이내에 새로이 설치된 하부조직의 명칭 및 소재지

67

정답 ④

국토교통부장관은 과징금을 부과하고자 하는 때에는 그 위반행위의 종별과 해당 과징금의 금액 등을 명시하여 이를 납부할 것을 서면으로 통지하여야 하며, 과징금 통지를 받은 자는 과징금을 20일 이내에 국토교통부장관이 지정한 수납기관에 납부해야 한다(철도사업법 시행령 제10조 제1항·제2항).

68

정답 ③

철도의 관리청은 국토교통부장관으로 한다(철도산업발전기본법 제19조 제1항).

69

정답 ④

점용허가의 신청 및 점용허가기간(철도사업법 시행령 제13조 제2항)

국토교통부장관은 국가가 소유·관리하는 철도시설에 대한 점용허가를 하고자 하는 때에는 다음 각 호의 기간을 초과하여서는 아니된다. 다만, 건물 그 밖의 시설물을 설치하는 경우 그 공사에 소요되는 기간은 이를 산입하지 아니한다.

1. 철골조·철근콘크리트조·석조 또는 이와 유사한 견고한 건물의 축조를 목적으로 하는 경우에는 50년
2. 제1호 외의 건물의 축조를 목적으로 하는 경우에는 15년
3. 건물 외의 공작물의 축조를 목적으로 하는 경우에는 5년

70

정답 ⑤

선로배분지침에는 선로의 효율적 활용을 위하여 필요한 사항이 포함되어야 한다(철도산업발전기본법 시행령 제24조 제2항 제5호).

코레일 한국철도공사 사무직 NCS + 전공 + 법령

2일 차 기출응용 모의고사 정답 및 해설

제1영역 직업기초능력평가

01	02	03	04	05	06	07	08	09	10
③	④	①	③	①	③	⑤	③	④	③
11	12	13	14	15	16	17	18	19	20
①	③	④	③	③	④	③	③	②	⑤
21	22	23	24	25	26	27	28	29	30
④	①	③	④	②	②	①	①	③	⑤

01 정답 ③

제시문은 전지적 작가 시점으로, 등장인물의 행동이나 심리 등을 서술자가 직접 자유롭게 서술하고 있다.

오답분석

① 배경에 대한 묘사로 사건의 분위기를 조성하지는 않는다.
② 등장인물 중 성격의 변화가 나타난 인물은 존재하지 않는다.
④ 과장과 희화화 수법은 나타나지 않는다.
⑤ 과거와 현재가 교차되는 부분은 찾을 수 없다.

02 정답 ④

제시문에서는 산업 혁명을 거치면서 일자리가 오히려 증가했으므로 로봇 사용으로 인해 일자리가 줄어들 가능성은 낮다고 말한다. 그러나 보기에서는 로봇 사용으로 인한 일자리 대체 규모가 기하급수적으로 커져 인간의 일자리는 줄어들 것이라고 말한다. 즉, 로봇 사용으로 인한 일자리의 증감에 대해 반대로 예측하는 것이다. 따라서 보기의 내용을 근거로 제시문을 반박하려면 제시문의 예측에 문제가 있음을 지적해야 하므로 ④가 가장 적절하다.

03 정답 ①

제시문의 '나'는 동물과 인간의 생리적·심리적 유사성을 전제로 하는 동물실험에서 동물을 실험에 이용해도 된다는 이유로 인간과 동물이 다르다는 것을 제시하는 것은 모순적이라고 비판한다.

오답분석

ㄴ. 동물 실험은 인간과 동물의 생리적·심리적 유사성을 전제로 하기 때문에 모순적 상황에 놓여 있다.
ㄷ. 인간과 원숭이 간에 심리적 유사성이 존재하기 때문에 원숭이를 정서적으로 고립시켜 고통과 우울을 느끼도록 한 실험은 윤리적으로 정당화될 수 없다.

04 정답 ③

㉠은 '인간에게 반사회성이 없다면 인간의 모든 재능이 꽃피지(발전하지) 못하고 사장될 것'이라는 내용이므로 '사회성만으로도 재능이 계발될 수 있다.'는 내용이 ㉠에 대한 반박으로 가장 적절하다.

05 정답 ①

제시문에서는 한 개인의 특수한 감각을 지시하는 용어는 올바른 사용 여부를 판단할 수 없기 때문에 아무런 의미를 갖지 않는다고 하였다. 따라서 본인만이 느끼는 감각을 지시하는 용어는 아무 의미도 없을 것이라는 것을 추론할 수 있다.

06 정답 ③

'언쟁하기'는 단지 논쟁을 위해서 상대방의 말에 귀를 기울이는 것으로, 상대방이 무슨 주제를 꺼내든지 설명은 하지 않고 자신의 생각만을 늘어놓는 행위이다. 그런데 D사원의 경우 A사원과 언쟁을 하기보다는 A사원의 말에 귀를 기울이며 동의하고 있다. 또한 A사원이 앞으로 취할 수 있는 행동에 대해 자신의 생각을 조언하고 있으므로 적절하지 않다.

오답분석

① '짐작하기'는 상대방의 말을 듣고 받아들이기보다 자신의 생각에 들어맞는 단서들을 찾아 자신의 생각을 확인하는 것으로, B사원은 A사원의 말을 듣고 받아들이기보다는 G부장이 매일 일 점검한다는 것을 근거로 삼아 A사원에게 문제점이 있다고 짐작하고 있다.
② '판단하기'는 상대방에 대한 부정적인 선입견 때문에 또는 상대방을 비판하기 위해 상대방의 말을 듣지 않는 것을 말한다. C사원은 A사원이 예민하다는 선입견 때문에 G부장의 행동보다 A사원의 행동을 문제시하고 있다.

④ '비위 맞추기'는 상대방을 위로하기 위해 혹은 비위를 맞추기 위해 너무 빨리 동의하는 것을 말한다. E사원은 A사원을 지지하고 동의하는 데 너무 치중함으로써 A사원이 충분히 자신의 감정과 상황을 표현할 시간을 주지 못하고 있다.

⑤ '슬쩍 넘어가기'는 대화가 너무 사적이거나 위협적이면 주제를 바꾸거나 농담으로 넘기려 하는 것으로, 문제를 회피하려고 함으로써 상대방의 진정한 고민을 놓치는 것을 말한다. F사원의 경우 A사원의 부정적인 감정을 회피하기 위해 다른 주제로 대화 방향을 바꾸고 있다.

07 정답 ⑤

- (가) : '보호지역으로 지정되었음에도 실제로는 최소한의 것도 실시되지 않는 곳이 많다.'라는 부분을 통해 형식적인 보호지역 지정에 더해 실질적인 행동, 즉 보호조치(ㄹ)가 필요하다는 내용이 들어가야 함을 알 수 있다.
- (나) : 생태계 훼손에 대한 비용 부담은 높이고 생물다양성의 보존 등에 대해서는 보상을 한다는 부분을 통해 경제적인 유인책(ㄴ)에 대한 내용이 들어가야 함을 알 수 있다.
- (다) : 요금을 부과함으로써 생태계의 무분별한 이용을 억제한다는 부분을 통해 생태계 사용료(ㄱ)에 대한 내용이 들어가야 함을 알 수 있다.
- (라) : 생물다양성 친화적 제품 시장이라는 표현을 통해 생물다양성 보호 제품(ㄷ)에 대한 내용이 들어가야 함을 알 수 있다.

08 정답 ③

(라)의 '이러한 기술 발전'은 (나)의 내용에 해당하고, (가)의 '그러한 위험'은 (다)의 내용에 해당한다. 이때 문맥상 기술 혁신에 대해 먼저 설명하고 그 위험성에 대해 설명해야 하므로, (나) – (라) – (다) – (가) 순으로 나열하는 것이 가장 적절하다.

09 정답 ④

제시문에 따르면 일방적으로 자신의 말만 하고, 무책임한 마음으로 자신의 말이 '정확히 전달되었는지', '정확히 이해했는지'를 확인하지 않는 미숙한 의사소통 기법이 직장생활에서의 원만한 의사소통을 저해하고 있다.

10 정답 ③

'펴다'는 '굽은 것을 곧게 하다. 또는 움츠리거나 구부리거나 오므라든 것을 벌리다.'의 의미를 지닌 타동사이다. 반면 '피다'는 '꽃봉오리 따위가 벌어지다.' 등의 의미를 지닌 자동사이다. 따라서 ⓒ에는 '펴고'가 적절하다.

11 정답 ①

소금물 A의 농도를 x%, 소금물 B의 농도를 y%라고 하면 다음 두 식이 성립한다.

$\frac{x}{100}\times200+\frac{y}{100}\times300=\frac{9}{100}\times500 \rightarrow 2x+3y=45 \cdots$ ㉠

$\frac{x}{100}\times300+\frac{y}{100}\times200=\frac{10}{100}\times500 \rightarrow 3x+2y=50 \cdots$ ㉡

㉠, ㉡을 연립하면 $x=12$, $y=7$이 나오므로 소금물 A의 농도는 12%이고, 소금물 B의 농도는 7%이다.

12 정답 ③

전년 대비 2021 ~ 2023년 가정 어린이집을 이용하는 0 ~ 2세 영유아 수의 차이는 다음과 같다.

- 2021년 : 222,332−193,412=28,920명
- 2022년 : 269,243−222,332=46,911명
- 2023년 : 298,470−269,243=29,227명

따라서 전년 대비 가정 어린이집을 이용하는 0 ~ 2세 영유아 수는 2022년에 가장 크게 증가했다.

오답분석

① 2020 ~ 2023년 0 ~ 2세와 3 ~ 4세 국・공립 어린이집 이용 영유아 수는 꾸준히 증가하고 있다.

② 3 ~ 4세 영유아가 가장 많이 이용하는 곳을 순서대로 나열한 상위 3곳은 매년 '민간 어린이집, 국・공립 어린이집, 법인 어린이집' 순서이다.

④ 법인 어린이집을 이용하는 5세 이상 영유아 수는 매년 감소하고 있다.

⑤ 2020 ~ 2023년 부모협동 어린이집과 직장 어린이집을 이용하는 영유아 수는 모든 연령대에서 꾸준히 증가하고 있다.

13 정답 ④

- 2020년 전체 어린이집 이용 영유아 수의 합
  : 501,838+422,092+211,521=1,135,451명
- 2023년 전체 어린이집 이용 영유아 수의 합
  : 739,332+455,033+154,364=1,348,729명

따라서 2020년과 2023년 전체 어린이집 이용 영유아 수의 차이는 1,348,729−1,135,451=213,278명이다.

14 정답 ③

- (65세 이상 인구)=[고령화지수(%)]×(0 ~ 14세 인구)÷100=19.7×50,000÷100=9,850명

따라서 2003년 65세 이상 인구는 9,850명이다.

15

정답 ③

2023년의 2018년 대비 고령화지수는 $\frac{107.1-69.9}{69.9}\times100 \fallingdotseq 53\%$ 증가했다.

16

정답 ④

㉠ 노인부양비 추이는 5년 단위로 계속 증가하고 있다.
㉢ 2008년 대비 2013년의 노인부양비 증가폭은 11.3−7.0=4.3%p이므로 옳은 설명이다.
㉣ 5년 단위의 고령화지수 증가폭은 다음과 같다.
- 2003년 대비 2007년 증가폭 : 27.6−19.7=7.9%p
- 2008년 대비 2012년 증가폭 : 43.1−27.6=15.5%p
- 2013년 대비 2017년 증가폭 : 69.9−43.1=26.8%p
- 2018년 대비 2022년 증가폭 : 107.1−69.9=37.2%p

따라서 5년 단위의 고령화지수 증가폭은 2018년 대비 2023년 증가폭이 가장 크다.

오답분석

㉡ 고령화지수 추이는 계속 증가하고 있지만, 같은 비율로 증가하고 있지는 않다.

17

정답 ③

2018년과 2023년을 비교했을 때, 국유지 면적의 차이는 24,087−23,033=1,054km^2이고, 법인 면적의 차이는 6,287−5,207=1,080km^2이므로 법인 면적의 차이가 더 크다.

오답분석

① 국유지 면적은 매년 증가하고, 민유지 면적은 매년 감소하는 것을 확인할 수 있다.
② 전년 대비 2019 ~ 2023년 군유지 면적의 증가량은 다음과 같다.
- 2019년 : 4,788−4,741=47km^2
- 2020년 : 4,799−4,788=11km^2
- 2021년 : 4,838−4,799=39km^2
- 2022년 : 4,917−4,838=79km^2
- 2023년 : 4,971−4,917=54km^2

따라서 군유지 면적의 증가량은 2022년에 가장 크다.
④ 전체 국토 면적은 매년 증가하고 있는 것을 확인할 수 있다.
⑤ 전년 대비 2023년 전체 국토 면적의 증가율은 $\frac{100,033-99,897}{99,897}\times100 \fallingdotseq 0.14\%$이므로 1% 미만이다.

18

정답 ③

K공사에서 거래처까지의 거리를 $x$km라고 하면, 거래처까지 가는 데 걸린 시간은 $\frac{x}{80}$시간이고, 거래처에서 돌아오는 데 걸리는 시간은 $\frac{x}{120}$시간이다.

$\frac{x}{80}+\frac{x}{120}\le 1$
→ $3x+2x\le 240$
→ $5x\le 240$
$\therefore\ x\le 48$
따라서 거래처와 K공사의 거리는 최대 48km이다.

19

정답 ②

조건을 식으로 정리하면 다음과 같다.
C+D<A ··· ㉠
A+C<E ··· ㉡
A+B>C+E ··· ㉢
B=C+D ··· ㉣
㉠에 ㉣을 대입하면 B<A
㉢에 ㉣을 대입하면 A+B>C+E → A+C+D>C+E
→ A+D>E ··· ㉤
㉤을 ㉡과 비교하면 A+D>E>A+C → D>C ··· ㉥
㉥을 ㉣과 비교하면 C<D<B이며, B<A이기 때문에 C<D<B<A임을 알 수 있다. 이때, ㉡에서 A<E이므로 C<D<B<A<E 순서이다.

20

정답 ⑤

편의를 위해 선택지를 바꾸면, 'GDP 대비 에너지 사용량은 B국이 A국보다 낮다.'로 나타낼 수 있다. 이때 GDP 대비 에너지 사용량은 원점에서 해당 국가를 연결한 직선의 기울기이므로 그래프에서 이를 살펴보면 B국이 A국보다 더 크다는 것을 알 수 있다. 따라서 옳지 않은 내용이다.

오답분석

① 에너지 사용량이 가장 많은 국가는 최상단에 위치한 A국이고, 가장 적은 국가는 최하단에 위치한 D국이므로 옳은 내용이다.
② 원의 면적이 각 국가의 인구수에 정비례한다고 하였으므로 C국과 D국의 인구수는 거의 비슷하다는 것을 알 수 있다. 그런데 총 에너지 사용량은 C국이 D국에 비해 많으므로 1인당 에너지 사용량은 C국이 D국보다 많음을 알 수 있다.
③ GDP가 가장 낮은 국가는 가장 왼쪽에 위치한 D국이고, 가장 높은 국가는 가장 오른쪽에 위치한 A국이므로 옳은 내용이다.
④ 분모가 되는 인구수는 B국이 더 크고, 분자가 되는 GDP는 B국이 더 작으므로 1인당 GDP는 H국이 B국보다 높다는 것을 알 수 있다.

21

정답 ④

A, B, C, E직원의 발언을 보면 K화장품 회사의 신제품은 10대를 겨냥하고 있음을 알 수 있다. D직원은 이러한 제품의 타깃층을 무시한 채 단순히 소비성향에 따라 20 ~ 30대를 위한 마케팅이 필요하다고 주장하고 있다. 따라서 D직원은 자신이 알고 있는 단순한 정보에 의존하여 잘못된 판단을 하고 있음을 알 수 있다.

22

정답 ①

SWOT 분석은 내부 환경요인과 외부 환경요인의 2개의 축으로 구성되어 있다. 내부 환경요인은 자사 내부의 환경을 분석하는 것으로, 자사의 강점과 약점으로 분석된다. 외부 환경요인은 자사 외부의 환경을 분석하는 것으로, 기회와 위협으로 구분된다.

23

정답 ③

ⓛ과 ⓒ이 정언 명제이므로 함축관계를 판단하면 ③이 정답임을 알 수 있다.

오답분석

① 공격수라면 안경을 쓰고 있지 않다.
② A팀의 공격수라면 검정색 상의를 입고 있고, 축구화를 신고 있지 않다.
④ 김과장이 검정색 상의를 입고 있다는 조건만으로 안경을 쓰고 있는지 여부를 판단할 수 없다.
⑤ 수비수가 아니라면 안경을 쓰고 있지 않다는 것은 알 수 있지만 수비수라는 사실만으로 안경을 썼는지 안 썼는지는 알 수 없다.

24

정답 ④

제시된 상황의 소는 2,000만 원을 요구하는 것이므로 소액사건에 해당한다. 이에 따라 심급별 송달료를 계산하면 다음과 같다.

- 민사 제1심 소액사건 : $2\times3,200\times10=64,000$원
- 민사 항소사건 : $2\times3,200\times12=76,800$원

따라서 갑이 납부해야 하는 송달료의 합계는 $64,000+76,800=140,800$원이다.

25

정답 ②

ㄱ. 한류의 영향으로 한국 제품을 선호하므로 한류 배우를 모델로 하여 적극적인 홍보 전략을 추진한다.
ㄷ. 빠른 제품 개발 시스템이 있기 때문에 소비자 기호를 빠르게 분석하여 제품 생산에 반영한다.

오답분석

ㄴ. 인건비 상승과 외국산 저가 제품 공세 강화로 인해 적절한 대응이라고 볼 수 없다.
ㄹ. 선진국은 기술 보호주의를 강화하고 있으므로 적절한 대응이라고 볼 수 없다.

26

정답 ②

두 번째 조건에 의해 A는 2층, C는 1층, D는 2호에 살고 있음을 알 수 있다. 또한 네 번째 조건에 따라 A와 B는 2층, C와 D는 1층에 살고 있음을 알 수 있다. 따라서 1층 1호에는 C, 1층 2호에는 D, 2층 1호에는 A, 2층 2호에는 B가 살고 있다.

27

정답 ①

오답분석

② 서랍장의 가로 길이와 붙박이 수납장 문을 여는 데 필요한 간격과 폭을 더한 길이는 각각 1,100mm, 1,200mm(=550+650)이고, 사무실 문을 여닫는 데 필요한 1,000mm의 공간을 포함하면 총 길이는 3,300mm이다. 따라서 사무실의 가로 길이인 3,000mm를 초과하므로 불가능한 배치이다.
③ 서랍장과 캐비닛의 가로 길이는 각각 1,100mm, 1,000mm이고, 사무실 문을 여닫는 데 필요한 1,000mm의 공간을 포함하면 총 길이는 3,100mm이다. 따라서 사무실의 가로 길이인 3,000mm를 초과하므로 불가능한 배치이다.
④ 회의 탁자의 세로 길이와 서랍장의 가로 길이는 각각 2,110mm, 1,100mm이고, 붙박이 수납장 문을 여는 데 필요한 간격과 폭을 더한 길이인 1,200mm(=550+650)을 포함하면 총 길이는 4,410mm이다. 따라서 사무실의 세로 길이인 3,400mm를 초과하므로 불가능한 배치이다.
⑤ 회의 탁자의 가로 길이와 서랍장의 가로 길이는 각각 1,500mm, 1,100mm이고, 사무실 문을 여닫는 데 필요한 1,000mm의 공간을 포함하면 총 길이는 3,600mm이다. 따라서 사무실의 세로 길이인 3,400mm를 초과하므로 불가능한 배치이다.

28

정답 ①

- (가)·(바) : 곤충 사체 발견, 방사능 검출은 현재 직면한 문제로 발생형 문제에 해당한다.
- (다)·(마) : 더 많은 전압을 회복시킬 수 있는 충전지 연구와 근로시간 단축은 현재 상황보다 효율을 더 높이기 위한 문제로 탐색형 문제에 해당한다.
- (나)·(라) : 초고령사회와 드론시대를 대비하여 미래지향적인 과제를 설정하는 것은 설정형 문제에 해당한다.

29

정답 ③

조건에 의해서 각 팀이 새로운 과제를 3, 2, 1, 1, 1개로 나눠서 맡아야 한다. 기존에 수행하던 과제를 포함해서 한 팀이 맡을 수 있는 과제는 최대 4개라는 점을 고려하면 다음과 같은 경우가 가능하다.

구분	기존 과제 수	새로운 과제 수		
(가)팀	0	3	3	2
(나)팀	1	1	1	3
(다)팀	2	2	1	1
(라)팀	2	1	2	1
(마)팀	3	1		

ㄱ. a는 새로운 과제 2개를 맡는 팀이 수행해야 하므로 (나)팀이 맡을 수 없다.
ㄷ. 기존에 수행하던 과제를 포함해서 2개 과제를 맡을 수 있는 팀은 기존 과제 수가 0개인 (가)팀과 1개인 (나)팀인데 위의 세 경우 모두 2개 과제를 맡는 팀이 반드시 있다.

오답분석

ㄴ. f는 새로운 과제 1개를 맡는 팀이 수행해야 하므로 (가)팀이 맡을 수 없다.

30

정답 ⑤

각 펀드의 총점을 통해 비교 결과를 유추하면 다음과 같다.

- A펀드 : 한 번은 우수(5점), 한 번은 우수 아님(2점)
- B펀드 : 한 번은 우수(5점), 한 번은 우수 아님(2점)
- C펀드 : 두 번 모두 우수 아님(2점+2점)
- D펀드 : 두 번 모두 우수(5점+5점)

각 펀드의 비교 대상은 다른 펀드 중 두 개이며, 총 4번의 비교를 했다고 하였으므로 다음과 같은 경우를 고려할 수 있다.

경우 1)

A		B		C		D	
B	D	A	C	B	D	A	C
5	2	2	5	2	2	5	5

결과를 정리하면 D>A>B>C이다.

경우 2)

A		B		C		D	
B	C	A	D	A	D	B	C
2	5	5	2	2	2	5	5

결과를 정리하면 D>B>A>C이다.

경우 3)

A		B		C		D	
D	C	C	D	A	B	A	B
2	5	5	2	2	2	5	5

결과를 정리하면 D>A·B>C이다.

ㄱ. 세 가지 경우 모두 D펀드는 C펀드보다 우수하다.

ㄴ. 세 가지 경우 모두 B펀드보다 D펀드가 우수하다.

ㄷ. 경우 3)에서 A펀드와 B펀드의 우열을 가릴 수 있으면 A ~ D까지 우열 순위를 매길 수 있다.

제2영역 직무수행능력평가(경영학)

31	32	33	34	35	36	37	38	39	40
④	①	①	②	①	③	②	⑤	③	②
41	42	43	44	45	46	47	48	49	50
①	②	⑤	⑤	④	⑤	④	③	③	⑤
51	52	53	54	55	56	57	58	59	60
⑤	④	③	⑤	①	②	⑤	⑤	①	⑤

31

정답 ④

지식경영의 구성요소

- 전략 : 판매시장에서 제품의 경쟁우위를 어떻게 확보할 것인지를 결정하는 것이다.
- 사람 : 지식의 원천인 사람을 조직의 중요한 자산으로 인식하는 것이다.
- 조직 문화 : 지식에 대한 호기심, 경영자의 의지, 구성원 간 협력 등 긍정적인 조직 문화를 창출한다.
- 조직구조 : 지식의 공유 및 활용이 가능한 프로세스를 구축한다.
- 기술 : 지식창조, 지식저장, 지식공유, 지식검색 등의 기술을 확보한다.

32

정답 ①

오답분석

② 상동적 태도 : 평가대상이 속한 집단의 특성에 근거하여 대상을 판단하는 경향이다.

③ 항상 오차 : 평가자가 실제 평가할 경우에 일어나기 쉬운 가치 판단의 심리적 오차이다.

④ 논리 오차 : 평가요소 간 논리적인 상관관계가 있는 경우 평가요소 중 하나가 우수할 때 다른 요소도 우수하다고 판단하는 경향이다.

⑤ 대비 오차 : 직무기준, 직무능력 등 절대기준이 아닌 자신과 평가대상을 비교하여 평가하는 것이다.

33

정답 ①

매트릭스 조직은 기존의 기능별 조직구조 상태를 유지하면서 특정한 프로젝트를 수행할 때는 다른 부서의 인력과도 함께 일하는 조직설계 방식으로, 서로 다른 부서 구성원이 함께 일하면서 효율적인 자원 사용과 브레인스토밍을 통한 창의적인 대안 도출이 가능하다.

오답분석

② 매트릭스 조직은 조직 목표와 외부 환경 간 발생하는 갈등이 내재하여 갈등과 혼란을 초래할 수 있다.

③ 복수의 상급자를 상대해야 하므로 역할에 대한 갈등 등으로 구성원이 심한 스트레스에 노출될 수 있다.

④ 힘의 균형이 치우치게 되면 조직의 구성이 깨지기 때문에 경영자의 개입 등으로 힘의 균형을 유지하기 위한 노력이 필요하다.
⑤ 각각 소속이 다른 구성원들이 참여하기 때문에 커뮤니케이션이 그만큼 많이 필요하게 되며, 이에 따라 더 많은 시간과 비용 등이 소요된다.

34

정답 ②

허즈버그(Herzberg)는 직무만족에 영향을 주는 요인을 동기요인(Motivator)으로, 직무불만족에 영향을 주는 요인을 위생요인(Hygiene Factor)으로 분류했다. 동기요인에는 성취, 인정, 책임소재, 업무의 질 등이 있으며, 위생요인에는 회사의 정책, 작업조건, 동료직원과의 관계, 임금, 지위 등이 있다. 그리고 인간이 자신의 일에 만족감을 느끼지 못하게 되면 위생요인에 관심을 기울이게 되고, 이에 만족하지 못할 경우에는 일의 능률이 크게 저하된다고 주장했다.

35

정답 ①

스캔런 플랜은 보너스 산정 방식에 따라 3가지로 분류된다. 단일비율 스캔런 플랜은 노동비용과 제품생산액의 산출 과정에서 제품의 종류와 관계없이 전체 공장의 실적을 보너스 산출에 반영한다. 반면 분할비율 스캔런 플랜은 노동비용과 제품생산액을 산출할 때 제품별로 가중치를 둔다. 마지막으로 다중비용 스캔런 플랜은 노동비용뿐만 아니라 재료비와 간접비의 합을 제품생산액으로 나눈 수치를 기본비율로 사용한다. 이러한 모든 공식에는 재료 및 에너지 등을 포함하여 계산한다.

오답분석

② 러커 플랜(Rucker Plan) : 러커(Rucker)는 스캔런 플랜에서의 보너스 산정 비율은 생산액에 있어서 재료 및 에너지 등 경기 변동에 민감한 요소가 포함되어 있어 종업원의 노동과 관계없는 경기 변동에 따라 비효율적인 수치 변화가 발생할 수 있는 문제점이 있다고 제시하면서, 노동비용을 판매액에서 재료 및 에너지, 간접비용을 제외한 부가가치로 나누는 것을 공식으로 하였다.
③・⑤ 임프로쉐어 플랜(Improshare Plan) : 회계처리 방식이 아닌 산업공학의 기법을 사용하여 생산단위당 표준노동시간을 기준으로 노동생산성 및 비용 등을 산정하여 조직의 효율성을 보다 직접적으로 측정하며, 집단성과급제들 중 가장 효율성을 추구한다.
④ 커스터마이즈드 플랜(Customized Plan) : 집단성과배분제도를 각 기업의 환경과 상황에 맞게 수정하여 사용하는 방식으로, 성과측정의 기준으로서 노동비용이나 생산비용, 생산 이외에도 품질향상, 소비자 만족도 등 각 기업이 중요성을 부여하는 부분에 초점을 둔 새로운 지표를 사용한다. 성과를 측정하는 항목으로 제품의 품질, 납기준수실적, 생산비용의 절감, 산업 안전 등 여러 요소를 정하고, 매 분기별로 각 사업부서의 성과를 측정하고 성과가 목표를 초과하는 경우에 그 부서의 모든 사원들이 보너스를 지급받는 제도이다.

36

정답 ③

델파이법(Delphi Method)은 문제해결 또는 미래 예측을 위해 전문가들에게 개별적으로 익명의 의견을 받아서 진행하는 의사결정 기법이다.

오답분석

① OJT(On – the – Job Training) : 현장에 근무하는 감독자의 지도하에 현장 실무에 대한 지식과 기술을 배우는 훈련이다.
② 역할연기법(Role Playing) : 주어진 상황에서 어떻게 행동할 것인지를 연기하며 이상적인 행동은 무엇인지 참가자들끼리 토의하는 방식의 훈련이다.
④ 집단구축 기법(Team Building) : 집단 정체성을 구축하고 대인관계를 이해하며 참가자들이 서로의 경험을 공유하는 훈련이다.
⑤ 인바스켓 훈련(In – Basket Training) : 가상의 상황들을 바구니에 담아 참가자들로 하여금 해당 상황들에 대한 대처 능력을 제고하게 하는 훈련이다.

37

정답 ②

마케팅의 미시적 환경과 거시적 환경

• 미시적 환경 : 기업 자신의 핵심역량, 원료공급자, 마케팅 중간상, 고객, 경쟁기업, 공중 및 이해관계자 등
• 거시적 환경 : 인구통계적 환경, 경제적 환경, 자연적 환경, 기술적 환경, 정치적 환경, 문화적 환경 등

38

정답 ⑤

익명성을 보장하는 것은 델파이법에서 지켜야 할 규칙이다.

오답분석

①・②・③・④ 브레인스토밍은 참여 대상에 제한을 두지 않고, 최대한 많은 아이디어가 자유롭게 제시될 수 있도록 하는 것이 핵심이다. 또한, 제시된 아이디어에 대해 비판이나 비난하지 않고 존중함으로써 전체 아이디어를 보완하고 발전시켜야 한다.

39

정답 ③

집단성과 배분제도는 임금을 차등화하므로 임금의 안정성이 감소하여 근로자들의 파업이 증가할 수 있다.

오답분석

① 단기적 성과에 치중하여 고정급보다 더 많은 보너스를 받으려고 하는 현상이 나타날 수 있다.
② 회사가 어려워도 해당 조직이 우수한 성과를 냈다면 보너스를 지급해야 하므로 그만큼 회사 자본에 부정적 영향을 미칠 수 있다.
④ 신기술이 도입되면 업무 효율성이 증대되고, 그만큼 근로자의 업무량이 줄어들어 보너스가 줄어드는 것을 기피하게 된다.
⑤ 집단성과 배분제도를 운영하는 데 필요한 각종 투입물이나 인적・물적 자원으로 인한 비용이 증가한다.

40

정답 ②

표적 집단면접법(Focus Group Interview)은 전문지식을 보유한 조사자가 소수의 응답자 집단을 대상으로 특정한 주제를 가지고 자유로운 토론을 벌여 필요한 정보를 획득하는 방법으로, 마케팅 조사자가 가장 많이 이용하는 탐색조사 방법 중의 하나이다.

표적 집단면접법(FGI)의 진행 과정

조사기획	• 조사 목적을 확인하고 문제의 파악과 가설을 정립 • 조사방법 및 비용을 결정하고 조사 대상자의 특성, 그룹 수를 결정하는 조사 디자인을 실시
가이드라인 작성	• 담당 연구원이 Client와 협의하여 참석자 자격조건을 결정하고, 참석자 선정 질문지(Screening Questionnaire)를 작성
리크루팅	• 프로젝트 전담 팀장의 지휘하에 리쿠르팅 전문 Assistant Supervisor가 참석자 자격을 참석자 소개자(전문 Recruiter)들에게 알려 자격조건에 맞는 적합한 대상자를 추천받은 후 선정 질문지(Screening Questionnaire)를 완성하여 FGI 참석자를 선정
FGI 진행	• 담당 연구원이 사전에 Client와 협의하여 FGI 가이드라인에 따라 진행 토의 내용을 전문 모니터가 녹음·속기
결과분석	• 전문모니터가 녹음된 내용을 그룹별로 자세하게 분석 • 결과 분석보고서 및 제안 도출

41

정답 ①

개인 목적으로 저장한 데이터들이 해킹으로 인하여 유출되거나 삭제될 우려가 있다.

클라우드 컴퓨팅(Cloud Computing)

구름(cloud)과 같이 무형의 형태로 존재하는 컴퓨팅 자원을 필요한 만큼 빌려 쓰고 이에 대한 사용요금을 지급하는 방식의 컴퓨팅 서비스이다. 이용자의 모든 정보를 인터넷상의 서버에 저장하고, 이 정보를 각종 IT 기기를 통하여 언제 어디서든 이용할 수 있다. 구글·다음·네이버 등의 포털에서 구축한 클라우드 컴퓨팅 환경을 통하여, 서로 다른 물리적인 위치에 존재하는 컴퓨팅 자원을 가상화 기술로 통합해 제공한다. 클라우드 컴퓨팅을 도입하면 기업 또는 개인은 컴퓨터 시스템의 관리비용과 서버 유지비용 등을 줄일 수 있고, 에너지 절감에도 기여할 수 있다. 또한 외부 서버에 자료가 저장되기 때문에 안전하게 자료를 보관할 수 있고, 저장 공간의 제약도 극복할 수 있으며, 언제 어디서든 자신이 작업한 문서 등을 열람·수정할 수 있기 때문에 이용 편리성이 높다. 하지만 서버가 해킹당할 경우 개인정보가 유출될 수 있고, 서버 장애가 발생하면 자료 이용이 불가능하다는 단점도 있다.

42

정답 ②

포드 시스템은 생산의 표준화와 이동조립법(Moving Assembly Line)을 실시한 생산 시스템으로, 차별적 성과급이 아닌 일급제 급여 방식이다.

테일러 시스템과 포드 시스템

구분	테일러 시스템	포드 시스템
통칭	과업 관리	동시 관리
중점	개별 생산	계속 생산
원칙	고임금·저노무비	고임금·저가격
방법	직능직 조직, 차별적 성과급제	컨베이어 시스템 (이동조립법, 연속생산공정), 일급제 급여
표준	작업의 표준화	제품의 표준화

43

정답 ⑤

오답분석

① 집단사고(Groupthink) : 의사결정 시 만장일치에 도달하려는 분위기가 다른 대안들을 현실적으로 평가하려는 경향을 억압할 때 나타나는 구성원들의 왜곡되고 비합리적인 사고방식으로, 구성원 사이에 강한 응집력을 보이는 집단에서 주로 나타난다.
② 직무만족(Job Satisfaction) : 개인이 자신의 직무에 대해 만족하는 정도를 말한다.
③ 직무몰입(Job Involvement) : 근로자가 특정 조직에 동일시하고 몰입하는 정도를 말한다.
④ 감정노동(Emotional Labor) : 정서노동이라고도 하며, 서비스 업종에 종사하는 사람들이 직무를 수행하다가 마주치는 정서적인 요구를 뜻한다.

44

정답 ⑤

논리 오차가 아닌 항상 오차의 제거 방법이다.

45

정답 ④

종단조사는 동일한 대상을 일정 시간을 두고 반복적으로 측정하여 조사 대상의 변화를 정기적으로 측정하는 조사로, 다시점 조사라고도 불린다.

오답분석

① FGI 설문법 : 표준화된 질문이나 설문지를 통한 조사가 아닌 질문방식이나 응답 방법 등이 비교적 자유로운 질적 조사이다.
② 탐색조사 : 질문에 있어서 약간의 지식이 있을 때 본 조사에 앞서 수행하는 소규모의 조사이다.
③ 서베이법 : 다수의 조사자에게 직접 묻거나 설문지, 컴퓨터 등을 통해 자료를 조사하는 방법이다.
⑤ 횡단조사 : 특정 시점을 기준으로 여러 샘플을 조사함으로써 상이한 집단 간의 차이를 규명하고자 하는 조사 방법이다.

46

정답 ⑤

성과급은 성과에 따라 임금을 산정하는 제도이므로 성과나 직무가치 등의 직무적 요소를 기본으로 임금을 결정하는 직무급에 해당한다. 또한 성과급의 임금 수령액은 각자의 성과에 따라 증감하므로 변동급에 해당한다.

임금 산정 방법의 유형
- 연공급 : 종업원의 근속연수(Tenure)를 기준으로 임금 결정, 생활보장의 원칙, 숙련상승설
- 직무급 : 직무평가를 바탕으로 직무의 상대적 가치를 기준으로 임금 결정, 노동대가의 원칙, 임금공정성 제고
- 직능급 : 종업원이 보유하고 있는 직무수행능력을 바탕으로 임금 결정, 노동대가의 원칙, 직능 자격제도

47

정답 ④

유통업자의 판매촉진은 제조업체가 유통업체를 대상으로 하는 판매촉진 활동으로, 경영활동 지원, 판매활동 지원, 콘테스트, 협동광고, 진열보조금 지원, 판매장려금 지원, 판매도우미 파견 등이 있다. 소비자에게 특정 제품을 소량으로 포장하여 무료로 샘플을 제공하는 판매촉진은 소비자 판매촉진에 해당한다.

48

정답 ③

인지 부조화 이론은 페스팅거에 의해 제시된 이론으로, 자신이 가진 내적 신념이나 태도에 일치하지 않을 때 긴장 상태(불편한 상태)가 발생되는 상황으로, 소비 맥락에서 일어나는 인지 부조화를 구매 후 부조화라고 한다. 따라서 이러한 불편한 상태를 해소하기 위해 자신의 기대를 낮추거나 혹은 다른 정당성을 부여함으로써 구매 후 부조화를 해소한다. 이때 가격이 높은 제품일수록 구매 후 부조화는 더욱 커지게 된다.

49

정답 ③

통계적 품질관리에 대해 바르게 설명한 사람은 준호, 민영 총 2명이다.

오답분석
- 진영 : 원자재 불량, 공구 마모, 작업자의 부주의 등 특별한 원인에 의하여 발생하는 변동은 이상변동이라고 한다.
- 아현 : 관리도의 독립성 속성의 가정으로 데이터들 사이는 서로 부분 집단적이 아닌 서로 독립적이어야 한다.

50

정답 ⑤

GT(Group Technology : 집단관리기법)의 기본적인 사고방법은 복잡하고 다양한 가공물에 대한 정보를 일정한 분류 규칙에 따라 질서정연하게 표기하고, 이들을 유사성이나 동질성에 따라 집단화하여 설계, 가공, 조립 등 일련의 생산작업을 합리적으로 배치하고 운영하는 것이다.

51

정답 ⑤

마일즈 & 스노우 전략(Miles & Snow Strategy) 유형
- 방어형(Defender) : 기존 제품으로 기존 시장 공략, 현상 유지 전략, 비용 및 효용성 확보가 관건
- 혁신형(Prospector) : 신제품 또는 신시장 진출, M/S 확보, 매출액 증대 등 성장 전략, Market Insight 및 혁신적 마인드가 필요
- 분석형(Analyzer) : 방어형과 혁신형의 중간, Fast Follower가 해당, Market Insight가 관건
- 반응형(Reactor) : 무반응·무전략 상태, 시장도태 상태

52

정답 ④

기업의 사회적 책임(CSR)에는 경제적, 법률적, 윤리적, 자선적 책임이 존재한다. 회계의 투명성은 법률적 책임에 해당된다.

오답분석

①·② 경제적 책임에 해당한다.
③ 윤리적 책임에 해당한다.
⑤ 자선적 책임에 해당한다.

53

정답 ③

직무분류법은 서로 유사한 직무를 함께 묶어 직무를 분류하여야 정확한 분류가 가능하며, 직무 수가 많아지고 내용이 복잡해지면 정확한 분류를 할 수 없다.

54

정답 ⑤

기업 다각화는 범위의 경제를 추구한다. 이는 한 기업이 2개 제품을 동시에 생산하는 비용이 두 기업이 2개 제품을 각각 생산하는 비용보다 더 작은 것을 의미한다.

오답분석

① 산업구조 변화, 기술 발달 등 급변하는 환경에서 다각화를 통해 성장동력을 찾는다.
② 개별 사업 부문별로 경기순환주기에 따라 노출되는 리스크나 강력한 경쟁자가 생겨날 때 기술이 발전되어 진부한 사업이 되어 버리는 위험 등을 최소화할 수 있다.
③ 가격경쟁우위, 상호구매협정 등으로 시장에서의 지배력을 강화할 수 있다.
④ 다각화를 통해 여러 사업 분야에서 다양한 인력 및 안정된 자금을 마련할 수 있다.

55

정답 ①

포지셔닝 전략은 자사 제품의 큰 경쟁우위를 찾아내어 선정된 목표시장의 소비자들의 마음 속에 자사의 제품을 자리잡게 하는 전략이다.

56
정답 ②

분류법은 직무평가의 방법 중 정성적 방법으로, 등급법이라고도 한다.

57
정답 ⑤

U자형 배치가 아닌 셀형 배치에 대한 설명이다.

58
정답 ⑤

코즈 마케팅은 기업이 환경, 보건, 빈곤 등과 같은 사회적인 이슈인 명분(Cause)을 기업의 이익 추구에 활용하는 것이다. 광고비용이 많이 들고, 수익 증대 및 공익을 동시에 추구하여 브랜드가치 제고를 목표로 하므로 규모가 큰 대기업 등에서 많이 활용하는 전략이다.

59
정답 ①

생산시스템 측면에서 신제품 개발 프로세스는 아이디어 창출 → 제품 선정 → 예비 설계 → 설계의 평가 및 개선 → 제품원형 개발 및 시험 마케팅 → 최종 설계의 순서로 진행된다.

60
정답 ⑤

정인은 시스템 이론에 대한 설명이 아닌 시스템적 접근의 추상성을 극복하고자 하는 상황 이론에 대한 설명을 하고 있다.

제3영역 철도법령

61	62	63	64	65	66	67	68	69	70
①	①	③	④	②	④	④	③	④	⑤

61
정답 ①

과태료(한국철도공사법 제20조)

한국철도공사법 제8조의2를 위반하여 공사가 아닌 자가 한국철도공사 또는 이와 유사한 명칭을 사용한 경우 이를 위반한 자에게는 500만 원 이하의 과태료를 부과한다.

62
정답 ①

민자철도사업자에 대한 과징금 부과의 일반기준(철도사업법 시행령 제10조의2 별표 1의2)

부과권자는 다음에 해당하는 경우에는 개별기준에 따른 과징금의 2분의 1 범위에서 그 금액을 줄여 부과할 수 있다. 다만, 과징금을 체납하고 있는 위반행위자에 대해서는 그렇지 않다.

- 위반행위가 사소한 부주의나 오류로 인한 것으로 인정되는 경우
- 위반행위자가 위반행위를 바로 정정하거나 시정하여 법 위반상태를 해소한 경우
- 그 밖에 위반행위의 내용·정도, 위반행위 동기와 그 결과 등을 고려하여 과징금 금액을 줄일 필요가 있다고 인정되는 경우

63
정답 ③

민간위탁계약에는 위탁업무의 재위탁에 관한 사항이 포함된다(철도산업발전기본법 시행령 제31조 제2항 제6호).

민간위탁계약의 포함사항(철도산업발전기본법 시행령 제31조 제2항)

제1항의 규정에 의한 위탁계약에는 다음 각 호의 사항이 포함되어야 한다.

1. 위탁대상 철도자산
2. 위탁대상 철도자산의 관리에 관한 사항
3. 위탁계약기간(계약기간의 수정·갱신 및 위탁계약의 해지에 관한 사항을 포함한다)
4. 위탁대가의 지급에 관한 사항
5. 위탁업무에 대한 관리 및 감독에 관한 사항
6. 위탁업무의 재위탁에 관한 사항
7. 그 밖에 국토교통부장관이 필요하다고 인정하는 사항

64

정답 ④

국토교통부장관은 여객에 대한 운임의 상한을 지정하는 때에는 물가상승률, 원가수준, 다른 교통수단과의 형평성, 사업용철도노선의 분류와 철도차량의 유형 등을 고려하여야 하며, 여객 운임의 상한을 지정한 경우에는 이를 관보에 고시하여야 한다(철도사업법 시행령 제4조 제1항).

65

정답 ②

국가가 한국철도공사에 출자를 할 때에는 국유재산의 현물출자에 관한 법률에 따른다(한국철도공사법 제4조 제4항).

66

정답 ④

철도운영자가 국가의 특수목적사업을 수행함으로써 발생하는 비용은 원인제공자가 부담하는 공익서비스비용 범위이다(철도산업발전기본법 제32조 제2항 제3호).

공익서비스 제공에 따른 보상계약의 체결(철도산업발전기본법 제33조 제2항)

제1항에 따른 보상계약에는 다음 각 호의 사항이 포함되어야 한다.

1. 철도운영자가 제공하는 철도서비스의 기준과 내용에 관한 사항
2. 공익서비스 제공과 관련하여 원인제공자가 부담하여야 하는 보상내용 및 보상방법 등에 관한 사항
3. 계약기간 및 계약기간의 수정·갱신과 계약의 해지에 관한 사항
4. 그 밖에 원인제공자와 철도운영자가 필요하다고 합의하는 사항

67

정답 ④

한국철도공사가 하부조직을 설치한 때에는 이미 설치된 하부조직의 소재지에 있어서는 3주일 이내에 새로이 설치된 하부조직의 명칭 및 소재지에 따라 각각 등기하여야 한다(한국철도공사법 시행령 제3조 제3호).

오답분석

① 공사가 주된 사무소 또는 하부조직을 다른 등기소의 관할구역으로 이전한 때에는 구소재지에 있어서는 2주일 이내에 그 이전한 뜻을, 신소재지에 있어서는 3주일 이내에 제2조(설립등기) 각 호의 사항을 각각 등기하여야 한다(한국철도공사법 시행령 제4조 제1항).

② 동일한 등기소의 관할구역 안에서 주된 사무소 또는 하부조직을 이전한 때에는 2주일 이내에 그 이전의 뜻만을 등기하여야 한다(한국철도공사법 시행령 제4조 제2항).

③·⑤ 공사는 제2조 각 호의 사항에 변경이 있는 때에는 주된 사무소의 소재지에서는 2주일 이내에, 하부조직의 소재지에서는 3주일 이내에 그 변경된 사항을 등기하여야 한다(한국철도공사법 시행령 제5조).

68

정답 ③

면허취소 등(철도사업법 제16조 제1항)

국토교통부장관은 철도사업자가 다음 각 호의 어느 하나에 해당하는 경우에는 면허를 취소하거나, 6개월 이내의 기간을 정하여 사업의 전부 또는 일부의 정지를 명하거나, 노선 운행중지·운행제한·감차 등을 수반하는 사업계획의 변경을 명할 수 있다. 다만, 제4호와 제7호의 경우에는 면허를 취소하여야 한다.

1. 면허받은 사항을 정당한 사유 없이 시행하지 아니한 경우
2. 사업 경영의 불확실 또는 자산상태의 현저한 불량이나 그 밖의 사유로 사업을 계속하는 것이 적합하지 아니할 경우
3. 고의 또는 중대한 과실에 의한 철도사고로 대통령령으로 정하는 다수의 사상자(死傷者)가 발생한 경우
4. 거짓이나 그 밖의 부정한 방법으로 제5조에 따른 철도사업의 면허를 받은 경우
5. 제5조 제1항 후단에 따라 면허에 붙인 부담을 위반한 경우
6. 제6조에 따른 철도사업의 면허기준에 미달하게 된 경우. 다만, 3개월 이내에 그 기준을 충족시킨 경우에는 예외로 한다.
7. 철도사업자의 임원 중 제7조 제1호 각 목의 어느 하나의 결격사유에 해당하게 된 사람이 있는 경우. 다만, 3개월 이내에 그 임원을 바꾸어 임명한 경우에는 예외로 한다.
8. 제8조를 위반하여 국토교통부장관이 지정한 날 또는 기간에 운송을 시작하지 아니한 경우
9. 제15조에 따른 휴업 또는 폐업의 허가를 받지 아니하거나 신고를 하지 아니하고 영업을 하지 아니한 경우
10. 제20조 제1항에 따른 철도사업자 준수사항을 1년 이내에 3회 이상 위반한 경우
11. 제21조에 따른 사업의 개선명령을 위반한 경우
12. 제23조에 따른 명의 대여 금지를 위반한 경우

69

정답 ④

지도·감독(한국철도공사법 제16조)

국토교통부장관은 한국철도공사의 업무 중 다음 각 호의 사항과 그와 관련되는 업무에 대하여 지도·감독한다.

1. 연도별 사업계획 및 예산에 관한 사항
2. 철도서비스 품질 개선에 관한 사항
3. 철도사업계획의 이행에 관한 사항
4. 철도시설·철도차량·열차운행 등 철도의 안전을 확보하기 위한 사항
5. 그 밖에 다른 법령에서 정하는 사항

70

정답 ⑤

사업계획의 변경을 제한할 수 있는 철도사고의 기준(철도사업법 시행령 제6조)

사업계획의 변경을 신청한 날이 포함된 연도의 직전 연도의 열차운행거리 100만 km당 철도사고(철도사업자 또는 그 소속 종사자의 고의 또는 과실에 의한 철도사고를 말한다)로 인한 사망자 수 또는 철도사고의 발생횟수가 최근(직전연도를 제외한다) 5년간 평균보다 10분의 2 이상 증가한 경우를 말한다.

3일 차 기출응용 모의고사 정답 및 해설

제 1 영역 직업기초능력평가

01	02	03	04	05	06	07	08	09	10
⑤	①	③	⑤	①	③	⑤	②	②	⑤
11	12	13	14	15	16	17	18	19	20
④	③	③	④	③	①	④	③	⑤	③
21	22	23	24	25	26	27	28	29	30
③	④	②	④	④	④	②	③	④	③

01 정답 ⑤

김과장은 직원들에 대한 높은 관심으로 간섭하려는 경향이 있고, 남에게 자신의 업적을 이야기하며 인정받으려 하는 욕구가 강하다. 따라서 김과장은 타인에 대한 높은 관심과 간섭을 자제하고, 지나친 인정욕구에 대한 태도를 성찰할 필요성이 있다.

오답분석

① 김과장이 독단적으로 결정했다는 내용은 언급되어 있지 않다.
② 직원들이 김과장의 지나친 관심으로 힘들어하고 있는 상황이므로 적절하지 않은 조언 내용이다.
③ 직원들에게 지나친 관심을 보이는 김과장에게는 적절하지 않은 조언 내용이다.
④ 인정이 많다거나 직원들의 요구를 거절하지 못한다는 내용은 제시문에서 찾을 수 없다.

02 정답 ①

제시문에 따르면 똑같은 일을 똑같은 노력으로 했을 때, 돈을 많이 받으면 과도한 보상을 받아 부담을 느낀다. 또한 적게 받으면 충분히 받지 못했다고 느끼므로 만족하지 못한다. 따라서 공평한 대우를 받을 때 더 행복함을 느낀다는 것을 추론할 수 있다.

03 정답 ③

오답분석

- 웬지 → 왠지
- 어떡게 → 어떻게
- 말씀드리던지 → 말씀드리든지
- 바램 → 바람

04 정답 ⑤

제시문에서는 충청도 특유의 언어 요소만을 가리키는 것이 아니라 충청도 토박이들이 전래적으로 써온 한국어 전부를 뜻한다고 하였으므로 한국어란 표준어와 지역 방언이 모두 하나로 모여진 개념이라고 할 수 있다. 따라서 (마)에 들어갈 내용으로 ⑤는 적절하지 않다.

오답분석

① 방언을 비표준어로서 낮잡아 보는 인식이 담겨 있다고 하였으므로 적절한 내용이다.
② 방언이 표준어보다 열등하다는 오해와 편견이 포함되어 있다고 하였으므로 방언을 낮추어 부른다는 의미가 들어가는 것이 적절하다.
③ 그 지역의 말 가운데 표준어에는 없는, 그 지역 특유의 언어 요소만을 지칭한다고 하였으므로 다른 지역과의 이질성을 강조하는 내용이 들어가야 한다.
④ 한국어를 이루고 있는 각 지역의 말 하나하나 즉, 그 지역의 언어 체계를 방언이라 하였으므로 각 지역의 방언들은 한국어라는 언어의 하위 구성요소라고 볼 수 있다.

05 정답 ①

제시문에서는 싱가포르가 어떻게 자동차를 규제하고 관리하는지를 설명하고 있다. 따라서 제시문의 주제로 ①이 가장 적절하다.

06 정답 ③

보고서의 '출장의 배경 및 세부 일정' 항목을 통해 해외 출장 세부 일정 관련 정보가 포함되어야 함을 알 수 있다. 또한 보고서의 '출장 배경'에 따르면 1999년 이후 2년 주기로 협력회의를 개최해 오고 있으므로 과거 협력 회의 시 다루었던 내용도 함께 포함되어야 한다. 따라서 제시된 보고서에 반드시 포함되어야 할 내용으로 옳은 것은 ③이다.

07
정답 ⑤

보고서는 특정한 일에 관한 진행 상황 또는 연구·검토 결과 등을 보고하고자 할 때 작성하는 문서이다. 보고서를 작성할 때는 '목적·개요 – 주요 수행내용 – 수행 내용별 세부사항 – 수행 결과 및 결과보고서 – 관련된 첨부 자료' 순서대로 작성한다.

08
정답 ②

매몰비용은 이미 지불한 비용에 대한 노력을 계속하려는 경향이며, 하나의 비용에 하나의 이익이 연결되어 거래커플링이 강할 때 높게 나타난다고 했다. ②는 이 두 가지 조건을 모두 만족하고 있다.

09
정답 ②

㉠의 앞에는 동북아시아 지역에서 삼원법에 따른 다각도에서 그리는 화법이 통용되었다는 내용이, 뒤에는 우리나라의 민화는 그보다 더 자유로운 시각이라는 내용이 나온다. 따라서 ㉠에는 전환 기능의 접속어 '그런데'가 들어가야 한다.

반면, ㉡의 앞에서는 기층민들이 생각을 자유분방하게 표현할 수 있는 사회적 여건의 성숙을 다루고, 뒤에서는 자기를 표현할 수 있는 경제적·신분적 근거가 확고하게 되었다는 내용을 다루고 있으므로, ㉡에는 환언 기능의 접속어 '즉'이 들어가야 한다.

10
정답 ⑤

제시문에 따르면 민화의 화가들은 객관적을 보이는 현실을 무시하고 자신의 의도에 따라 표현하고 싶은 것을 마음대로 표현했다고 하였다. 즉, 자신의 자유로운 판단이나 내면의 목소리에 집중하였음을 알 수 있다.

오답분석

① '민화에 나타난 화법에 전혀 원리가 없다고는 할 수 없다.'라고 하였으므로 옳지 않다.
② 민화의 화법이 서양의 입체파들이 사용하는 화법과 종종 비교된다고 하였을 뿐, 입체파의 화법이 서민층의 성장을 배경으로 하고 있는지는 제시문의 내용만으로는 알 수 없다.
③ 제시문에서는 화법이나 내용 면에서 보이는 것을 억압에서 벗어나려는 해방의 염원이라고 설명하고 있을 뿐 이를 신분상승의 욕구라고 보기는 어렵다.
④ 삼원법은 다각도에서 보고 그리는 화법이며, 민화는 이보다 더 자유롭다고 하였다.

11
정답 ④

• 아이스크림 1개당 정가 : $a\left(1+\frac{20}{100}\right)=1.2a$원

• 아이스크림 1개당 판매가 : $(1.2a-500)$원

• 아이스크림 1개당 이익 : $(1.2a-500)-a=700 \rightarrow 0.2a=1{,}200 \rightarrow a=6{,}000$

따라서 아이스크림 1개당 원가는 6,000원이다.

12
정답 ③

제시된 수열은 $n \geq 3$일 때, $(n-2)$항$+(n-1)$항$+1=n$항인 수열이다. 따라서 $27+44+1=72$이다.

13
정답 ③

기혼 취업여성의 수는 기혼여성에서 기혼 비취업여성을 빼면 나오는 값이다. 이를 토대로 기혼 취업여성의 연령대별 비중을 구하면 다음과 같다.

연령대	기혼 취업여성(천 명)	기혼 취업여성의 연령대별 비중(%)
25 ~ 29세	264	4.6%
30 ~ 34세	640	11.1%
35 ~ 39세	956	16.6%
40 ~ 44세	1,302	22.6%
45 ~ 49세	1,337	23.3%
50 ~ 54세	1,256	21.8%
합계	5,755	100%

오답분석

① 경제활동인구는 취업자와 실업자의 합으로 표현할 수도 있지만 기혼여성과 비경제활동인구의 차로도 표현할 수 있다. 따라서 첫 번째 표에서 (기혼여성)–(비경제활동인구)를 계산하여 나타낸 그래프로 옳다.
② 기혼여성 중 비취업여성은 첫 번째 표에서, 경력단절 여성은 두 번째 표에서 확인할 수 있다.
④ 두 번째 표에서 30 ~ 34세와 35 ~ 39세 연령대의 자료의 합을 이용하여 나타낸 그래프로 옳다.
⑤ 경력단절 여성의 전체인 2,905천 명에서 각 연령대가 차지하는 비율을 구하면 원그래프와 같다.

14
정답 ④

그래프를 통해 2021년부터 녹지의 면적이 유원지 면적을 추월하였다는 것을 알 수 있다.

15
정답 ③

• 9명의 신입사원을 3명씩 3조로 나누는 경우의 수 : $_9C_3 \times {}_6C_3 \times {}_3C_3 \times \frac{1}{3!} = \frac{9\times8\times7}{3\times2\times1} \times \frac{6\times5\times4}{3\times2\times1} \times 1 \times \frac{1}{3\times2\times1} = 280$가지

• A, B, C에 한 조씩 배정하는 경우의 수 : $3!=3\times2\times1=6$가지

따라서 가능한 모든 경우의 수는 $280\times6=1{,}680$가지이다.

16 정답 ①

ⅰ) 첫 번째 조건과 표를 통해 2023년 독신 가구와 다자녀 가구의 실질세부담률 차이가 덴마크보다 큰 국가는 A, C, D이므로 이들이 캐나다, 벨기에, 포르투갈임을 알 수 있다.

ⅱ) 두 번째 조건과 표를 통해 2023년 독신 가구 실질세부담률이 전년 대비 감소한 국가는 A, B, E이므로 이들이 벨기에, 그리스, 스페인임을 알 수 있다. 따라서 위의 ⅰ)과 연결하면 A가 벨기에임을 확정할 수 있다.

ⅲ) 위 ⅱ)에서 B와 E가 그리스와 스페인이라고 하였으므로 이를 세 번째 조건과 결합하면 B가 그리스이고, E가 스페인임을 확정할 수 있다.

ⅳ) 위 ⅰ)과 ⅱ)를 통해 C와 D가 캐나다와 포르투갈임을 알 수 있는데, 이를 네 번째 조건과 결합하면 C가 포르투갈이 되며, 따라서 남은 D는 캐나다가 됨을 알 수 있다.

17 정답 ④

A가 이번 달에 내야하는 전기료는 $(200\times100)+(150\times200)=50,000$원이다. 이때 B가 내야 하는 전기료는 A의 2배인 10만 원이므로 전기 사용량은 400kWh를 초과했음을 알 수 있다.

B가 사용한 전기량을 $(400+x)$kWh로 정하고 전기료에 대한 식을 정리하면 다음과 같다.

$(200\times100)+(200\times200)+(x\times400)=100,000$

$\rightarrow x\times400=100,000-60,000$

$\therefore x=100$

따라서 B가 사용한 전기량은 총 400+100=500kWh이다.

18 정답 ③

2014 ~ 2023년 평균 부채 비율은 $(61.6+100.4+86.5+80.6+79.9+89.3+113.1+150.6+149.7+135.3)\div10=104.7\%$이므로 10년간의 평균 부채 비율은 90% 이상이다.

오답분석

① 2017년 대비 2018년 자본금 증가폭은 33,560−26,278=7,282억 원으로, 자본금의 변화가 가장 큰 해이다.

② 전년 대비 부채 비율이 증가한 해는 2015년, 2019년, 2020년, 2021년이므로 연도별 부채비율 증가폭을 계산하면 다음과 같다.
- 2015년 : 100.4−61.6=38.8%p
- 2019년 : 89.3−79.9=9.4%p
- 2020년 : 113.1−89.3=23.8%p
- 2021년 : 150.6−113.1=37.5%p

따라서 부채 비율이 전년 대비 가장 많이 증가한 해는 2015년이다.

④ 2023년의 자산과 자본은 10년 중 가장 많았지만, 그만큼 부채도 가장 많은 것을 확인할 수 있다.

⑤ K공사의 자산과 부채는 2016년부터 8년간 꾸준히 증가한 것을 확인할 수 있다.

19 정답 ⑤

경기남부의 가구 수가 경기북부의 가구 수의 2배라면, 가구 수 비율은 남부가 $\frac{2}{3}$이고 북부가 $\frac{1}{3}$이다.

따라서 경기지역에서 개별난방을 사용하는 가구 수의 비율은 $\left[\left(0.262\times\frac{2}{3}\right)+\left(0.608\times\frac{1}{3}\right)\right]\times100 \fallingdotseq 37.7\%$이므로 옳은 설명이다.

오답분석

① 경기북부지역에서 도시가스를 사용하는 가구 수는 66.1%이고 등유를 사용하는 가구 수는 3.0%이다. 따라서 66.1÷3≒22배이다.

② 서울과 인천지역에서는 LPG 사용비율이 가장 낮다.

③ 주어진 자료에서는 지역별 가구 수의 차이는 확인할 수 없다. 또한, 지역난방 사용비율의 차이가 가구 수의 차이와 같다고 볼 수 없다.

④ 지역난방의 비율은 경기남부지역이 67.5%이고, 경기북부지역이 27.4%로 경기남부지역이 더 높다.

20 정답 ③

ㄱ. 전출한 직원보다 전입한 직원이 많은 팀은 A(16명), B(13명), C(13명), F(15명)팀이며 이 팀들의 전입 직원 수의 합은 57명이다. 이는 기업 내 전체 전출·입 직원 수(75명)의 70%인 52.5를 초과하므로 옳은 내용이다.

ㄹ. 식품 사업부 내에서 전출·입한 직원 수는 17명이고, 외식 사업부 내에서 전출·입한 직원 수는 15명이므로 동일한 사업부 내에서 전출·입한 직원 수는 32명이다. 기업 내 전출·입한 직원 수(75명)의 50%는 37.5명이므로 옳은 내용이다.

오답분석

ㄴ. 직원이 가장 많이 전출한 팀은 20명이 전출한 E팀이고, 가장 많이 전입한 팀은 16명이 전입한 A팀이다. 그런데 20명의 40%인 8명이 배치된 부서도 없을 뿐더러 A팀에는 6명만이 배치되었으므로 옳지 않다.

ㄷ. 식품 사업부에서 외식 사업부로 전출한 직원 수는 18명이고, 외식 사업부에서 식품 사업부로 전출한 직원 수는 25명이므로 옳지 않다.

21 정답 ③

각각의 조건에서 해당되지 않는 쇼핑몰을 확인하여 선택지에서 하나씩 제거하는 방법으로 푸는 것이 좋다.

- 철수 : C, D, F는 포인트 적립이 안 되므로 해당 사항이 없다. (②, ④ 제외)
- 영희 : 배송비를 고려하였으므로 A에는 해당 사항이 없다.
- 민수 : 주문 다음 날 취소가 되지 않았으므로 A, B, C에는 해당 사항이 없다. (①, ⑤ 제외)
- 철호 : 환불 및 송금수수료, 배송비가 포함되었으므로 A, D, E, F에는 해당 사항이 없다.

22

정답 ④

네 사람이 앉을 수 있는 자리를 그림으로 나타내면 다음과 같다.

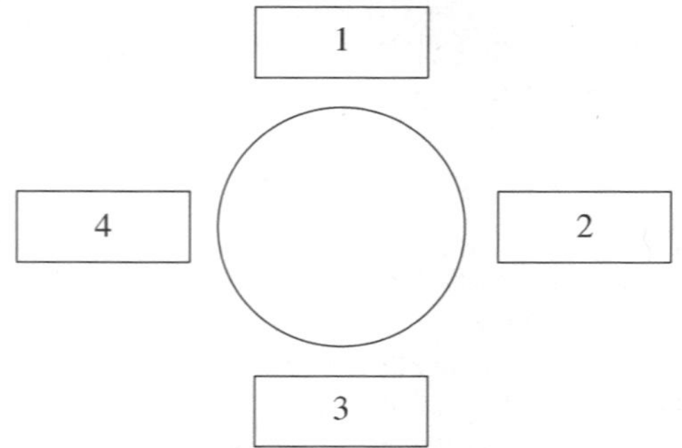

• 일곱 번째 조건에 따라 교사의 맞은편 자리는 밤색 티셔츠를 입고 있다. 교사가 1번 자리에 앉는다고 가정하면 3번 자리에는 밤색 티셔츠를 입은 사람이 앉게 된다.

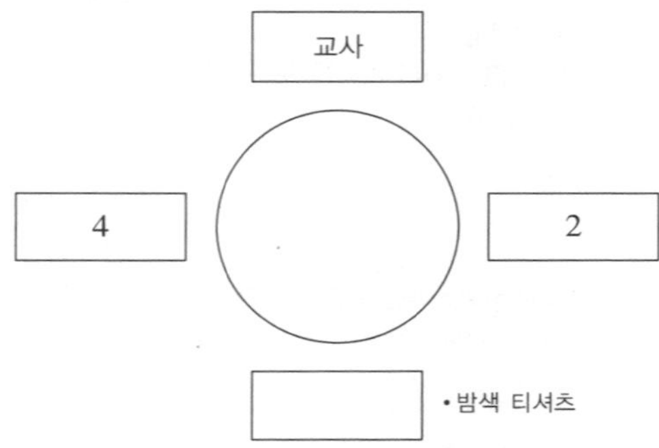

• 여섯 번째 조건에 의하면 의사의 왼쪽 자리에 앉은 사람은 검은색 원피스를 입고 있다. 이때, 의사가 2번 자리에 앉게 되면 의사의 왼쪽 자리에 검은색 원피스를 입은 사람이 온다는 조건이 성립할 수 없으므로 의사는 4번 자리에 앉아야 한다. 또한, 의사가 4번 자리에 앉게 되면 검은색 원피스를 입은 사람은 교사이며, 두 번째 조건에 따라 교사는 여자임을 알 수 있다.

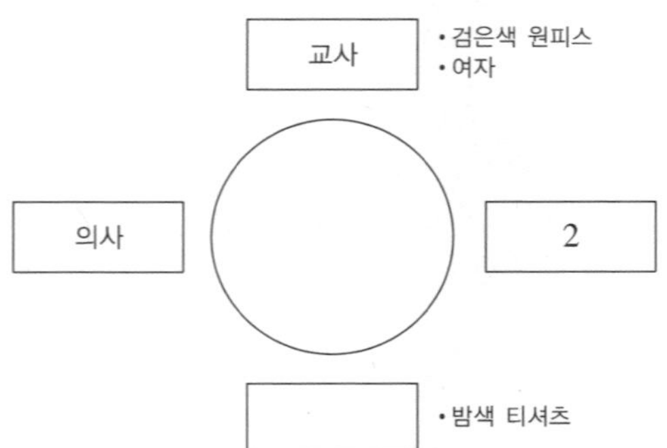

• 네 번째 조건에 따르면 변호사는 흰색 니트를 입고 있으므로 2번 자리에 앉게 되고, 이에 따라 밤색 티셔츠를 입은 사람은 자영업자임을 알 수 있다. 앞서 파악한 정보를 바탕으로 할 때 의사는 파란색 재킷을 입었으며, 두 번째 조건에 따라 의사는 남자임을 알 수 있다. 다섯 번째 조건에 따라 자영업자도 남자이므로 변호사는 여자이다.

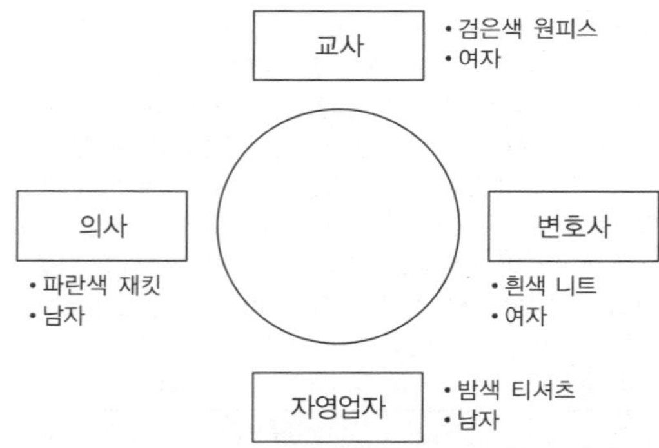

따라서 '의사는 파란색 재킷을 입고 있다.'가 옳은 설명이다.

오답분석

① 교사는 의사의 왼쪽에 앉아 있다.
② 변호사는 여자이다.
③ 밤색 티셔츠를 입은 사람은 자영업자이며, 남자이다.
⑤ 검은색 원피스를 입은 여자는 자영업자와 마주보고 있다.

23

정답 ②

제시문에 따르면 '문제'는 목표와 현실의 차이이고, '문제점'은 목표가 어긋난 원인이 명시되어야 한다. 따라서 미란이의 이야기를 보면 교육훈련이 부족했다는 원인이 나와 있으므로 '문제점'을 말했다고 볼 수 있다.

오답분석

① 지혜는 매출액이 목표에 못 미쳤다는 '문제'를 말한 것이다.
③ 건우는 현재 상황을 말한 것이다.
④ 경현이의 말은 목표를 정정했다는 사실뿐이다.
⑤ 연준이는 생산율이 목표에 못 미쳤다는 '문제'를 말한 것이다.

24

정답 ④

알파벳 순서에 따라 숫자로 변환하면 다음과 같다.

A	B	C	D	E	F	G	H	I	J	K	L	M
1	2	3	4	5	6	7	8	9	10	11	12	13
N	O	P	Q	R	S	T	U	V	W	X	Y	Z
14	15	16	17	18	19	20	21	22	23	24	25	26

'INTELLECTUAL'의 품번을 규칙에 따라 정리하면 다음과 같다.

• 1단계 : 9(I), 14(N), 20(T), 5(E), 12(L), 12(L), 5(E), 3(C), 20(T), 21(U), 1(A), 12(L)
• 2단계 : $9+14+20+5+12+12+5+3+20+21+1+12=134$
• 3단계 : $|(14+20+12+12+3+20+12)-(9+5+5+21+1)|=|93-41|=52$
• 4단계 : $(134+52)\div 4+134=46.5+134=180.5$
• 5단계 : 180.5를 소수점 첫째 자리에서 버림하면 180이다.

따라서 제품의 품번은 '180'이다.

25

정답 ④

제시문에 따르면 P부서에 근무하는 신입사원은 단 한 명이며, 신입사원은 단 한 지역의 출장에만 참가한다. 따라서 갑과 단둘이 가는 한 번의 출장에만 참가하는 을이 신입사원임을 알 수 있다. 이때, 네 지역으로 모두 출장을 가는 총괄 직원도 단 한 명뿐이므로 을과 단둘이 출장을 간 갑이 총괄 직원임을 알 수 있다. 또한, 신입사원을 제외한 모든 직원은 둘 이상의 지역으로 출장을 가야 하므로 병과 정이 함께 같은 지역으로 출장을 가면 무는 남은 두 지역 모두 출장을 가야 한다. 이때, 병과 정 역시 남은 두 지역 중 한 지역으로 각각 출장을 가야 한다. 이를 토대로 다섯 명의 직원이 출장을 가는 경우를 정리하면 다음과 같다.

지역	직원	
	경우 1	경우 2
A	갑, 을	갑, 을
B	갑, 병, 정	갑, 병, 정
C	갑, 병, 무	갑, 정, 무
D	갑, 정, 무	갑, 병, 무

따라서 정은 두 곳으로만 출장을 가므로 정이 총 세 곳에 출장을 간다는 ④는 반드시 거짓이 된다.

오답분석

① 갑은 총괄 직원이다.
② 두 명의 직원만이 두 광역시에 모두 출장을 간다고 하였으므로 을의 출장 지역은 광역시에 해당하지 않는다.
③·⑤ 위의 표를 통해 확인할 수 있다.

26

정답 ④

오답분석

① 자사의 유통 및 생산 노하우가 부족하다고 분석하였으므로 적절하지 않다.
② 디지털마케팅 전략을 구사하기에 역량이 미흡하다고 분석하였으므로 적절하지 않다.
③ 분석 자료를 살펴보면, 경쟁자 중 상위 업체가 하위 업체와의 격차를 확대하기 위해서 파격적인 가격정책을 펼치고 있다고 하였으므로 적절하지 않다.
⑤ 브랜드 경쟁력을 유지하기 위해 20대 SPA 시장 진출이 필요하며, 자사가 높은 브랜드 이미지를 가지고 있다는 내용은 자사의 상황분석과 맞지 않는 내용이므로 적절하지 않다.

27

정답 ②

SWOT 분석이란 조직의 환경을 분석하기 위해 사용되는 정책환경 분석 기법으로, 조직 내부환경과 관련된 강점(Strength), 약점(Weakness), 조직 외부환경과 관련된 기회(Opportunity), 위협(Threat)을 분석하는 방법이다. 이를 토대로 분석 결과를 바르게 분류한 것은 ②이다.

28

정답 ③

A사원의 3박 4일간 교통비, 식비, 숙박비를 계산하면 다음과 같다.

- 교통비 : 39,500+38,150=77,650원
- 식비 : (8,500×3×2)+(9,100×3×2)=105,600원
- 숙박비
  - 가 : (75,200×3)×0.95=214,320원
  - 나 : (81,100×3)×0.90=218,970원
  - 다 : (67,000×3)=201,000원

  A사원은 숙박비가 가장 저렴한 다 숙소를 이용했으므로 숙박비는 201,000원이다.

따라서 A사원의 출장 경비 총액을 구하면 77,650+105,600+201,000=384,250원이다.

29

정답 ④

직급에 따른 업무항목별 계산 기준에 따르면, B차장의 업무평점은 (80×0.3)+(85×0.2)+(90×0.5)=86점이다.

30

정답 ③

직급에 따른 업무평점 계산 기준에 따르면, A사원의 업무평점은 (86×0.5)+(70×0.3)+(80×0.2)=80점이다.
따라서 승진심사 평점은 업무(80%)+능력(10%)+태도(10%)이므로 (80×0.8)+(80×0.1)+(60×0.1)=78점이다.

제 2 영역 직무수행능력평가(경영학)

31	32	33	34	35	36	37	38	39	40
③	①	④	④	①	④	③	④	④	③
41	42	43	44	45	46	47	48	49	50
①	⑤	⑤	③	③	⑤	④	③	④	①
51	52	53	54	55	56	57	58	59	60
③	③	②	⑤	⑤	④	③	③	④	④

31 정답 ③

관료제는 권위주의, 관료주의 등으로 인해 사회 변동에 빠르게 적응하지 못하는 경직성 문제를 가져올 수 있다.

오답분석

①·②·④·⑤ 관료제는 창의성의 결여, 인간 소외 현상, 목적 전도 현상, 비능률성 등의 부작용을 일으킬 수 있다.

32 정답 ①

기능식 조직은 수평적 분업 관계에서 연결되는 여러 전문 기능별 직장들이 각기 그 전문적 입장에서 모든 작업자를 지휘, 감독하는 조직체계로, 일상적인 기술을 사용하여 부서 간 기술의존성이 낮은 조직에 적합하다.

33 정답 ④

MRP(Material Requirements Planning) 시스템은 제품을 생산하는 데 있어 자재가 투입될 시점과 투입되는 양을 관리하기 위한 시스템을 말하며, 특히 조립 제품 생산에 많이 활용한다.

34 정답 ④

민츠버그(Mintzberg)는 조직을 다음과 같은 다섯 가지 형태로 구분한다. 각 조직에서 표면적으로 관찰할 수 있는 유형이 그 조직이 처한 환경에 적합한지 판단하고 그렇지 않다면 해당 조직에게 필요한 변화를 모색할 수 있는 도구를 제시한다.

- 단순구조 조직(Simple Structure)
- 기계적 관료제 조직(Machine Bureaucracy)
- 전문적 관료제 조직(Professional Bureaucracy)
- 사업부제 조직(Divisional Structure)
- 애드호크라시 조직(Adhocracy)

35 정답 ①

리엔지니어링은 해머와 챔피(Hammer & Champy)에 의해 제시된 것으로, 정보기술을 통해 기업 경영의 핵심적 과정을 전면 개편함으로써 경영성과를 향상시키려는 경영 기법이다. 리엔지니어링은 기존의 관리 패턴을 근본적으로 바꾸어 기업 경영의 질을 높이려는 것으로, 철학이나 사고방식, 문명의 전환까지 염두에 둔다.

오답분석

②·③ 다운사이징(Downsizing)에 대한 설명이다.
④ CKD(Complete Knock Down)에 대한 설명이다.
⑤ 다운타임(Downtime)에 대한 설명이다.

36 정답 ④

집단의사결정은 개인의 독단적인 결정에 비해 다양한 의견과 정보가 오간다는 점에서 정확한 의사결정을 도출해 낼 수 있다는 장점이 있으므로, 오히려 문제에 대한 다양한 접근이 가능하다.

37 정답 ③

대각선교섭은 산업별, 지역별, 직종별 초기업노조와 개별 기업의 사용자 간에 이루어지는 교섭 형태이다. 초기업노조에 대응하는 사용자단체가 없거나, 사용자단체가 있더라도 기업에 특별한 사정이 있을 때 사용된다.

38 정답 ④

요소비교법은 직무의 공통된 조건을 비교·평가하여 직무의 중요성을 결정하는 직무평가 방식의 하나로, 기업 내 전체 직무 또는 내용이 유사한 직무들의 상대적 가치를 평가하는 데 용이하다.

오답분석

① 관찰법 : 직무분석자가 직무수행자인 작업자 옆에서 직무수행을 관찰하는 방법이다.
② 면접법 : 직무분석자가 직무수행자에게 면접을 실시하여 직접 정보를 얻는 방법이다.
③ 질문지법 : 직무에 대한 설문지를 작성하여 작업자가 이에 응답하도록 해 직무분석에 필요한 자료를 수집하는 방법이다.
⑤ 워크샘플링법 : 전체 작업과정 동안 무작위적인 간격으로 관찰을 많이 행하여 직무 행동에 대한 정보를 얻는 방법이다.

39 정답 ④

오답분석

① 단수가격 : 제품가격의 끝자리를 단수(가격에서 끝자리를 홀수로 정하는 것)로 표시하여 제품가격이 저렴하게끔 보이게 한다.
② 명성가격 : 품질이 좋으면 가격이 높다고 생각하는 소비자들의 경향을 이용하여 제품가격을 높게 책정한다.
③ 준거가격 : 소비자가 제품의 구매를 결정할 때 기준이 되는 가격으로, 소비자들이 제품 구입 시 과거 경험이나 기억, 외부에서 들어온 정보로 적정하다고 생각하는 가격으로 책정한다.

⑤ 유보가격 : 소비자가 제품에 대해 지불할 의사가 있는 최대가격으로, 소비자는 유보가격으로 정한 수준보다 낮은 가격에 판매되는 제품을 구매하게 된다.

40

정답 ③

컨조인트 분석은 고객이 상품에 부여하는 가치와 효용을 추정하여 소비자의 구매 패턴을 분석하는 방법이다.

오답분석

① SWOT 분석 : 기업의 환경 분석을 통해 강점, 약점, 기회, 위협 요인을 규정하고, 이를 바탕으로 마케팅 전략을 수립하는 기법이다.
② 시계열 분석(Time Series Analysis) : 어떤 사건에 대하여 시간의 흐름에 따라 기록한 시계열 데이터를 바탕으로 분석하는 방법이다.
④ 상관관계 분석(Correlation Analysis) : 변수 간의 밀접한 정도인 상관관계를 분석하는 통계적 분석 방법이다.
⑤ 다차원척도 분석(Multidimensional Analysis) : 변수를 이용하여 개체들 사이의 거리 또는 비유사성을 측정한 뒤 개체들을 2차원 또는 3차원 공간상의 점으로 표현하는 통계적 분석 방법이다.

41

정답 ①

같은 브랜드의 상품이 서로 다른 유통경로로 판매될 경우 경로 간의 갈등을 일으킬 위험이 있다.

42

정답 ⑤

변혁적 리더십에서는 구성원의 성과 측정뿐만 아니라 구성원들을 리더로 얼마나 육성했는지도 중요한 평가 요소라 할 수 있다.

43

정답 ⑤

특성요인도란 결과인 특성과 그것에 영향을 미치는 원인인 요인의 관계를 나타내는 관리 수법이다. 특성에 대하여 요인이 어떤 관계로 영향을 미치고 있는지를 규명하는 것으로, 현상 파악이나 문제 개선에 있어서 실마리를 얻기 위해 사용되는 기법이다. 각각의 요소들이 서로 어떤 관계를 갖는지 체계적으로 표현할 수 있어 인과관계를 발견하는 데 효과적이다.

44

정답 ③

고객의 개별적 요구에 대응하기 위해서는 개발・생산・판매・배달의 모든 기업 활동의 과정에서 고객의 주문에 맞출 수 있는 가능성을 찾아내는 것이 관건이다. 대량 맞춤화(Mass Customization)는 개별 고객의 다양한 요구(Customization)와 기대를 충족시키면서도 대량생산(Mass Production)에 못지않게 낮은 원가를 유지할 수 있다. 이는 정보기술과 생산기술이 비약적으로 발전함으로써 다품종 대량생산이 가능해졌기 때문이다.

45

정답 ③

르윈(K. Lewin)의 3단계 변화모형

1. 해빙(Unfreezing) : 과거의 방식을 타파하여 개인과 집단이 새로운 대체안을 수용할 수 있도록 변화에 대해 준비하는 단계
2. 변화(Changing) : 순응 – 동일화 – 내면화를 거쳐, 변화가 일어나는 단계
3. 재동결(Refreezing) : 새로운 지식, 행동 등이 통합, 고착, 지속되는 단계로, 이전의 상태로 돌아가지 않도록 강화 전략을 사용함

46

정답 ⑤

ㄱ・ㄴ・ㄷ・ㄹ. 불공정성 해소방법에 해당한다.

애덤스의 공정성 이론 중 불공정성 해소방법

- 투입의 변경 : 직무에 투입하는 시간, 노력, 기술, 경험 등을 줄인다.
- 산출의 변경 : 임금인상이나 작업조건의 개선 등을 요구한다.
- 준거대상의 변경 : 자신과 비교대상이 되는 인물, 집단 등을 비슷한 수준의 대상으로 변경한다.
- 현장 또는 조직으로부터의 이탈 : 직무환경에 불평등을 느낀 사람은 직무를 전환하거나 조직을 이탈한다.

47

정답 ④

빠르게 변화하는 환경에 적응하기 위해서는 내부노동시장에서 지원자를 모집하는 내부모집보다 외부모집이 효과적이다.

48

정답 ③

오답분석

ㄴ. 수직적 마케팅시스템은 구성원인 제조업자, 도매상, 소매상, 소비자를 각각 개별적으로 파악하는 것이 아니라, 구성원 전체가 소비자의 필요와 욕구를 만족시키는 유기적인 전체 시스템을 이룬 유통경로체제이다.
ㄷ. 수직적 마케팅시스템에서는 구성원들의 행동이 각자의 이익을 극대화하는 방향이 아닌 시스템 전체의 이익을 극대화하는 방향으로 조정된다.

49

정답 ④

오답분석

① JIT(Just – In – Time) : 과잉생산이나 대기시간 등의 낭비를 줄이고 재고를 최소화하여 비용 절감과 품질 향상을 달성하는 생산 시스템이다.
② MRP(Material Requirement Planning : 자재소요계획) : 최종제품의 제조과정에 필요한 원자재 등의 종속수요 품목을 관리하는 재고관리기법이다.

③ MPS(Master Production Schedule : 주생산계획) : MRP의 입력자료 중 하나로, APP를 분해하여 제품이나 작업장 단위로 수립한 생산계획이다.
⑤ APP(Aggregate Production Planning : 총괄생산계획) : 제품군별로 향후 약 1년여간의 수요예측에 따른 월별 생산목표를 결정하는 중기계획이다.

ERP(Enterprise Resource Planning : 전사적 자원관리)의 특징
- 기업의 서로 다른 부서 간의 정보 공유를 가능하게 함
- 의사결정권자와 사용자가 실시간으로 정보를 공유하게 함
- 보다 신속한 의사결정과 효율적인 자원 관리를 가능하게 함

50

정답 ①

집단사고(Groupthink)는 응집력이 높은 집단에서 의사결정을 할 때, 동조압력과 전문가들의 과다한 자신감으로 인해 사고의 다양성이나 자유로운 비판 대신 집단의 지배적인 생각에 순응하여 비합리적인 의사결정을 하게 되는 경향이다.

51

정답 ③

(A) 재무적 관점 : 순이익, 매출액 등
(B) 고객 관점 : 고객만족도, 충성도 등
(C) 업무 프로세스 관점 : 내부처리 방식 등
(D) 학습 및 성장 관점 : 구성원의 능력개발, 직무만족도 등

균형성과표(Balanced Score Card)
조직의 비전과 전략을 달성하기 위한 도구로, 전통적인 재무적 성과지표뿐만 아니라 고객, 업무 프로세스, 학습 및 성장과 같은 비재무적 성과지표 또한 균형적으로 고려한다. 즉, BSC는 통합적 관점에서 미래지향적·전략적으로 성과를 관리하는 도구라고 할 수 있다.

52

정답 ③

오답분석

① 연공승진 : 근로자의 나이, 근속햇수, 학력, 경력 등에 따라 자동으로 승진시키는 제도이다.
② 조직변화승진 : 조직을 변화시켜 새로운 직위나 직무를 만들어 승진시키는 제도이다.
④ 역직승진 : 조직 편성과 운영 원리에 따라 직급 체계에 맞춰 승진시키는 제도이다.
⑤ 자격승진 : 승진에 일정한 자격을 설정하여 그 자격을 취득한 자를 승진시키는 제도이다.

53

정답 ②

오답분석

① 데이터 웨어하우스(Data Warehouse) : 사용자의 의사결정을 돕기 위해 다양한 운영 시스템에서 추출·변환·통합되고 요약된 데이터베이스를 말한다. 크게 원시 데이터 계층, 데이터 웨어하우스 계층, 클라이언트 계층으로 나뉘며 데이터의 추출·저장·조회 등의 활동을 한다. 고객과 제품, 회계와 같은 주제를 중심으로 데이터를 구축하며, 여기에 저장된 모든 데이터는 일관성을 유지해 데이터 호환이나 이식에 문제가 없다. 또한 특정 시점에 데이터를 정확하게 유지하면서 동시에 장기적으로 유지될 수도 있다.
③ 데이터 마트(Data Mart) : 운영데이터나 기타 다른 방법으로 수집된 데이터 저장소로, 특정 그룹의 지식 노동자들을 지원하기 위해 설계된 것이다. 따라서 특별한 목적을 위해 접근의 용이성과 유용성을 강조해 만들어진 작은 데이터 저장소라고 할 수 있다.
④ 데이터 정제(Data Cleansing) : 데이터베이스의 불완전 데이터에 대한 검출·이동·정정 등의 작업을 말한다. 여기에는 특정 데이터베이스의 데이터 정화뿐만 아니라 다른 데이터베이스로부터 유입된 이종 데이터에 대한 일관성을 부여하는 역할도 한다.
⑤ 데이터 스크러빙(Data Scrubbing) : 스토리지 풀을 검사하는 데이터 유지 관리 기능이다. 크게 파일 시스템 삭제와 RAID 삭제 두 가지 유형이 순차적으로 시행된다.

54

정답 ⑤

동기유발력(MF) $= \sum VIE$

상황별로 VIE의 값을 구하면 유인성(V)은 10점, 수단성(I)은 80%이며, 기대치(E)는 70%이다. 브룸의 기대이론에 따르면 동기유발력은 유인성과 기대치, 그리고 수단성을 서로 곱한 결과를 모두 합한 값이므로 동기유발력은 $VIE = 10 \times 0.8 \times 0.7 = 5.6$이다.

55

정답 ⑤

해당 사례는 통제 불가능한 외부 환경요인으로 인한 원인의 귀착이 이루어지는 것으로 볼 수 있으며, A군은 심리적으로 불안정하다고 볼 수 있다.

귀인이론(Attribution Theory)
사람들이 자신 또는 타인의 행동의 원인을 설명하는 방식에 대한 이론이다. 귀인은 '원인의 귀착'의 줄임말로, 한 개인이 타인의 행동이나 사건의 원인을 어떻게 설명하느냐와 관련이 있다.
- '외적 요인' 또는 '환경적 요인'으로 원인을 돌리는 것(날씨 등)
- '내적 요인' 또는 '기질적 요인'으로 원인을 돌리는 것(지능 수준, 발생한 사건에 대한 책임 등)

56
정답 ④

집단의사결정의 문제점인 A에 해당하는 용어는 '집단양극화'이며, 해결방안인 B에 해당하는 용어는 '델파이법'이다. 집단의사결정의 문제점에는 집단사고, 집단양극화, 많은 시간의 소요, 책임소재의 부재, 동조발생, 사회적 압력과 순응에 의한 문제발생 등이 해당한다. 그에 따른 대표적인 해결방안으로는 브레인스토밍, 명목집단법, 델파이법, 변증법적 토의, 캔미팅, 프리모텀기법 등이 있다.

57
정답 ③

행동수정 전략은 인간의 행동을 개선하기 위하여 환경과 특정 행동 간 기능적 관계를 분석하여 행동에 변화를 주는 것으로, 과거 사건을 강조하지 않으며, 현재의 환경 사건을 강조한다.

58
정답 ③

형식적 지식은 정형화 혹은 문서화되어 있는 지식으로, 경쟁기업이 쉽게 모방하거나 유출되기 쉽다. 따라서 경쟁우위를 유지하기 위해서는 지식 보안에도 각별히 신경을 써야 한다.

59
정답 ④

생산 자재 품질의 불량은 우연원인이 아닌 이상원인에 해당한다.

오답분석

①·②·③·⑤ 우연원인은 정상적인 생산 조건에서 발생하는 변동으로, 우연적이며 피할 수 없는 변동이다.

60
정답 ④

브룸의 기대이론은 노력, 결과, 기대치, 수단성, 유인가 등의 요인으로 개념이 구성된다.

오답분석

① 노력 : 구성원이 업무를 하는 데 투입하는 것으로, 동기유발력에 의하여 결정된다.
② 결과 : 1차 결과로 성과, 2차 결과로 성과에 따른 보상이 주어진다.
③ 기대치 : 개인의 노력이 성과를 초과하여 달성할 확률을 의미한다.
⑤ 유인가 : 특정 보상이 개인에게 미치는 가치를 의미한다.

제3영역 철도법령

61	62	63	64	65	66	67	68	69	70
②	③	⑤	④	③	①	③	①	④	④

61
정답 ②

국토교통부장관은 철도사업법 제15조 제1항 단서 및 제3항에 따른 신고를 받은 날부터 60일 이내에 신고수리 여부를 신고인에게 통지하여야 한다(철도사업법 제15조 제4항).

62
정답 ③

대리·대행(한국철도공사법 제7조)

정관으로 정하는 바에 따라 사장이 지정한 한국철도공사의 직원은 사장을 대신하여 공사의 업무에 관한 재판상 또는 재판 외의 모든 행위를 할 수 있다.

63
정답 ⑤

철도이용자의 권익보호 등(철도산업발전기본법 제16조)

국가는 철도이용자의 권익보호를 위하여 다음 각 호의 시책을 강구하여야 한다.

1. 철도이용자의 권익보호를 위한 홍보·교육 및 연구
2. 철도이용자의 생명·신체 및 재산상의 위해 방지
3. 철도이용자의 불만 및 피해에 대한 신속·공정한 구제조치
4. 그 밖에 철도이용자 보호와 관련된 사항

64
정답 ④

정의(철도사업법 제2조)

- 철도 : 여객 또는 화물을 운송하는 데 필요한 철도시설과 철도차량 및 이와 관련된 운영·지원체계가 유기적으로 구성된 운송체계에 따른 철도를 말한다.
- 철도시설 : 선로, 역시설, 철도운영을 위한 시설, 보수·정비 기지 등 철도산업발전 기본법에 따른 철도시설을 말한다.
- 철도차량 : 선로를 운행할 목적으로 제작된 동력차·객차·화차 및 특수차에 따른 철도차량을 말한다.
- 사업용철도 : 철도사업을 목적으로 설치하거나 운영하는 철도를 말한다.
- 전용철도 : 다른 사람의 수요에 따른 영업을 목적으로 하지 아니하고 자신의 수요에 따라 특수 목적을 수행하기 위하여 설치하거나 운영하는 철도를 말한다.
- 철도사업 : 다른 사람의 수요에 응하여 철도차량을 사용하여 유상(有償)으로 여객이나 화물을 운송하는 사업을 말한다.

- 철도운수종사자 : 철도운송과 관련하여 승무 및 역무서비스를 제공하는 직원을 말한다.
- 철도사업자 : 철도공사 및 국토교통부장관으로부터 철도사업 면허를 받은 자를 말한다.

65

정답 ③

철도산업발전기본계획의 경미한 변경(철도산업발전기본법 시행령 제4조)

철도산업발전기본법 제5조 제4항 후단에서 대통령령이 정하는 경미한 변경이라 함은 다음 각 호의 변경을 말한다.

1. 철도시설투자사업 규모의 100분의 1의 범위 안에서의 변경
2. 철도시설투자사업 총투자비용의 100분의 1의 범위 안에서의 변경
3. 철도시설투자사업 기간의 2년의 기간 내에서의 변경

66

정답 ①

한국철도공사의 손익금 처리 규정에 의하여 이익준비금 또는 사업확장적립금을 자본금으로 전입하고자 하는 때에는 이사회의 의결을 거쳐 기획재정부장관의 승인을 얻어야 한다(한국철도공사법 시행령 제8조 제1항).

67

정답 ③

면허취소 또는 사업정지 등의 처분대상이 되는 사상자 수(철도사업법 시행령 제8조)

고의 또는 중대한 과실에 의한 철도사고로 대통령령으로 정하는 다수의 사상자가 발생하여 철도사업자의 면허취소 또는 사업정지 등의 처분대상이 되는 사상자가 발생한 경우는 1회 철도사고로 사망자 5명 이상이 발생하게 된 경우를 말한다.

68

정답 ①

손익금 처리(한국철도공사법 제10조 제1항)

한국철도공사는 매 사업연도 결산 결과 이익금이 생기면 다음 각 호의 순서로 처리하여야 한다.

1. 이월결손금의 보전(補塡)
2. 자본금의 2분의 1이 될 때까지 이익금의 10분의 2 이상을 이익준비금으로 적립
3. 자본금과 같은 액수가 될 때까지 이익금의 10분의 2 이상을 사업확장적립금으로 적립
4. 국고에 납입

69

정답 ④

설립등기(한국철도공사법 시행령 제2조)

한국철도공사의 설립등기사항은 다음 각 호와 같다.

1. 설립목적
2. 명칭
3. 주된 사무소 및 하부조직의 소재지
4. 자본금
5. 임원의 성명 및 주소
6. 공고의 방법

70

정답 ④

공정거래위원회부위원장이 철도산업위원회의 위원이 될 수 있다.

철도산업위원회의 위원(철도산업발전기본법 시행령 제6조 제2항)

철도산업위원회의 위원은 다음 각 호의 자가 된다.

1. 기획재정부차관 · 교육부차관 · 과학기술정보통신부차관 · 행정안전부차관 · 산업통상자원부차관 · 고용노동부차관 · 국토교통부차관 · 해양수산부차관 및 공정거래위원회부위원장
2. 국가철도공단의 이사장
3. 한국철도공사의 사장
4. 철도산업에 관한 전문성과 경험이 풍부한 자 중에서 위원회의 위원장이 위촉하는 자

코레일 한국철도공사 사무직 NCS + 전공 + 법령

4일 차 기출응용 모의고사 정답 및 해설

제 1 영역 직업기초능력평가

01	02	03	04	05	06	07	08	09	10
②	⑤	③	①	④	①	①	②	④	④
11	12	13	14	15	16	17	18	19	20
⑤	⑤	④	③	②	③	④	①	⑤	②
21	22	23	24	25	26	27	28	29	30
⑤	②	④	④	①	②	②	②	④	④

01 정답 ②

먼저 지식에 대한 논리 실증주의자와 포퍼의 의견을 제시하는 (가) 문단이 오는 것이 적절하며, 그들의 가설을 판단하는 과학적 방법에 대한 (다) 문단이 그 뒤에 오는 것이 적절하다. 이어서 논리 실증주의자나 포퍼와 달리 가설만 가지고서 예측을 도출할 수 없다는 콰인의 의견인 (나) 문단이 오는 것이 적절하며, 마지막으로는 이를 통한 콰인의 총체주의적 입장의 (라) 문단이 오는 것이 적절하다. 따라서 문단을 논리적 순서대로 바르게 나열한 것은 ②이다.

02 정답 ⑤

쇼펜하우어는 표상의 세계 안에서의 이성의 역할, 즉 시간과 공간, 인과율을 통해서 세계를 파악하는 주인의 역할을 함에도 불구하고 이성이 다시 의지에 종속됨으로써 제한적이며 표면적일 수밖에 없다는 한계를 지적하고 있다.

오답분석

① 세계의 본질은 의지의 세계라는 내용은 쇼펜하우어 주장의 핵심 내용이라는 점에서는 옳지만, 중심 내용으로는 적절하지 않다.
② 제시문에서는 표상 세계의 한계를 지적했을 뿐, 표상 세계의 극복과 그 해결 방안에 대한 내용은 없다.
③ 제시문에서 의지의 세계와 표상 세계는 의지가 표상을 지배하는 종속관계라는 차이를 파악할 수는 있으나, 중심 내용으로는 적절하지 않다.
④ 쇼펜하우어가 주관 또는 이성을 표상의 세계를 이끌어 가는 능력으로 주장하고 있지만 중심 내용으로는 적절하지 않다.

03 정답 ③

기안서는 어떤 문제를 해결하기 위한 방안을 작성하여 결재권자에게 의사결정을 요청하는 문서이다. 반면, 품의서는 특정 사안에 대하여 결재권자의 승인을 요청하는 문서이다. 즉, 기안서를 통해 상사의 결재를 받았다면, 이를 실행하기 위해서 구체적인 내용의 품의서를 작성하여야 한다.

오답분석

① 결의서 : 구성원이 안건에 대한 수행을 목적으로 의사결정을 한 것이 결의이며, 결의한 내용을 기록한 문서이다.
② 품의서 : 어떠한 일의 집행을 시행하기에 앞서 결재권자에게 구체적인 사안을 승인해 줄 것을 요청하는 문서이다.
④ 기획서 : 담당자가 아이디어 등을 의뢰인이나 상사에게 제출할 목적으로 작성하는 문서이다.
⑤ 보고서 : 담당자가 상급자 등에게 특정 업무 현황을 보고하기 위해 작성하는 문서이다.

04 정답 ①

보행 동선의 분기점에 설치하는 것은 점형블록이며, 선형블록은 보행 동선의 분기점에 설치된 점형블록과 연계하여 목적 방향으로 설치한다.

05 정답 ④

바로 다음 문장의 저임금 구조의 고착화로 농장주와 농장 노동자 간의 소득 격차가 갈수록 벌어졌다는 내용을 통해 '중간 계급으로의 수렴'이 아닌 '계급의 양극화'가 들어가야 함을 알 수 있다. 따라서 ④와 같이 수정하는 것이 적절하다.

오답분석

① 전통적인 자급자족 형태의 농업과 대비되는 상업적 농업의 특징을 설명하고 있으므로 수정할 필요가 없다.
② 앞의 문장에서 언급한 지주와 소작인 간의 인간적이었던 관계와 의미상 통하는 내용이 이어져야 하므로 수정할 필요가 없다.
③ 대량 판매 시장을 위해 변화되는 양상을 설명하고 있으므로 수정할 필요가 없다.
⑤ 수익을 얻기 위해 토지 매매가 본격화되었다는 것을 통해 재산이 공유화되지 않고 개별화되었다는 의미의 문장이 필요하다는 것을 알 수 있으므로 수정할 필요가 없다.

06

정답 ①

제시문에서는 케렌시아가 힐링과 재미에 머무는 것이 아니라 능동적인 취미 활동을 하는 곳이고, 창조적인 활동을 하기 위한 공간으로 변모해 감을 설명하고 있다. 따라서 ①은 적절하지 않다.

오답분석

② 케렌시아 공간의 예로 북카페, 3프리존, 책맥 카페 등을 제시하고 있다.
③ 맨케이브, 자기만의 방과 같은 유사한 표현을 볼 수 있다.
④ 다양한 사례를 통해 케렌시아가 휴식과 힐링을 위한 자기만의 공간을 의미함을 알 수 있다.
⑤ 케렌시아가 필요한 사람들에게 전시장, 음악회 등 문화 현장에 가는 것을 권하고 있음을 알 수 있다.

07

정답 ①

제시문에서는 물리적 태세와 목적론적 태세, 지향적 태세라는 추상적 개념을 구체적인 사례(소금, 〈F8〉 키, 쥐)를 통해 설명하고 있다.

08

정답 ②

제시문은 고려의 수도 개경의 구조와 관청의 허가를 받아 영업하는 상점의 여러 형태에 대하여 설명하는 글이다. 먼저 (가)와 (나)는 고려의 수도 개경의 형태와 여러 출입문, 그리고 출입문으로부터 시작된 도로가 교차하는 십자가에 대하여 설명하고 있다. 또한, (마)는 십자가로부터 광화문까지 난 거리인 남대가에서 파는 시전의 종류에 대하여 설명하고 있다. (라)는 십자가에서 숭인문 방향으로 벗어난 자남산과 남대가 사이의 공간에서 기름만 취급하는 시전들이 모인 유시 골목에 대하여 설명하고 있으며, (다)는 십자가 남쪽 길에서 돼지고기만 따로 파는 저전이나 십자가와 선의문 사잇길 중간 수륙교에서 종이만 파는 저시 골목에 대하여 설명하고 있다. 따라서 글의 순서는 (가) – (나) – (마) – (라) – (다)이며, 글의 구조로는 ②가 가장 적절하다.

09

정답 ④

제시문의 첫 번째 문단에서 위계화의 개념을 설명하고, 이러한 불평등의 원인과 구조에 대해 살펴보고 있다. 따라서 글의 제목으로 ④가 가장 적절하다.

10

정답 ④

갑은 노키즈존의 운영에 대하여 반대하는 입장이고 을은 노키즈존의 운영에 대하여 찬성하는 입장이다.

11

정답 ⑤

제시된 수열은 홀수 항은 -4, 짝수 항은 -7의 규칙을 가지는 수열이다. 따라서 빈칸에 들어갈 수는 19이다.

12

정답 ⑤

2019년부터는 한국의 출원 건수가 더 많아지므로 옳지 않은 설명이다.

오답분석

① 한국의 지적재산권 출원 비중은 2023년에 전년 대비 감소했지만, 다른 해에는 모두 증가하는 추세를 보이고 있다.
② 2017년 대비 2023년 지적재산권 출원 비중이 가장 크게 증가한 국가는 중국으로, $8.86-1.83=7.03$%p 증가했다.
③ 2017년 대비 2023년 지적재산권 출원 비중이 낮아진 국가는 독일, 프랑스, 미국이다.
④ 매년 가장 큰 지적재산권 출원 비중을 차지하고 있는 국가는 미국인 것을 확인할 수 있다.

13

정답 ④

1번의 가위바위보에서 1명이 이길 확률은 $\frac{1}{3}$이고, 그렇지 않을 확률은 $\frac{2}{3}$이므로, 3번 안에 1명의 승자가 정해질 확률은 다음과 같다.

- 첫 게임에 승자가 정해질 확률 : $\frac{1}{3}$
- 첫 게임에 승자가 정해지지 않고, 두 번째 게임에 정해질 확률 : $\frac{2}{3}\times\frac{1}{3}=\frac{2}{9}$
- 첫 번째와 두 번째 게임에 승자가 정해지지 않고, 세 번째 게임에 정해질 확률 : $\frac{2}{3}\times\frac{2}{3}\times\frac{1}{3}=\frac{4}{27}$

따라서 3번 안에 1명의 승자가 정해질 확률은 $\frac{1}{3}+\frac{2}{9}+\frac{4}{27}=\frac{19}{27}$이다.

14

정답 ③

- 두 번째 조건에서 등록률이 30% 이상인 의료기관은 '종합병원'과 '치과'라고 하였는데 A의 등록률은 약 31.3%이고, C의 등록률은 약 29.6%이므로 A는 '종합병원' 혹은 '치과'임을 알 수 있다. 따라서 선택지 ①, ②를 소거한다.
- 세 번째 조건에서 '종합병원' 등록 의료기관 수는 '안과' 등록 의료기관 수의 2.5배 이상이라고 하였으므로 D는 '안과'일 수 없다. 따라서 후보군을 ③과 ⑤로 좁힐 수 있다.
- 그리고 네 번째 조건을 살펴보면 B와 D 중 등록 의료기관 수가 적은 것이 '치과'라고 하였으므로 B가 '치과'이고 D가 '한방병원'이 된다. 따라서 ③이 정답이 된다.

15

정답 ②

ㄱ. 근로자가 총 90명이고 전체에게 지급된 임금의 총액이 2억 원이므로 근로자당 평균 월 급여액은 $\frac{2억\ 원}{90명}$ ≒222만 원이다. 따라서 평균 월 급여액은 230만 원 이하이다.

ㄴ. 월 210만 원 이상 급여를 받는 근로자 수는 26+12+8+4=50명이다. 따라서 총 90명의 절반인 45명보다 많으므로 옳은 설명이다.

오답분석

ㄷ. 월 180만 원 미만의 급여를 받는 근로자 수는 6+4=10명이다. 따라서 전체에서 $\frac{10}{90}$ ≒11%의 비율을 차지하고 있으므로 옳지 않은 설명이다.

ㄹ. '월 240만 원 이상 270만 원 미만'의 구간에서 월 250만 원 이상 받는 근로자의 수는 주어진 자료만으로는 확인할 수 없다.

16

정답 ③

전 세계 승인 품목이 총 200개이고 이 중 국내 승인 품목이 92개이므로 국내에서 승인되지 않은 품목의 비율은 50%를 넘는다. 따라서 옳은 내용이다.

오답분석

① 만약 모든 국가가 하나의 품목만 승인했다면 승인한 국가의 수는 120개국이 될 것이다. 하지만 이와 같은 전제가 주어져 있지 않은 상황에서는 승인 국가의 수를 확정할 수 없다. 예를 들어 옥수수를 승인한 22개 국가가 나머지 농산물을 중복해서 승인했을 수도 있기 때문이다.

② 국내에서 승인된 품목이 국외에는 승인되지 않은 것이 아니기 때문에 국외 승인 품목은 최소 108개부터 최대 200개까지 가능하다.

④ 옥수수의 국내 승인 품목은 B유형이 A유형보다 많지만, 면화의 경우는 두 유형의 품목 수가 동일하므로 옳지 않다.

⑤ 옥수수의 전 세계 승인품목은 B유형이 40개이지만, 면화와 감자는 각각 10개와 0개이므로 20개에 미치지 못한다. 따라서 옳지 않다.

17

정답 ④

- 개인경영 : $\left(\frac{238,789}{124,446}-1\right)\times 100 \fallingdotseq 91.9\%$
- 회사법인 : $\left(\frac{43,099}{26,610}-1\right)\times 100 \fallingdotseq 62\%$
- 회사 이외의 법인 : $\left(\frac{10,128}{5,542}-1\right)\times 100 \fallingdotseq 82.7\%$
- 비법인 단체 : $\left(\frac{791}{431}-1\right)\times 100 \fallingdotseq 83.5\%$

따라서 수익률이 가장 높은 예식장 사업 형태는 개인경영 형태이다.

오답분석

① 사업체 수를 보면 다른 사업 형태보다 개인경영 사업체 수가 많은 것을 확인할 수 있다.

② 사업체당 매출액을 구하면 다음과 같다.

- 개인경영 : $\frac{238,789}{1,160}$ ≒206백만 원
- 회사법인 : $\frac{43,099}{44}$ ≒980백만 원
- 회사 이외의 법인 : $\frac{10,128}{91}$ ≒111백만 원
- 비법인 단체 : $\frac{791}{9}$ ≒88백만 원

따라서 사업체당 매출액이 가장 큰 예식장 사업 형태는 회사법인 예식장이다.

③ 자료에서 예식장 사업 합계를 보면 매출액은 292,807백만 원이며, 비용은 매출액의 절반 정도인 157,029백만 원이므로 매출액의 절반 정도가 수익이 되는 사업이라고 할 수 있다.

⑤ 사업체당 평균 면적은 면적을 사업체 수로 나눠서 구한다. 사업체당 평균 면적을 구하면 다음과 같다.

- 개인경영 : $\frac{1,253,791}{1,160} \fallingdotseq 1,081m^2$
- 회사법인 : $\frac{155,379}{44} \fallingdotseq 3,531m^2$
- 회사 이외의 법인 : $\frac{54,665}{91} \fallingdotseq 601m^2$
- 비법인 단체 : $\frac{3,534}{9} \fallingdotseq 393m^2$

따라서 사업체당 평균 면적이 가장 작은 예식장 사업 형태는 비법인 단체 형태이다.

18

정답 ①

2021년 서울(2.2%), 부산(3.0%), 광주(6.5%)의 실질 성장률은 각각 2020년 서울(1.0%), 부산(0.6%), 광주(1.5%)에 비해 2배 이상 증가하였으므로 옳은 내용이다.

오답분석

② 실질 성장률이 가장 높은 도시는 2020년에는 울산(4.3%)이고 2021년에는 광주(6.5%)이므로 일치하지 않는다.

③ 부산의 경우 2017년 실질 성장률(7.9%)이 2016년(5.3%)에 비해 증가하였으므로 옳지 않은 내용이다.

④ 2018년 대비 2019년 실질 성장률이 5%p 이상 감소한 도시는 서울(6.7%p), 인천(8.3%p), 광주(7.9%p), 울산(13.2%p) 총 4곳이므로 옳지 않다.

⑤ 2016년 실질 성장률이 가장 높은 도시는 광주(10.1%)이고 2023년 실질 성장률이 가장 낮은 도시는 대전(3.2%)이므로 일치하지 않는다.

19

정답 ⑤

2023년 각국의 가계 금융자산 구성비와 2023년 각국의 가계 총자산 대비 예금 구성비는 일치하지 않는다.

20

정답 ②

- 농도 10% 설탕물에 들어있는 설탕의 양 : $\frac{10}{100}\times480=48\text{g}$
- 농도 20% 설탕물에 들어있는 설탕의 양 : $\frac{20}{100}\times120=24\text{g}$
- 두 설탕물을 섞었을 때의 농도 : $\frac{48+24}{480+120}\times100=12\%$

컵으로 퍼낸 설탕물의 양을 xg이라고 하자. 설탕의 양은 $\frac{12}{100}x$g이므로, 컵으로 퍼낸 만큼 물을 부었을 때의 농도는 다음과 같다.

$$\frac{(48+24)-\frac{12}{100}x}{600-x+x}\times100=11$$

$$\rightarrow \frac{\left(72-\frac{12}{100}x\right)\times100}{600}=11$$

$\rightarrow 7,200-12x=600\times11$

$\rightarrow 12x=600$

$\therefore\ x=50$

따라서 컵으로 퍼낸 설탕물의 양은 50g이다.

21

정답 ⑤

병과 정의 말이 서로 모순되므로 둘 중 한 명은 거짓을 말한다. 따라서 병과 정의 말이 거짓일 경우를 나누어 정리하면 다음과 같다.

1) 병이 거짓말을 할 경우
거짓인 병의 말에 따라 을은 윗마을에 사는 여자이며, 윗마을에 사는 여자는 거짓말만 하므로 을의 말은 거짓이 된다. 참인 정의 말에 따르면 병은 윗마을에 사는데, 거짓을 말하고 있으므로 병은 여자이다. 을과 병 모두 윗마을 사람이므로 나머지 갑과 정은 아랫마을 사람이 된다. 이때 갑과 정은 모두 진실을 말하고 있으므로 여자이다. 따라서 갑, 을, 병, 정 모두 여자임을 알 수 있다.

2) 정이 거짓말을 할 경우
거짓인 정의 말에 따르면 을과 병은 아랫마을에 사는데, 병은 참을 말하고 있으므로 여자이다. 참인 병의 말에 따르면 을은 아랫마을에 사는 남자이며, 아랫마을에 사는 남자는 거짓말만 하므로 을의 말은 거짓이 된다. 이때 을의 말이 거짓이 되면 을은 윗마을에 살게 되므로 서로 모순된다. 따라서 성립하지 않는다.

22

정답 ②

등급별 환산점수로 총점을 구하고, 총점이 높은 순서대로 순위를 정한다. 이때, 상여금 지급 규정에 따라 동순위자 발생 시 A등급의 빈도가 높은 순서대로 동순위자를 조정하여 다시 순서를 정한다. 이를 표로 정리하면 다음과 같다.

(단위 : 점, 등)

성명	업무등급	소통등급	자격등급	총점	순위	동순위조정	상여금(만 원)
유수연	100	90	90	280	2	2	150
최혜수	70	80	90	240	7	8	20
이명희	80	100	90	270	3	4	100
한승엽	100	100	70	270	3	3	150
이효연	90	90	80	260	5	6	20
김은혜	100	70	70	240	7	7	20
박성진	100	100	100	300	1	1	150
김민영	70	70	70	210	10	10	20
박호수	70	100	90	260	5	5	100
김신애	80	70	70	220	9	9	20

따라서 박성진, 유수연, 한승엽이 150만 원으로 가장 많은 상여금을 받고, 동순위자 발생 시 A등급의 빈도가 높은 순서대로 조정하면 박성진이 1위가 된다.

23

정답 ④

박호수의 소통등급과 자격등급이 C로 정정되면 박호수의 총점은 70+80+80=230점이므로, 총점 240점인 최혜수와 김은혜보다 낮은 순위로 내려간다. 따라서 이효연, 김은혜, 최혜수의 순위가 하나씩 올라가며, 박호수는 8위가 되므로 박호수를 제외한 3명의 순위가 변동된다.

24

정답 ④

ㄱ. 을이 첫 번째와 두 번째 가위바위보 게임에서 모두 이겨 각각 5번과 2번을 점령하는 경우 이후 갑이 세 번째와 네 번째에서 모두 이겨 4번과 7번을 점령한다 하더라도 세 개의 구역을 점령하는 것이 최대이므로 을이 승리하게 된다. 따라서 옳은 내용이다.

ㄷ. 이 상황에서는 갑이 (3번, 7번) 혹은 (3번, 6번)을 점령하거나 을이 (6번, 7번) 혹은 (6번, 3번)을 점령하여야 승자가 결정되므로 최소 2번 이상의 가위바위보 게임을 해야 한다. 따라서 옳은 내용이다.

오답분석

ㄴ. 만약 갑이 네 번째 가위바위보 게임을 승리하여 6번을 점령하면 을이 최대로 점령할 수 있는 것은 총 4개의 구역을 점령하는데 그치므로 갑이 승리하게 된다. 하지만 을이 네 번째 가위바위보 게임을 승리하였다고 하더라도 여전히 갑이 승리하는 방법(예를 들어, 을이 6번을 점령하고 이후에 갑이 3번, 4번을 점령하는 경우)이 있으므로 옳지 않은 내용이다.

25

정답 ①

㉠ 단순한 인과관계 : 원인과 결과를 분명하게 구분할 수 있는 경우이다.
㉡ 닭과 계란의 인과관계 : 원인과 결과를 구분하기 어려운 경우이다.
㉢ 복잡한 인과관계 : 단순한 인과관계와 닭과 계란의 인과관계의 두 유형이 복잡하게 서로 얽혀 있는 경우이다.

26

정답 ②

성급한 일반화의 오류는 제한된 정보, 부적합한 증거, 대표성을 결여한 사례를 근거로 일반화하는 오류이다. 주어진 상황에서는 과거의 경험이라는 제한된 정보를 바탕으로 일반화를 하고 있다. 따라서 이와 같은 논리적 오류가 나타난 사례는 ②이다.

오답분석

① 인신공격의 오류 : 논거의 부당성보다 그 주장을 한 사람의 인품이나 성격을 비난함으로써 그 주장이 잘못이라고 하면서 발생하는 오류이다.
③ 무지의 오류 : 증명할 수 없거나 알 수 없음을 이유로 하여 거짓이라고 추론하는 오류이다.
④ 대중에 호소하는 오류 : 군중심리를 자극하여 논지를 받아들이게 하는 오류이다.
⑤ 순환논증의 오류 : 논증의 결론 자체를 전제의 일부로 받아들이는 오류이다.

27

정답 ②

ㄱ. 기술개발을 통해 연비를 개선하는 것은 막대한 R&D 역량이라는 강점으로 휘발유의 부족 및 가격의 급등이라는 위협을 회피하거나 최소화하는 전략에 해당하므로 적절하다.
ㄹ. 생산설비에 막대한 투자를 했기 때문에 차량모델 변경의 어려움이라는 약점이 있고, 레저용 차량 전반에 대한 수요 침체 및 다른 회사들과의 경쟁이 심화되고 있으므로 생산량 감축을 고려할 수 있다.
ㅁ. 생산 공장을 한 곳만 가지고 있다는 약점이 있지만 새로운 해외시장이 출현하고 있는 기회를 살려서 국내 다른 지역이나 해외에 공장들을 분산 설립할 수 있을 것이다.
ㅂ. 막대한 R&D 역량이라는 강점을 이용하여 휘발유의 부족 및 가격의 급등이라는 위협을 회피하거나 최소화하기 위해 경유용 레저 차량 생산을 고려할 수 있다.

오답분석

ㄴ. 소형 레저용 차량에 대한 수요 증대라는 기회 상황에서 대형 레저용 차량을 생산하는 것은 적절하지 않은 전략이다.
ㄷ. 차량모델 변경의 어려움이라는 약점을 보완하는 전략도 아니고, 소형 또는 저가형 레저용 차량에 대한 선호가 증가하는 기회에 대응하는 전략도 아니다. 또한, 차량 안전 기준의 강화와 같은 규제 강화는 기회 요인이 아니라 위협 요인이다.
ㅅ. 내수 확대에 집중하는 것은 새로운 해외시장의 출현과 같은 기회를 살리는 전략이 아니다.

28

정답 ②

9월 29일은 비가 오는 날이므로 첫 번째 조건에 따라 K사원은 커피류를 마신다. 또한, 두 번째 조건에 따라 평균기온은 27°C로 26°C 이상이므로 큰 컵으로 마시고, 세 번째 조건에 따라 카페라테를 마신다.

29

정답 ④

9월 27일은 비가 오지 않는 화요일이며, 평균기온은 28°C이므로 K사원은 밀크티 큰 컵을 마신다. 그리고 전날인 26일은 맑은 날이고 26°C이므로, K사원은 자몽에이드 큰 컵을 마셨을 것이다. 그러므로 B사원에게는 자몽에이드 큰 컵을 사준다. 따라서 K사원이 지불할 금액은 4,800+4,700=9,500원이다.

30

정답 ④

주어진 조건에 따라 선반에 놓여 있는 사무용품을 정리하면 다음과 같다.

5층	보드마카, 접착 메모지
4층	스테이플러, 볼펜
3층	2공 펀치, 형광펜
2층	서류정리함, 북엔드
1층	인덱스 바인더, 지우개

따라서 보드마카와 접착 메모지는 5층 선반에 놓여 있으므로 선반의 가장 높은 층에 놓여 있음을 알 수 있다.

제2영역 직무수행능력평가(경영학)

31	32	33	34	35	36	37	38	39	40
④	③	①	①	④	①	③	⑤	⑤	④
41	42	43	44	45	46	47	48	49	50
④	③	⑤	④	④	④	⑤	④	③	①
51	52	53	54	55	56	57	58	59	60
①	⑤	⑤	②	③	⑤	①	④	②	⑤

31

정답 ④

공급사슬관리(SCM)란 공급자로부터 최종 고객에 이르기까지 자재 조달, 제품 생산, 유통, 판매 등의 흐름을 적절히 관리하는 것으로, 이를 통해 자재의 조달 시간을 단축하고, 재고 비용이나 유통 비용 등을 절감할 수 있다.

오답분석

① 자재소요량계획(MRP)에 대한 설명이다.
② 업무재설계(BPR)에 대한 설명이다.
③ 적시생산방식(JIT)에 대한 설명이다.
⑤ 지식관리시스템(KMS)에 대한 설명이다.

32

정답 ③

오답분석

① 기능 조직 : 업무를 기능별로 부서화한 조직이다.
② 매트릭스 조직 : 기능구조와 사업구조를 복합적으로 적용한 조직이다.
④ 네트워크 조직 : 조직기능은 핵심역량 위주로 구성하고, 그 외 기능은 외부 계약 등을 통해 수행하는 조직이다.
⑤ 사업 조직 : 산출물을 기준으로 부서화한 조직이다.

33

정답 ①

카츠(Kartz)는 경영자에게 필요한 능력을 크게 인간적 자질, 전문적 자질, 개념적 자질 3가지로 구분하였다. 그중 인간적 자질은 구성원을 리드하고 관리하며, 다른 구성원들과 함께 일을 할 수 있게 하는 것으로, 모든 경영자가 갖추어야 하는 능력이다. 타인에 대한 이해력과 동기부여 능력은 인간적 자질에 속한다.

오답분석

②·④ 전문적 자질(현장실무)에 해당한다.
③·⑤ 개념적 자질(상황판단)에 해당한다.

34

정답 ①

학습조직은 구성원들에게 권한위임(Empowerment)을 강조한다. 따라서 개인보다는 팀 단위로 조직을 구성하고, 문제해결에 창의성과 혁신을 유도하기 위하여 권한을 부여한다. 또한 조직의 수평화 네트워크화를 유도하기 때문에 개인보다는 팀 단위가 적절하다. 학습조직은 결과만을 중시하는 성과중심의 관리나 물질적 보상을 중시하는 전통적 관리와는 다르다.

35

정답 ④

흐름 생산은 연속생산에 해당한다.

오답분석

① 프로젝트 생산 : 생산의 규모가 큰 반면 생산 수량이 적고, 생산에 긴 시간이 소요되는 생산 방식이다.
② 개별 생산 : 주문자의 요구에 의한 생산방식으로, 소량생산방식에 해당한다.
③ 로트 생산 : 동일한 제품을 일정한 간격을 두고 반복하여 생산하는 방식이다.
⑤ 배치 생산 : 주문 생산과 흐름 생산의 중간 형태인 생산방식이다.

36

정답 ①

기준관련 타당성으로는 현직 종업원에 대해 시험을 실시하고, 그 시험성적과 현재 그 종업원의 근무성적을 비교하는 동시타당성과 선발시험의 성적과 입사 후의 직무성과를 비교하는 예측타당성이 있다.

37

정답 ③

워크샘플링법은 직무분석 방법이다.

직무평가 방법

- 서열법 : 직무의 상대적 가치에 따라 서열을 매기는 방법
- 분류법 : 직무를 조사하여 직무 요소에 따라 미리 설정해 둔 등급에 분류 및 배치하는 방법
- 점수법 : 직무의 가치를 점수로 나타내어 평가하는 방법
- 요소비교법 : 기준직무 선정 후, 각 직무와 기준직무의 평가요소를 비교함으로써 직무의 상대적 가치를 결정하는 방법

38

정답 ⑤

평정척도법은 관찰자가 평가하고자 하는 점을 정확하게 표현하기 어렵다는 단점이 있다. 또한 척도마다 관찰값이 달라진다는 점에서 측정에 대한 객관성 증빙이 어렵다.

39
정답 ⑤

오답분석

① 제품의 단순화 : 대량생산을 통한 생산비 절감을 목표로 제품을 단순화한다.
② 작업의 단순화 : 근로자의 동일 작업에 대한 연속 실시로 생산 능률이 향상된다.
③ 부품의 표준화 : 제품의 표준화(단순화)를 위해 호환성 있는 표준화된 부품을 생산한다.
④ 기계의 전문화 : 생산원가의 절감 및 부품의 표준화를 위해 단일목적의 기계로 생산한다.

포드 시스템의 3S
- Simplification(단순화) : 제품, 작업
- Standardization(표준화) : 부품, 작업
- Specialization(전문화) : 기계, 공구, 공정

40
정답 ④

HRD에서 대표적으로 사용되는 평가모델인 커크패트릭의 4단계 평가모형은 다음과 같다.

1. 반응도 평가 : 교육 후 만족도를 평가한다. 인터뷰나 관찰을 통해서도 진행되지만, 보통 설문지로 진행된다.
2. 성취도 평가 : 교육생이 교육내용을 잘 숙지하고 이해했는지, 학습목표의 달성여부를 평가한다.
3. 적용도 평가 : 교육을 통해 배운 것들이 현업에서 얼마나 잘 적용되었는지 평가한다.
4. 기여도 평가 : 현업에 대한 적용도까지 평가한 상태에서, 진행되었던 교육이 궁극적으로 기업과 조직에 어떤 공헌을 했는지를 평가한다.

41
정답 ④

자원기반관점(RBV; Resource Based View)은 기업 경쟁력의 원천을 기업의 외부가 아닌 내부에서 찾는다. 진입장벽, 제품차별화 정도, 사업들의 산업집중도 등은 산업구조론(I.O)의 핵심요인이다.

42
정답 ③

수요예측기법의 종류
- 정성적 수요예측기법 : 전문가 의견 활용, 컨조인트 분석, 인덱스 분석
- 정량적 수요예측기법 : 시계열 분석, 회귀 분석, 확산 모형
- 시스템 수요예측기법 : 정보 예측 시장, 시스템 다이나믹스, 인공 신경망

43
정답 ⑤

동시화 마케팅은 불규칙적 수요 상태에서 바람직한 수요의 시간 패턴에 실제 수요의 시간 패턴을 맞추기 위한 마케팅 기법으로, 모두가 휴가에서 돌아오는 9월 말 비수기인 여행 산업에서 요금을 할인하여 저렴한 가격에 예약을 한 K씨의 사례에서 찾아볼 수 있다.

44
정답 ④

최종 소비자에게 마케팅 노력을 홍보하는 전략은 풀(Pull) 전략에 해당한다.

비교 기준	푸시 전략	풀 전략
의미	채널 파트너에게 마케팅 방향을 전달하는 전략	최종 소비자에게 마케팅 노력을 홍보하는 전략
목표	고객에게 제품이나 브랜드에 대해 알릴 수 있음	고객이 제품이나 브랜드를 찾도록 권장
용도	영업 인력, 중간상 판촉, 무역 진흥 등	광고, 소비자 판촉 및 기타 의사소통 수단
강조	자원 할당	민감도
상황	브랜드 충성도가 낮을 때	브랜드 충성도가 높을 때
리드타임	길다	짧다

45
정답 ④

비체계적 오차의 발생 가능성을 제거하거나 낮추는 것이 신뢰도를 높이는 방법이다.

46
정답 ④

마케팅 조사법은 마케터가 의사결정에 필요한 정보를 제공하는 것을 목적으로 자료를 체계적으로 수집, 분석, 해석하여 불확실성을 감소시키는 과정이다. 이러한 조사과정은 크게 탐색조사와 기술조사, 그리고 인과관계조사로 구분할 수 있으며 패널조사법은 기술조사에 해당하는 방법이다.

47
정답 ⑤

직무명세서는 특정 직무를 수행함에 있어서 갖추어야 할 직무담당자의 자격요건을 정리한 문서로, 인적사항, 직무명세 정보 등이 기술되어 있다.

오답분석

① 직무급 제도의 기초 작업을 실시하기 위해서는 직무분석이 선행되어야 한다.
② 직무기술서와 직무명세서는 직무분석의 1차적 결과물이다.
③ 직무명세서는 특정 직무를 수행함에 있어서 갖추어야 할 직무담당자의 자격요건을 정리한 문서이다.
④ 직무기술서는 직무분석의 결과로 얻어진 직무 정보를 정리한 문서이다.

48

정답 ④

고정주문기간 모형은 일정한 시점이 되면 정기적으로 필요한 만큼의 양을 주문하는 형태의 주문 시스템 모형으로, 주문량이 매번 달라질 수 있어 수요 변동이 크지만 주문 기간과 간격은 일정하다. 또한 재고의 수시파악이 어려운 다품종 저가 품목 용도로 사용된다.

오답분석

① ABC 관리 : 재고 부품을 A, B, C의 세 종류로 분류하여 관리함으로써 재고 비용을 감소시키려는 재고 관리 방식이다.
② ERP(전사적 자원관리) : 기업의 경쟁력을 강화하기 위하여 경영 활동에 쓰이는 기업 내의 모든 자원을 효율적으로 관리하는 통합 정보 시스템이다.
③ MRP(자재소요량계획) : 컴퓨터를 이용하여 최종제품의 생산계획에 따라 그에 필요한 부품 소요량의 흐름을 종합적으로 관리하는 생산관리 시스템이다.
⑤ 고정주문량 모형 : 현재 재고수준이 미리 정한 재주문점(ROP)에 도달하면 미리 정해 놓은 주문량을 발주하는 시스템이다.

49

정답 ③

ERP 프로젝트 진행 단계

단계	내용
분석	고객의 기준 프로세스 설정을 위해 현행 업무 및 프로세스를 조사하고, ERP 표준 프로세스와 비교하며, Gap을 도출하여 대응 방안을 수립, 신규 프로세스를 정의
설계	분석 단계에서 프로세스별 매핑의 결과를 기초로 하여 도출된 추가 개발분을 설계
구축	현업의 실제 업무를 ERP 시스템으로 시범 운영하여 문제점을 도출하고, 보안 T/F팀에서는 신규 업무처리 절차를 기술한 운영 매뉴얼 작성
테스트	추가 개발된 부분과 표준 프로그램과의 인터페이스 등의 정상 작동 여부 테스트
이행	프로젝트의 완료를 공식적으로 확인하기 위해 고객으로부터 완료 서명을 받고, 고객사에게 완료보고를 통해 프로젝트의 공식적인 종료 선언 착수 단계의 절차 진행

50

정답 ①

유연생산시스템(FMS)은 소량의 다품종 제품을 짧은 납기로 해서 수요 변동에 대한 재고를 지니지 않고 대처하면서 생산 효율의 향상 및 원가절감을 실현할 수 있는 생산시스템이다.

51

정답 ①

카리스마 리더십에서는 비언어적 표현(눈빛, 제스처, 억양 등)을 통해 구성원들에게 의사표시를 할 수 있는 능력을 중요시한다.

카리스마 리더십의 특징

- 비전 제시
  - 비언어적(눈빛, 제스처, 억양, 표정 등) 표현으로 의사표시를 할 수 있다.
  - 현재보다 나은 미래 목표를 제시하며, 구성원이 이해하기 쉽게 목표와 비전을 설명한다.
  - 구성원들로부터 신뢰를 얻는다.
  - 개인적인 매력을 가지고 있다.
- 위험 감수
  - 목표 달성을 위해 개인적인 위험, 비용, 희생을 수용한다.
- 구성원의 능력과 욕구 인정
  - 구성원의 능력을 정확히 평가하고, 욕구와 감정에 알맞게 대응한다.
- 관습 파괴
  - 관습이나 규범에 얽매이지 않고, 환경에 맞는 새로운 행동을 추구한다.
- 환경에 민감
  - 외부 환경을 정확히 판단하고, 변화를 위한 필요 자원에 대해 명확히 인지한다.

52

정답 ⑤

GE 매트릭스는 기업이 그리드에서의 위치에 따라 제품 라인이나 비즈니스 유닛을 전략적으로 선택하는 데 사용하고, 다중 요인 포트폴리오 매트릭스라고도 부른다.

53

정답 ⑤

마이클 포터(Michael Porter)의 산업구조 분석 모델은 산업에 참여하는 주체를 기존기업(산업 내 경쟁자), 잠재적 진입자(신규 진입자), 대체재, 공급자, 구매자로 나누고 이들 간의 경쟁 우위에 따라 기업 등의 수익률이 결정되는 것으로 본다.

오답분석

① 정부의 규제 완화 : 정부의 규제 완화는 시장 진입장벽이 낮아지게 만들며, 신규 진입자의 위협으로 볼 수 있다.
② 고객 충성도 : 고객의 충성도 정도에 따라 진입자의 위협도가 달라진다.
③ 공급업체의 규모 : 공급업체의 규모에 따라 공급자의 교섭력에 영향을 준다.
④ 가격의 탄력성 : 소비자들은 가격에 민감할 수도, 둔감할 수도 있기에 구매자 교섭력에 영향을 준다.

54

정답 ②

ESG 경영의 주된 목적은 착한 기업을 키우는 것이 아니라 불확실성 시대의 환경, 사회, 지배구조라는 복합적 리스크에 얼마나 잘 대응하고 지속적 경영으로 이어나갈 수 있느냐 하는 것이다.

55

정답 ③

트러스트는 경제적 자립권과 독립성을 둘 다 포기한 채 시장독점이라는 하나의 목적으로 여러 기업이 뭉쳐서 이룬 하나의 통일체이다.

오답분석

① 카르텔(Kartell) : 기업연합을 의미하는 용어로, 동종 산업에 종사하는 다수의 기업들이 서로 경제적인 자립권과 법률상 독립권을 유지한 채 시장독점을 목적으로 한 연합체이다.
② 신디케이트(Syndicate) : 가장 고도화된 카르텔의 형태로, 생산은 독립성을 유지하나, 판매는 공동판매회사를 통해서 이루어진다.
④ 콘체른(Konzern) : 법률상의 독립권만 유지되는 형태의 기업연합이다.
⑤ 콩글로머리트(Conglomerate) : 합병 또는 매수에 의해서 상호 관련 없는 이종기업을 결합하는 기업집중형태이다.

56

정답 ⑤

복수 브랜드 전략은 동일한 제품 범주에서 시장을 세분화하여 소비자들의 기대와 욕구의 동질성을 파악한 후, 각각의 세분 시장마다 별도의 개별 브랜드를 도입하는 것으로, 대표적으로 농심 신라면, 농심 너구리, 농심 짜파게티 등을 예시로 들 수 있다. 반면, 회사의 제품믹스를 공통점을 기준으로 제품집을 나누어 집단마다 공통요소가 있는 개별 상표를 적용하는 것은 혼합 브랜드 전략(Mixed Brand Strategy)이다.

57

정답 ①

기계적 조직과 유기적 조직의 특징

구분	전문화	공식화	집권화
기계적 조직	고	고	고
유기적 조직	저	저	저

58

정답 ④

홉스테드의 문화차원이론은 어느 사회의 문화가 그 사회 구성원의 가치관에 미치는 영향과 그 가치관과 행동의 연관성을 요인분석적 구조를 통하여 설명하는 이론이다. 처음에는 개인주의 – 집단주의(Individualism – Collectivism), 불확실성 회피성(Uncertainty Avoidance), 권력의 거리(Power Distance), 남성성 – 여성성(Masculinity – Femininity) 등 4가지 차원을 제시하였다.

59

정답 ②

서번트 리더십은 조직의 목표와 역할을 구성원들의 눈높이에서 정할 수 있어 구성원들의 능력을 최대한 활용할 수 있다는 장점이 있다.

오답분석

①·③ 서번트 리더십의 장점에 대한 내용이다.
④·⑤ 서번트 리더십의 단점에 대한 내용이다.

60

정답 ⑤

시장세분화 시 고려해야 하는 변수

- 지리적 : 소비자가 거주하는 지역이나 상점의 위치와 연관이 있는 도시 규모, 인구 밀도, 기후 등
- 인구통계학적 : 나이, 성별, 생활주기, 소득, 종교, 교육 수준 등
- 심리(분석)적 : 소비자의 심리적 특성으로서 가치관이나 개성, 이미지 등
- 행동적 : 상품과 관련된 소비자 행동과 연관이 있는 구매 기회, 사용률, 브랜드 충성도, 착용 경험 등

제3영역 철도법령

61	62	63	64	65	66	67	68	69	70
②	①	③	④	①	⑤	①	②	①	①

61

정답 ②

여객 운임 · 요금의 감면(철도사업법 제9조의2)

① 철도사업자는 재해복구를 위한 긴급지원, 여객 유치를 위한 기념행사, 그 밖에 철도사업의 경영상 필요하다고 인정되는 경우에는 일정한 기간과 대상을 정하여 제9조 제1항에 따라 신고한 여객 운임 · 요금을 감면할 수 있다.

② 철도사업자는 제1항에 따라 여객 운임 · 요금을 감면하는 경우에는 그 시행 3일 이전에 감면 사항을 인터넷 홈페이지, 관계 역 · 영업소 및 사업소 등 일반인이 잘 볼 수 있는 곳에 게시하여야 한다. 다만, 긴급한 경우에는 미리 게시하지 아니할 수 있다.

62

정답 ①

한국철도공사는 주된 사무소의 소재지에서 설립등기를 함으로써 성립한다(한국철도공사법 제5조 제1항).

오답분석

②·④·⑤ 공사의 설립등기와 하부조직의 설치 · 이전 및 변경 등기, 그 밖에 공사의 등기에 필요한 사항은 대통령령으로 정한다(한국철도공사법 제5조 제2항).

③ 공사는 등기가 필요한 사항에 관하여는 등기하기 전에는 제3자에게 대항하지 못한다(한국철도공사법 제5조 제3항).

63

정답 ③

총액인수의 방법 등(한국철도공사법 시행령 제12조)

한국철도공사가 계약에 의하여 특정인에게 사채의 총액을 인수시키는 경우에는 제10조(사채의 응모 등)의 규정을 적용하지 아니한다. 사채모집의 위탁을 받은 회사가 사채의 일부를 인수하는 경우에는 그 인수분에 대하여도 또한 같다.

오답분석

① 한국철도공사법 시행령 제9조
② 한국철도공사법 시행령 제14조 제1항
④ 한국철도공사법 시행령 제12조
⑤ 한국철도공사법 시행령 제13조

64

정답 ④

적용범위(철도산업발전기본법 제2조)

철도산업발전기본법은 다음 각 호의 어느 하나에 해당하는 철도에 대하여 적용한다.

1. 국가 및 한국고속철도건설공단법에 의하여 설립된 한국고속철도건설공단이 소유 · 건설 · 운영 또는 관리하는 철도
2. 제20조 제3항에 따라 설립되는 국가철도공단 및 제21조 제3항에 따라 설립되는 한국철도공사가 소유 · 건설 · 운영 또는 관리하는 철도

65

정답 ①

특정노선 폐지 등의 승인신청서의 첨부서류(철도산업발전기본법 시행령 제44조)

특정노선을 폐지하기 위해 철도시설관리자와 철도운영자가 국토교통부장관에게 승인신청서를 제출하는 때에는 다음 각 호의 사항을 기재한 서류를 첨부하여야 한다.

1. 승인신청 사유
2. 등급별 · 시간대별 철도차량의 운행빈도, 역수, 종사자 수 등 운영현황
3. 과거 6월 이상의 기간 동안의 1일 평균 철도서비스 수요
4. 과거 1년 이상의 기간 동안의 수입 · 비용 및 영업손실액에 관한 회계보고서
5. 향후 5년 동안의 1일 평균 철도서비스 수요에 대한 전망
6. 과거 5년 동안의 공익서비스비용의 전체규모 및 철도산업발전기본법 제32조 제1항의 규정에 의한 원인제공자가 부담한 공익서비스비용의 규모
7. 대체수송수단의 이용가능성

66

정답 ⑤

- 국가는 철도시설 투자를 추진하는 경우 사회적 · 환경적 편익을 고려하여야 한다(철도산업발전기본법 제7조 제1항).
- 국가 및 지방자치단체는 철도산업의 육성 · 발전을 촉진하기 위하여 철도산업에 대한 재정 · 금융 · 세제 · 행정상의 지원을 할 수 있다(철도산업발전기본법 제8조).

67

정답 ①

철도사업자는 사업용철도를 도시철도법에 의한 도시철도운영자가 운영하는 도시철도와 연결하여 운행하려는 때에는 여객 운임 · 요금의 신고 또는 변경신고를 하기 전에 여객 운임 · 요금 및 그 변경시기에 관하여 미리 당해 도시철도운영자와 협의하여야 한다(철도사업법 시행령 제3조 제2항).

68

정답 ②

역세권 개발·운영 사업 등(한국철도공사법 시행령 제7조의2 제2항)

철도의 선로, 역시설 및 철도 운영을 위한 건축물·건축설비의 개발 및 운영사업으로서 대통령령으로 정하는 사업은 다음 각 호의 시설을 개발·운영하는 사업을 말한다.

1. 물류정책기본법 제2조 제1항 제4호의 물류시설 중 철도운영이나 철도와 다른 교통수단과의 연계운송을 위한 시설
2. 도시교통정비 촉진법 제2조 제3호에 따른 환승시설
3. 역사와 같은 건물 안에 있는 시설로서 건축법 시행령 제3조의5에 따른 건축물 중 제1종 근린생활시설, 제2종 근린생활시설, 문화 및 집회시설, 판매시설, 운수시설, 의료시설, 운동시설, 업무시설, 숙박시설, 창고시설, 자동차관련시설, 관광휴게시설과 그 밖에 철도이용객의 편의를 증진하기 위한 시설

69

정답 ①

사채의 소멸시효는 원금은 5년, 이자는 2년이 지나면 완성한다(한국철도공사법 제11조 제4항).

70

정답 ①

사업용철도노선의 분류(철도사업법 제4조 제2항)

- 운행지역과 운행거리에 따른 분류 : 간선(幹線)철도, 지선(支線)철도
- 운행속도에 따른 분류 : 고속철도노선, 준고속철도노선, 일반철도노선

코레일 한국철도공사 필기시험 답안카드

성 명

지원 분야

문제지 형별기재란	
(　　　)형	Ⓐ Ⓑ

수 험 번 호						
⓪	⓪	⓪	⓪	⓪	⓪	⓪
①	①	①	①	①	①	①
②	②	②	②	②	②	②
③	③	③	③	③	③	③
④	④	④	④	④	④	④
⑤	⑤	⑤	⑤	⑤	⑤	⑤
⑥	⑥	⑥	⑥	⑥	⑥	⑥
⑦	⑦	⑦	⑦	⑦	⑦	⑦
⑧	⑧	⑧	⑧	⑧	⑧	⑧
⑨	⑨	⑨	⑨	⑨	⑨	⑨

감독위원 확인
ⓘ인

번호	답안	번호	답안	번호	답안	번호	답안
1	① ② ③ ④ ⑤	21	① ② ③ ④ ⑤	41	① ② ③ ④ ⑤	61	① ② ③ ④ ⑤
2	① ② ③ ④ ⑤	22	① ② ③ ④ ⑤	42	① ② ③ ④ ⑤	62	① ② ③ ④ ⑤
3	① ② ③ ④ ⑤	23	① ② ③ ④ ⑤	43	① ② ③ ④ ⑤	63	① ② ③ ④ ⑤
4	① ② ③ ④ ⑤	24	① ② ③ ④ ⑤	44	① ② ③ ④ ⑤	64	① ② ③ ④ ⑤
5	① ② ③ ④ ⑤	25	① ② ③ ④ ⑤	45	① ② ③ ④ ⑤	65	① ② ③ ④ ⑤
6	① ② ③ ④ ⑤	26	① ② ③ ④ ⑤	46	① ② ③ ④ ⑤	66	① ② ③ ④ ⑤
7	① ② ③ ④ ⑤	27	① ② ③ ④ ⑤	47	① ② ③ ④ ⑤	67	① ② ③ ④ ⑤
8	① ② ③ ④ ⑤	28	① ② ③ ④ ⑤	48	① ② ③ ④ ⑤	68	① ② ③ ④ ⑤
9	① ② ③ ④ ⑤	29	① ② ③ ④ ⑤	49	① ② ③ ④ ⑤	69	① ② ③ ④ ⑤
10	① ② ③ ④ ⑤	30	① ② ③ ④ ⑤	50	① ② ③ ④ ⑤	70	① ② ③ ④ ⑤
11	① ② ③ ④ ⑤	31	① ② ③ ④ ⑤	51	① ② ③ ④ ⑤		
12	① ② ③ ④ ⑤	32	① ② ③ ④ ⑤	52	① ② ③ ④ ⑤		
13	① ② ③ ④ ⑤	33	① ② ③ ④ ⑤	53	① ② ③ ④ ⑤		
14	① ② ③ ④ ⑤	34	① ② ③ ④ ⑤	54	① ② ③ ④ ⑤		
15	① ② ③ ④ ⑤	35	① ② ③ ④ ⑤	55	① ② ③ ④ ⑤		
16	① ② ③ ④ ⑤	36	① ② ③ ④ ⑤	56	① ② ③ ④ ⑤		
17	① ② ③ ④ ⑤	37	① ② ③ ④ ⑤	57	① ② ③ ④ ⑤		
18	① ② ③ ④ ⑤	38	① ② ③ ④ ⑤	58	① ② ③ ④ ⑤		
19	① ② ③ ④ ⑤	39	① ② ③ ④ ⑤	59	① ② ③ ④ ⑤		
20	① ② ③ ④ ⑤	40	① ② ③ ④ ⑤	60	① ② ③ ④ ⑤		

※ 본 답안지는 마킹연습용 모의 답안지입니다.

〈절취선〉

코레일 한국철도공사 필기시험 답안카드

성 명

지원 분야

문제지 형별기재란	
(　　　)형	Ⓐ Ⓑ

수 험 번 호						
⓪	⓪	⓪	⓪	⓪	⓪	⓪
①	①	①	①	①	①	①
②	②	②	②	②	②	②
③	③	③	③	③	③	③
④	④	④	④	④	④	④
⑤	⑤	⑤	⑤	⑤	⑤	⑤
⑥	⑥	⑥	⑥	⑥	⑥	⑥
⑦	⑦	⑦	⑦	⑦	⑦	⑦
⑧	⑧	⑧	⑧	⑧	⑧	⑧
⑨	⑨	⑨	⑨	⑨	⑨	⑨

감독위원 확인
㉧

번호	답	번호	답	번호	답	번호	답
1	① ② ③ ④ ⑤	21	① ② ③ ④ ⑤	41	① ② ③ ④ ⑤	61	① ② ③ ④ ⑤
2	① ② ③ ④ ⑤	22	① ② ③ ④ ⑤	42	① ② ③ ④ ⑤	62	① ② ③ ④ ⑤
3	① ② ③ ④ ⑤	23	① ② ③ ④ ⑤	43	① ② ③ ④ ⑤	63	① ② ③ ④ ⑤
4	① ② ③ ④ ⑤	24	① ② ③ ④ ⑤	44	① ② ③ ④ ⑤	64	① ② ③ ④ ⑤
5	① ② ③ ④ ⑤	25	① ② ③ ④ ⑤	45	① ② ③ ④ ⑤	65	① ② ③ ④ ⑤
6	① ② ③ ④ ⑤	26	① ② ③ ④ ⑤	46	① ② ③ ④ ⑤	66	① ② ③ ④ ⑤
7	① ② ③ ④ ⑤	27	① ② ③ ④ ⑤	47	① ② ③ ④ ⑤	67	① ② ③ ④ ⑤
8	① ② ③ ④ ⑤	28	① ② ③ ④ ⑤	48	① ② ③ ④ ⑤	68	① ② ③ ④ ⑤
9	① ② ③ ④ ⑤	29	① ② ③ ④ ⑤	49	① ② ③ ④ ⑤	69	① ② ③ ④ ⑤
10	① ② ③ ④ ⑤	30	① ② ③ ④ ⑤	50	① ② ③ ④ ⑤	70	① ② ③ ④ ⑤
11	① ② ③ ④ ⑤	31	① ② ③ ④ ⑤	51	① ② ③ ④ ⑤		
12	① ② ③ ④ ⑤	32	① ② ③ ④ ⑤	52	① ② ③ ④ ⑤		
13	① ② ③ ④ ⑤	33	① ② ③ ④ ⑤	53	① ② ③ ④ ⑤		
14	① ② ③ ④ ⑤	34	① ② ③ ④ ⑤	54	① ② ③ ④ ⑤		
15	① ② ③ ④ ⑤	35	① ② ③ ④ ⑤	55	① ② ③ ④ ⑤		
16	① ② ③ ④ ⑤	36	① ② ③ ④ ⑤	56	① ② ③ ④ ⑤		
17	① ② ③ ④ ⑤	37	① ② ③ ④ ⑤	57	① ② ③ ④ ⑤		
18	① ② ③ ④ ⑤	38	① ② ③ ④ ⑤	58	① ② ③ ④ ⑤		
19	① ② ③ ④ ⑤	39	① ② ③ ④ ⑤	59	① ② ③ ④ ⑤		
20	① ② ③ ④ ⑤	40	① ② ③ ④ ⑤	60	① ② ③ ④ ⑤		

※ 본 답안지는 마킹연습용 모의 답안지입니다.

코레일 한국철도공사 필기시험 답안카드

성 명

지원 분야

문제지 형별기재란	
(　　　)형	Ⓐ Ⓑ

수 험 번 호						
⓪	⓪	⓪	⓪	⓪	⓪	⓪
①	①	①	①	①	①	①
②	②	②	②	②	②	②
③	③	③	③	③	③	③
④	④	④	④	④	④	④
⑤	⑤	⑤	⑤	⑤	⑤	⑤
⑥	⑥	⑥	⑥	⑥	⑥	⑥
⑦	⑦	⑦	⑦	⑦	⑦	⑦
⑧	⑧	⑧	⑧	⑧	⑧	⑧
⑨	⑨	⑨	⑨	⑨	⑨	⑨

감독위원 확인
㊞

1	① ② ③ ④ ⑤	21	① ② ③ ④ ⑤	41	① ② ③ ④ ⑤	61	① ② ③ ④ ⑤
2	① ② ③ ④ ⑤	22	① ② ③ ④ ⑤	42	① ② ③ ④ ⑤	62	① ② ③ ④ ⑤
3	① ② ③ ④ ⑤	23	① ② ③ ④ ⑤	43	① ② ③ ④ ⑤	63	① ② ③ ④ ⑤
4	① ② ③ ④ ⑤	24	① ② ③ ④ ⑤	44	① ② ③ ④ ⑤	64	① ② ③ ④ ⑤
5	① ② ③ ④ ⑤	25	① ② ③ ④ ⑤	45	① ② ③ ④ ⑤	65	① ② ③ ④ ⑤
6	① ② ③ ④ ⑤	26	① ② ③ ④ ⑤	46	① ② ③ ④ ⑤	66	① ② ③ ④ ⑤
7	① ② ③ ④ ⑤	27	① ② ③ ④ ⑤	47	① ② ③ ④ ⑤	67	① ② ③ ④ ⑤
8	① ② ③ ④ ⑤	28	① ② ③ ④ ⑤	48	① ② ③ ④ ⑤	68	① ② ③ ④ ⑤
9	① ② ③ ④ ⑤	29	① ② ③ ④ ⑤	49	① ② ③ ④ ⑤	69	① ② ③ ④ ⑤
10	① ② ③ ④ ⑤	30	① ② ③ ④ ⑤	50	① ② ③ ④ ⑤	70	① ② ③ ④ ⑤
11	① ② ③ ④ ⑤	31	① ② ③ ④ ⑤	51	① ② ③ ④ ⑤		
12	① ② ③ ④ ⑤	32	① ② ③ ④ ⑤	52	① ② ③ ④ ⑤		
13	① ② ③ ④ ⑤	33	① ② ③ ④ ⑤	53	① ② ③ ④ ⑤		
14	① ② ③ ④ ⑤	34	① ② ③ ④ ⑤	54	① ② ③ ④ ⑤		
15	① ② ③ ④ ⑤	35	① ② ③ ④ ⑤	55	① ② ③ ④ ⑤		
16	① ② ③ ④ ⑤	36	① ② ③ ④ ⑤	56	① ② ③ ④ ⑤		
17	① ② ③ ④ ⑤	37	① ② ③ ④ ⑤	57	① ② ③ ④ ⑤		
18	① ② ③ ④ ⑤	38	① ② ③ ④ ⑤	58	① ② ③ ④ ⑤		
19	① ② ③ ④ ⑤	39	① ② ③ ④ ⑤	59	① ② ③ ④ ⑤		
20	① ② ③ ④ ⑤	40	① ② ③ ④ ⑤	60	① ② ③ ④ ⑤		

※ 본 답안지는 마킹연습용 모의 답안지입니다.

〈절취선〉

코레일 한국철도공사 필기시험 답안카드

성 명

지원 분야

문제지 형별기재란	
(　　　)형	Ⓐ Ⓑ

수 험 번 호						
⓪	⓪	⓪	⓪	⓪	⓪	⓪
①	①	①	①	①	①	①
②	②	②	②	②	②	②
③	③	③	③	③	③	③
④	④	④	④	④	④	④
⑤	⑤	⑤	⑤	⑤	⑤	⑤
⑥	⑥	⑥	⑥	⑥	⑥	⑥
⑦	⑦	⑦	⑦	⑦	⑦	⑦
⑧	⑧	⑧	⑧	⑧	⑧	⑧
⑨	⑨	⑨	⑨	⑨	⑨	⑨

감독위원 확인
(인)

번호	답	번호	답	번호	답	번호	답
1	① ② ③ ④ ⑤	21	① ② ③ ④ ⑤	41	① ② ③ ④ ⑤	61	① ② ③ ④ ⑤
2	① ② ③ ④ ⑤	22	① ② ③ ④ ⑤	42	① ② ③ ④ ⑤	62	① ② ③ ④ ⑤
3	① ② ③ ④ ⑤	23	① ② ③ ④ ⑤	43	① ② ③ ④ ⑤	63	① ② ③ ④ ⑤
4	① ② ③ ④ ⑤	24	① ② ③ ④ ⑤	44	① ② ③ ④ ⑤	64	① ② ③ ④ ⑤
5	① ② ③ ④ ⑤	25	① ② ③ ④ ⑤	45	① ② ③ ④ ⑤	65	① ② ③ ④ ⑤
6	① ② ③ ④ ⑤	26	① ② ③ ④ ⑤	46	① ② ③ ④ ⑤	66	① ② ③ ④ ⑤
7	① ② ③ ④ ⑤	27	① ② ③ ④ ⑤	47	① ② ③ ④ ⑤	67	① ② ③ ④ ⑤
8	① ② ③ ④ ⑤	28	① ② ③ ④ ⑤	48	① ② ③ ④ ⑤	68	① ② ③ ④ ⑤
9	① ② ③ ④ ⑤	29	① ② ③ ④ ⑤	49	① ② ③ ④ ⑤	69	① ② ③ ④ ⑤
10	① ② ③ ④ ⑤	30	① ② ③ ④ ⑤	50	① ② ③ ④ ⑤	70	① ② ③ ④ ⑤
11	① ② ③ ④ ⑤	31	① ② ③ ④ ⑤	51	① ② ③ ④ ⑤		
12	① ② ③ ④ ⑤	32	① ② ③ ④ ⑤	52	① ② ③ ④ ⑤		
13	① ② ③ ④ ⑤	33	① ② ③ ④ ⑤	53	① ② ③ ④ ⑤		
14	① ② ③ ④ ⑤	34	① ② ③ ④ ⑤	54	① ② ③ ④ ⑤		
15	① ② ③ ④ ⑤	35	① ② ③ ④ ⑤	55	① ② ③ ④ ⑤		
16	① ② ③ ④ ⑤	36	① ② ③ ④ ⑤	56	① ② ③ ④ ⑤		
17	① ② ③ ④ ⑤	37	① ② ③ ④ ⑤	57	① ② ③ ④ ⑤		
18	① ② ③ ④ ⑤	38	① ② ③ ④ ⑤	58	① ② ③ ④ ⑤		
19	① ② ③ ④ ⑤	39	① ② ③ ④ ⑤	59	① ② ③ ④ ⑤		
20	① ② ③ ④ ⑤	40	① ② ③ ④ ⑤	60	① ② ③ ④ ⑤		

※ 본 답안지는 마킹연습용 모의 답안지입니다.

코레일 한국철도공사 필기시험 답안카드

성 명

지원 분야

문제지 형별기재란	
(　　　)형	Ⓐ Ⓑ

수 험 번 호						
⓪	⓪	⓪	⓪	⓪	⓪	⓪
①	①	①	①	①	①	①
②	②	②	②	②	②	②
③	③	③	③	③	③	③
④	④	④	④	④	④	④
⑤	⑤	⑤	⑤	⑤	⑤	⑤
⑥	⑥	⑥	⑥	⑥	⑥	⑥
⑦	⑦	⑦	⑦	⑦	⑦	⑦
⑧	⑧	⑧	⑧	⑧	⑧	⑧
⑨	⑨	⑨	⑨	⑨	⑨	⑨

감독위원 확인
㉧

번호	답	번호	답	번호	답	번호	답
1	① ② ③ ④ ⑤	21	① ② ③ ④ ⑤	41	① ② ③ ④ ⑤	61	① ② ③ ④ ⑤
2	① ② ③ ④ ⑤	22	① ② ③ ④ ⑤	42	① ② ③ ④ ⑤	62	① ② ③ ④ ⑤
3	① ② ③ ④ ⑤	23	① ② ③ ④ ⑤	43	① ② ③ ④ ⑤	63	① ② ③ ④ ⑤
4	① ② ③ ④ ⑤	24	① ② ③ ④ ⑤	44	① ② ③ ④ ⑤	64	① ② ③ ④ ⑤
5	① ② ③ ④ ⑤	25	① ② ③ ④ ⑤	45	① ② ③ ④ ⑤	65	① ② ③ ④ ⑤
6	① ② ③ ④ ⑤	26	① ② ③ ④ ⑤	46	① ② ③ ④ ⑤	66	① ② ③ ④ ⑤
7	① ② ③ ④ ⑤	27	① ② ③ ④ ⑤	47	① ② ③ ④ ⑤	67	① ② ③ ④ ⑤
8	① ② ③ ④ ⑤	28	① ② ③ ④ ⑤	48	① ② ③ ④ ⑤	68	① ② ③ ④ ⑤
9	① ② ③ ④ ⑤	29	① ② ③ ④ ⑤	49	① ② ③ ④ ⑤	69	① ② ③ ④ ⑤
10	① ② ③ ④ ⑤	30	① ② ③ ④ ⑤	50	① ② ③ ④ ⑤	70	① ② ③ ④ ⑤
11	① ② ③ ④ ⑤	31	① ② ③ ④ ⑤	51	① ② ③ ④ ⑤		
12	① ② ③ ④ ⑤	32	① ② ③ ④ ⑤	52	① ② ③ ④ ⑤		
13	① ② ③ ④ ⑤	33	① ② ③ ④ ⑤	53	① ② ③ ④ ⑤		
14	① ② ③ ④ ⑤	34	① ② ③ ④ ⑤	54	① ② ③ ④ ⑤		
15	① ② ③ ④ ⑤	35	① ② ③ ④ ⑤	55	① ② ③ ④ ⑤		
16	① ② ③ ④ ⑤	36	① ② ③ ④ ⑤	56	① ② ③ ④ ⑤		
17	① ② ③ ④ ⑤	37	① ② ③ ④ ⑤	57	① ② ③ ④ ⑤		
18	① ② ③ ④ ⑤	38	① ② ③ ④ ⑤	58	① ② ③ ④ ⑤		
19	① ② ③ ④ ⑤	39	① ② ③ ④ ⑤	59	① ② ③ ④ ⑤		
20	① ② ③ ④ ⑤	40	① ② ③ ④ ⑤	60	① ② ③ ④ ⑤		

※ 본 답안지는 마킹연습용 모의 답안지입니다.

〈절취선〉

코레일 한국철도공사 필기시험 답안카드

성 명

지원 분야

문제지 형별기재란	
(　　　)형	Ⓐ Ⓑ

수 험 번 호						
⓪	⓪	⓪	⓪	⓪	⓪	⓪
①	①	①	①	①	①	①
②	②	②	②	②	②	②
③	③	③	③	③	③	③
④	④	④	④	④	④	④
⑤	⑤	⑤	⑤	⑤	⑤	⑤
⑥	⑥	⑥	⑥	⑥	⑥	⑥
⑦	⑦	⑦	⑦	⑦	⑦	⑦
⑧	⑧	⑧	⑧	⑧	⑧	⑧
⑨	⑨	⑨	⑨	⑨	⑨	⑨

감독위원 확인
인

1	①	②	③	④	⑤	21	①	②	③	④	⑤	41	①	②	③	④	⑤	61	①	②	③	④	⑤
2	①	②	③	④	⑤	22	①	②	③	④	⑤	42	①	②	③	④	⑤	62	①	②	③	④	⑤
3	①	②	③	④	⑤	23	①	②	③	④	⑤	43	①	②	③	④	⑤	63	①	②	③	④	⑤
4	①	②	③	④	⑤	24	①	②	③	④	⑤	44	①	②	③	④	⑤	64	①	②	③	④	⑤
5	①	②	③	④	⑤	25	①	②	③	④	⑤	45	①	②	③	④	⑤	65	①	②	③	④	⑤
6	①	②	③	④	⑤	26	①	②	③	④	⑤	46	①	②	③	④	⑤	66	①	②	③	④	⑤
7	①	②	③	④	⑤	27	①	②	③	④	⑤	47	①	②	③	④	⑤	67	①	②	③	④	⑤
8	①	②	③	④	⑤	28	①	②	③	④	⑤	48	①	②	③	④	⑤	68	①	②	③	④	⑤
9	①	②	③	④	⑤	29	①	②	③	④	⑤	49	①	②	③	④	⑤	69	①	②	③	④	⑤
10	①	②	③	④	⑤	30	①	②	③	④	⑤	50	①	②	③	④	⑤	70	①	②	③	④	⑤
11	①	②	③	④	⑤	31	①	②	③	④	⑤	51	①	②	③	④	⑤						
12	①	②	③	④	⑤	32	①	②	③	④	⑤	52	①	②	③	④	⑤						
13	①	②	③	④	⑤	33	①	②	③	④	⑤	53	①	②	③	④	⑤						
14	①	②	③	④	⑤	34	①	②	③	④	⑤	54	①	②	③	④	⑤						
15	①	②	③	④	⑤	35	①	②	③	④	⑤	55	①	②	③	④	⑤						
16	①	②	③	④	⑤	36	①	②	③	④	⑤	56	①	②	③	④	⑤						
17	①	②	③	④	⑤	37	①	②	③	④	⑤	57	①	②	③	④	⑤						
18	①	②	③	④	⑤	38	①	②	③	④	⑤	58	①	②	③	④	⑤						
19	①	②	③	④	⑤	39	①	②	③	④	⑤	59	①	②	③	④	⑤						
20	①	②	③	④	⑤	40	①	②	③	④	⑤	60	①	②	③	④	⑤						

※ 본 답안지는 마킹연습용 모의 답안지입니다.

2025 최신판 시대에듀 All-New 사이다 모의고사 코레일 한국철도공사 사무직 NCS + 전공 + 법령

개정10판1쇄 발행	2025년 02월 20일 (인쇄 2024년 12월 10일)
초 판 발 행	2020년 01월 30일 (인쇄 2019년 12월 10일)
발 행 인	박영일
책 임 편 집	이해욱
편 저	SDC(Sidae Data Center)
편 집 진 행	김재희 · 김미진
표지디자인	하연주
편집디자인	양혜련 · 임창규
발 행 처	(주)시대고시기획
출 판 등 록	제10-1521호
주 소	서울시 마포구 큰우물로 75 [도화동 538 성지 B/D] 9F
전 화	1600-3600
팩 스	02-701-8823
홈 페 이 지	www.sdedu.co.kr

I S B N	979-11-383-8463-6 (13320)
정 가	18,000원

사~
이
다~

사일 동안
이것만 풀면
다 합격!

코레일
한국철도공사
사무직